大学生心理健康教育
(医学院校版)

主 编 罗 岚 申寻兵
副主编 隋华杰 陈田林 王 挺
       吴寒斌 徐晶颖

清华大学出版社
北 京

内容简介

本教材紧密围绕加强大学生，特别是医学院校大学生心理素质和心理健康建设这条主线，以学校为主阵地，以创新医学院校大学生心理健康教育为工作内容，以丰富大学生心理健康教育为载体，以传统文化的现代转化为主途径，充分挖掘文化资源，增强文化自信与爱国情感，营造良好的育人氛围，创建隐性思政课堂。本教材共十章，内容包括大学生心理健康教育概述，大学适应与心理健康，学习心理与心理健康，人际交往与心理健康，恋爱、性心理与心理健康，情绪管理与心理健康，职业生涯规划与心理健康，人格发展与心理健康，异常心理与心理健康，心理咨询与心理健康。每章开篇以"内容导读"为引，导入主题；以"案例导入"激发学生思考与共鸣；以"拓展阅读"丰富教学内容，开阔学生视野；以"案例分析"提供心理解决方案，升华技能培养。

本教材既可作为高校心理健康教育、心理素质训练通识教育教材，又可作为心理辅导、朋辈教育、学校心理咨询的辅导教材和参考书，还可作为青少年健康成长的自我指导手册和青年人提高自身素质的自学用书。

本书封面贴有清华大学出版社防伪标签，无标签者不得销售。
版权所有，侵权必究。举报：010-62782989，beiqinquan@tup.tsinghua.edu.cn。

图书在版编目(CIP)数据

大学生心理健康教育：医学院校版 / 罗岚，申寻兵主编. —北京：清华大学出版社，2023.8（2024.7重印）
ISBN 978-7-302-64457-6

I.①大… II.①罗… ②申… III.①大学生－心理健康－健康教育－医学院校－教材 IV.①B844.2

中国国家版本馆CIP数据核字(2023)第147379号

责任编辑：王 定
封面设计：周晓亮
版式设计：思创景点
责任校对：马遥遥
责任印制：宋 林

出版发行：清华大学出版社
网　　址：https://www.tup.com.cn，https://www.wqxuetang.com
地　　址：北京清华大学学研大厦A座
邮　　编：100084
社 总 机：010-83470000
邮　　购：010-62786544
投稿与读者服务：010-62776969，c-service@tup.tsinghua.edu.cn
质 量 反 馈：010-62772015，zhiliang@tup.tsinghua.edu.cn

印 装 者：天津鑫丰华印务有限公司
经　　销：全国新华书店
开　　本：185mm×260mm
印　　张：12.5
字　　数：289千字
版　　次：2023年9月第1版
印　　次：2024年7月第2次印刷
定　　价：49.80元

产品编号：100276-01

本书编委会

主　编　　罗　岚　　申寻兵

副主编　　隋华杰　　陈田林　　王　挺

　　　　　　吴寒斌　　徐晶颖

编　委　　王效广　　付格西　　孙世健

　　　　　　刘仪辉　　陈　广　　陈振彩

　　　　　　李海斌　　李雅方　　何志芳

　　　　　　袁　沁　　韩　英

参考文献

前 言

2022年10月，习近平总书记在党的二十大报告中指出："全面建设社会主义现代化国家，必须坚持中国特色社会主义文化发展道路，增强文化自信，围绕举旗帜、聚民心、育新人、兴文化、展形象建设社会主义文化强国，发展面向现代化、面向世界、面向未来的，民族的科学的大众的社会主义文化，激发全民族文化创新创造活力，增强实现中华民族伟大复兴的精神力量。"2018年9月，为加快建设高水平本科教育，全面提高人才培养能力，教育部印发《教育部关于加快建设高水平本科教育全面提高人才培养能力的意见》，制定实施"六卓越一拔尖"计划2.0等重大项目。新医科作为构建健康中国的重要基础，要实现从以治疗为主到生命全周期、健康全过程的全覆盖，提升全民健康力。

为了深入贯彻落实党的二十大精神及教育部文件精神，我们成立了《大学生心理健康教育(医学院校版)》编写组，组织一线教学骨干，在充分酝酿、认真调研、集思广益的基础上编写了本教材。

本教材编写组紧密围绕加强大学生，特别是医学院校大学生心理素质和心理健康建设这条主线，以学校为主阵地，以创新大学生心理健康教育为工作内容，以丰富大学生心理健康教育为载体，以传统文化的现代转化为主途径，充分挖掘文化资源，增强大学生的文化自信与爱国情感，营造良好的育人氛围，创建隐性思政课堂。同时，把课堂渗透、活动培养、环境育人等有机结合，形成一套完整的、具有针对性的教材。

本教材共分为十章，具体内容包括：第一章，大学生心理健康教育概述；第二章，大学适应与心理健康；第三章，学习心理与心理健康；第四章，人际交往与心理健康；第五章，恋爱、性心理与心理健康；第六章，情绪管理与心理健康；第七章，职业生涯规划与心理健康；第八章，人格发展与心理健康；第九章，异常心理与心理健康；第十章，心理咨询与心理健康。在编写形式上，每章都设置了内容导读、案例导入、拓展阅读等板块，适合大学生，特别是医学院校大学生学习及阅读。

本教材第一章由吴寒斌、陈振彩编写，第二章由何志芳、申寻兵编写，第三章由王效广编写，第四章由李海斌、刘仪辉编写，第五章由隋华杰、韩英编写，第六章由李雅方、陈广编写，第七章由付格西编写，第八章由罗岚、袁沁编写，第九章由王挺、徐晶颖编写，第十章由陈田林、孙世健编写。在此对辛勤的编者表示衷心的感谢！

由于时间短促，书中难免有疏漏之处，敬请广大师生在使用过程中提出宝贵的意见和建议，以便我们进一步修订和完善。

本书免费提供教学课件、教学大纲，读者可扫描下列二维码获取。

教学课件

教学大纲

编　者

2023 年 5 月

目 录

第一章　大学生心理健康教育概述……1
第一节　健康与心理健康……2
　　一、健康……2
　　二、心理与心理现象……3
　　三、心理健康概述……3
第二节　大学生心理健康概述……6
　　一、大学生心理发展的阶段性特征……7
　　二、大学生心理健康的影响因素……8
　　三、大学生心理健康的标准……10
第三节　大学生常见心理问题及其应对……12
　　一、大学生常见的心理困惑……13
　　二、大学生常见的心理障碍……14
　　三、大学生心理困惑与心理障碍的应对……21
　　思考题……23

第二章　大学适应与心理健康……24
第一节　什么是大学……25
　　一、我们的大学……25
　　二、大学与中学的差异……26
　　三、大学新生的心理感受……27
第二节　什么是适应……28
　　一、适应的概念……28
　　二、心理适应的内部机制……29
　　三、习得性无助……30
第三节　大学生活中的适应问题……31
　　一、人际关系适应……31
　　二、学习适应……32
　　三、抵制校园生活中的不良诱惑……33
　　四、职业适应……36
　　五、情绪适应……38
　　六、自我适应……38
第四节　如何更好地适应大学生活……40
　　一、防御方式……40
　　二、认知调适……41
　　三、社会支持……42
　　思考题……44

第三章　学习心理与心理健康……45
第一节　学习心理概述……46
　　一、什么是学习……46
　　二、大学生的学习特点……47
　　三、大学生学习的心理因素……49
　　四、大学生学习与心理健康……50
　　五、大学生学习新理念……51
第二节　学习方法及技巧……53
　　一、制订学习目标和计划……53
　　二、做好时间管理……53
　　三、学会科学用脑……55
　　四、培养科学的记忆方法……56
第三节　学习心理辅导与健康……59
　　一、注意力不集中……59

二、学习动机不当 ………………… 61
三、考试焦虑 …………………… 62
四、学习倦怠 …………………… 65
思考题 ………………………………… 67

第四章 人际交往与心理健康 …… 68
第一节 人际交往与医患沟通 …… 69
一、人际关系概述 ……………… 70
二、医患沟通 …………………… 72
第二节 大学生常见人际交往与沟通问题 ………………………………… 74
一、以自我为中心 ……………… 75
二、自卑心理 …………………… 75
三、恐惧心理 …………………… 76
四、孤僻心理 …………………… 76
五、妒忌心理 …………………… 77
六、猜疑心理 …………………… 78
第三节 和谐人际关系的构建 …… 78
一、人际吸引与交往障碍并存 … 78
二、消除人际交往心理障碍 …… 80
三、优化人际交往艺术 ………… 81
四、医患沟通的技巧 …………… 84
思考题 ………………………………… 85

第五章 恋爱、性心理与心理健康 … 86
第一节 大学生恋爱、性心理概述 … 87
一、大学生恋爱、性心理特征 … 87
二、大学生恋爱、性心理影响因素 … 88
第二节 大学生恋爱、性心理问题与应对 ………………………………… 92
一、非理性模仿行为与应对 …… 92
二、性取向问题与应对 ………… 93
三、自慰行为与应对 …………… 94
四、不安全性行为与应对 ……… 95
思考题 ………………………………… 96

第六章 情绪管理与心理健康 …… 97
第一节 情绪概述 ………………… 98
一、情绪的概念 ………………… 98
二、情绪的分类 ………………… 99
三、情绪表达 …………………… 102
第二节 大学生情绪特点 ………… 103
一、大学生情绪智力特点 ……… 104
二、大学生情绪情感特点 ……… 105
第三节 大学生情绪情感问题的常见原因 …………………………… 106
一、主观因素 …………………… 106
二、客观因素 …………………… 107
第四节 大学生情绪困扰 ………… 108
一、焦虑情绪 …………………… 108
二、抑郁情绪 …………………… 109
三、自卑情绪 …………………… 109
四、失落情绪 …………………… 110
第五节 大学生情绪管理 ………… 110
一、接纳情绪，体验感受 ……… 111
二、珍爱平凡，感知美好 ……… 111
三、发挥优势，增强信心 ……… 112
四、升华情绪，培养高级情感 … 112
五、注意转移，改善体验 ……… 113
思考题 ………………………………… 114

第七章 职业生涯规划与心理健康 … 115
第一节 职业生涯规划概述 ……… 116
一、职业和职业生涯的含义 …… 117
二、职业生涯的特点 …………… 117
三、医学院校大学生职业生涯的特点 …………………………… 118
四、职业生涯规划的含义 ……… 119
五、职业生涯规划的意义 ……… 120
六、医学院校大学生职业生涯规划影响因素 …………………… 121
第二节 职业生涯规划相关理论 … 122
一、前职业生涯理论 …………… 123
二、后职业生涯理论 …………… 125
三、整合职业生涯理论 ………… 126
第三节 就业心理与创业心理 …… 127

一、就业心理……………… 127
　　二、创业心理……………… 129
第四节　医学院校大学生就业(创业)
　　　　心理问题及调适………… 130
　　一、医学院校大学生常见就业(创业)
　　　　心理问题………………… 131
　　二、医学院校大学生就业(创业)心理
　　　　问题产生的原因………… 133
　　三、医学院校大学生就业(创业)心
　　　　理问题调适……………… 135
　思考题………………………… 138

第八章　人格发展与心理健康……… 139
第一节　人格特质及其塑造……… 140
　　一、人格的定义…………… 140
　　二、人格的基本特征……… 141
　　三、人格结构……………… 141
　　四、影响大学生人格形成与发展的
　　　　因素……………………… 144
第二节　人格缺陷与健康标准…… 146
　　一、大学生常见的人格缺陷… 146
　　二、大学生健康人格标准…… 148
第三节　情商及其培养…………… 149
　　一、情商的定义…………… 149
　　二、大学生情商的培养…… 150
第四节　逆商及其培养…………… 152
　　一、逆商的定义…………… 152
　　二、逆商的培养…………… 153
　思考题………………………… 155

第九章　异常心理与心理健康………… 156
第一节　健康心理与异常心理
　　　　概述……………………… 157
　　一、健康心理概述………… 157
　　二、异常心理概述………… 158
第二节　轻度心理问题及其矫正…… 160
　　一、轻度心理问题的概念… 160
　　二、轻度心理问题的表现及其
　　　　矫正……………………… 160
第三节　重度心理问题及其矫正…… 167
　　一、重度心理问题的概念… 167
　　二、重度心理问题的表现及其
　　　　矫正……………………… 168
　思考题………………………… 173

第十章　心理咨询与心理健康………… 174
第一节　什么是心理咨询………… 176
　　一、心理咨询的概念……… 176
　　二、心理咨询的分类……… 176
　　三、心理咨询的任务……… 177
第二节　常见的心理咨询观念上的
　　　　误区……………………… 178
第三节　树立正确的心理咨询
　　　　观念……………………… 181
第四节　心理咨询的原则………… 182
　思考题………………………… 185

参考文献………………………………… 186

第一章
大学生心理健康教育概述

世界卫生组织(WHO)把"健康"定义为身体健康、心理健康、社会适应良好和道德健康四位一体的完美状态,表明了保持心理健康在维持个体良好健康状态中的重要地位。大学生是祖国的未来、民族的希望,是全面建设社会主义现代化国家、全面推进中华民族伟大复兴的建设者和接班人,维护大学生良好的心理健康状态,不仅是高校立德树人的根本任务和实现社会主义育人目标的本质要求,也是促进大学生全面发展的现实需要。

【学习目标】

1. 了解健康与心理健康的基本概念。
2. 理解心理健康的标准及其动态变化的特征。
3. 掌握大学生常见心理问题及其调适技巧。

内容导读

1. 心理健康是健康不可分割的重要方面。随着社会的发展和人类对自身认识的深化,人们对健康概念的认识日趋丰富和完善。

2. 现今的大学生具有开阔的视野、活跃的思维,追求个性化的生活方式,内心情感丰富,但也面临着形形色色的心理问题和心理困惑的挑战。

3. 大学生可以通过了解一些心理健康知识,增进自我心理弹性,学会识别和应对心理困惑的技巧,以更好地认识自我、适应环境、快乐成长、健康生活。

案例导入

【案例1-1】

心理健康　拥抱暖阳

"同学们,大家好,我们是你们的学长学姐,想和你们一起聊聊大学生活适应和心理健康的话题。"开学伊始,江西中医药大学学生社团"心保部"的小哥哥小姐姐们就深入大一新生各班班级和宿舍,就同学们普遍关注的大学生活适应、学习心理、人际交往、情绪管理、恋爱心理等话题和新生们进行了友好畅谈,为新生上了入学后心理健康教育的"第一课"。通过交谈，大学新生们认识到只有保持心理健康，才能拥抱人生灿烂暖阳，了解到心理健康是健康的重要组成部分，增进了对大学阶段保持心理健康的重要性的认识。

【问题聚焦】什么是健康？什么是心理健康？大学阶段常见的心理问题有哪些？

第一节 健康与心理健康

党的二十大报告提出要把保障人民健康放在优先发展的战略位置，并对推进健康中国建设提出了具体要求，体现了以人民为中心的政治立场。"没有全民健康，就没有全面小康"（《人民日报》），人民健康是民族昌盛和国家富强的重要标志，也是文明和中国式现代化的重要标志。心理健康是健康的重要组成部分，因此，作为国家和民族未来的青年大学生，树立现代健康观，了解健康的概念与标准，保持生理健康和心理健康显得尤为重要。

一、健康

（一）健康的概念

随着生产力的发展、科技的进步以及人类对自我认知的深化，人类对健康概念的认识也不断丰富。对于什么是健康、健康的要素，不同时期的人们有着不同的理解。在古代，由于生产力和医疗水平低下，人们认为没有疾病就是健康，因此未关注生活质量。到了近代，随着生产力的提高，防病、治病的医学科学应运而生，人们开始追求健康长寿。生物医学为人类健康做出了巨大贡献，也使人类长期仅关注躯体的健康而忽视心理健康。1989年，WHO对健康理念做了修改，提出了健康不仅是没有疾病虚弱，而且是生理、心理、社会适应能力和道德上的完满状态的"四维"健康理念。"四维"健康理念呈现出"金字塔"结构，最上层为社会适应能力，是对健康的本质要求；下一层为道德健康，标志着现代健康观的伦理需要；再下一层为心理健康，体现的是现代健康观对个体心理功能的重视；最底层为生理健康，它是所有健康的基石。健康"金字塔"的价值在于它不是单纯地关注躯体的健康，而是认为健康对于提高生命质量的基础价值远不只是维持个体的生存。只有身体健康、心情愉快、精力充沛、道德高尚、适应良好的个体才能投身于工作和生活，实现自己的理想和为社会服务。

（二）健康的标准

为了加深人们对健康的认识，1990年，WHO提出了10个健康标准：
(1) 拥有充沛的精力，能从容不迫地担负日常工作和生活而不感到疲劳和紧张。
(2) 态度积极，勇于承担责任，不论事情大小都不挑剔。
(3) 精神饱满，情绪稳定，善于休息，睡眠良好。
(4) 能适应外界环境的各种变化，应变能力强。
(5) 能够抵抗一般性感冒和传染病。

(6) 体重适当,身体匀称,站立时头、肩、臂的位置协调。
(7) 眼睛炯炯有神,善于观察,眼睑不发炎。
(8) 牙齿洁净,无空洞、无痛感、无出血现象,牙齿和牙龈颜色正常。
(9) 头发有光泽,无头屑。
(10) 肌肉和皮肤富有弹性,走路轻松协调。

从上述 10 条健康标准可以看出,健康包括生理健康和心理健康两方面,二者相辅相成,缺一不可。生理健康是心理健康的基础,心理健康是生理健康的保障。

二、心理与心理现象

(一) 心理

心理以脑的反应活动的形式存在着,即心理是脑的机能,脑是心理的器官,心理是大脑对客观现实的主观反映。心理支配人的行为活动,又通过人的行为活动表现出来。因此,可以通过观察和分析人的行为客观地研究人的心理。

(二) 心理现象

心理现象是心理活动的表现形式,如感觉、知觉、注意、记忆、思维、情绪、态度、动机、意志、能力、气质、性格等。根据人的心理的动态—稳态这个维度,心理现象可以分为心理过程、心理状态和心理特征三类。心理过程泛指心理操作的加工程序,包括心理事件的相互作用和相互转化的加工进程。通常把认知过程、情绪情感过程和意志过程统称为心理过程。心理状态是心理活动的基本形式之一,是指在一段时间内相对稳定的持续状态,如认知过程的聚精会神与注意力涣散状态、意志过程的信心状态和犹豫状态等。心理特征是指心理活动进行时表现出的稳定特点,如有的人观察敏锐、精确,有的人观察粗枝大叶。在人的心理活动中,心理过程、心理状态和心理特征三者紧密联系。

三、心理健康概述

(一) 心理健康的概念

心理健康是一种良好的、持续的心理状态,表现为个人具有生命的活力、积极的内心体验、良好的社会适应能力,能够有效地发挥个人的身心潜力以及作为社会一员的积极的社会功能。

心理健康至少包括两层含义:一是无心理疾病,二是有积极发展的心理状态。

(二) 心理健康的标准

心理健康的人都能够善待自己、善待他人、适应环境,他们情绪稳定,人格健全。目前,心理健康还没有一个公认的标准和尺度,对它的评价还受种族、社会、文化、宗教信仰等因素的影响。美国心理学家马斯洛和米特尔曼提出的心理健康的 10 条标准被公认为"最经典的标准"：

(1) 充分的安全感。
(2) 充分了解自己，并对自己的能力作适当的估价。
(3) 生活的目标切合实际。
(4) 与现实的环境保持接触。
(5) 能保持人格的完整与和谐。
(6) 具有从经验中学习的能力。
(7) 能保持良好的人际关系。
(8) 适度的情绪表达与控制。
(9) 在不违背社会规范的条件下，对个人的基本需要予以恰当的满足。
(10) 在集体要求的前提下，较好地发挥自己的个性。

(三) 心理健康状态的性质

心理健康的基本要求是使心理各个方面均衡发展，使个人与社会协调，并形成完整统一的人格。心理健康的标准不仅提供了衡量心理健康的尺度，而且为提高心理健康水平指明了努力的方向。值得注意的是，心理健康的标准是相对的。我们在理解心理健康的标准时，应注意心理健康的状态具有以下性质：

(1) 心理健康的状态具有相对性。其与人们所处的时代、环境、年龄、文化背景等方面的因素有关，所以不能仅仅从单一行为或者偶然行为来判断他人或自己心理是否健康。判断一个人心理是否健康，需根据他在较长一段时间内的心理状态进行评价，偶尔出现一些不健康的心理和行为并不等于心理不健康，更不等于已患心理疾病。

(2) 心理健康的状态具有连续性。"心理健康"与"心理不健康"不是泾渭分明的对立面，而是一种连续或交叉的状态。从良好的心理健康状态到严重的心理疾病之间有一个广阔的过渡带，它是渐进的、连续的。在许多情况下，异常心理与正常心理、变态心理与常态心理之间并无明显的界限，只有程度的差异。

(3) 心理健康的状态具有可逆性。如果我们不注意心理保健，长期处于不良的心理状态，那么心理健康水平就会下降，严重时，甚至会出现心理障碍或心理疾病；反之，如果心理有了困扰或出现失衡，学会及时自我调整和寻求心理咨询师的帮助，就能够解除烦恼，恢复健康的心理。

(4) 心理健康的状态具有动态性。心理健康的状态不是静止不变的，而是一个动态发展的过程。心理健康的水平会随着个人的成长、经验的积累、环境的改变以及自我意识的发展而变化。

(5) 心理健康的状态具有平衡性。平衡性是对心理健康的静态描述，但平衡是相对的，不平衡是心理发展的动力，适应性是对心理健康的动态描述。

(四) 心理健康状态

人的健康水平有不同的等级划分，同样，心理健康状态也可分为健康状态、心理不良、心理障碍和心理疾病四个等级。

1. 健康状态

健康状态可以从自我评价、他人评价和社会功能状况三个方面分析。健康状态具有以下特点：

(1) 本人不觉得痛苦。在某个时间段(如一周、一月、一季或一年)中，快乐的感觉大于痛苦的感觉。

(2) 他人不感觉异常。心理活动与周围环境相协调，不出现与周围环境格格不入的现象。

(3) 社会功能良好。能胜任家庭和社会角色，能在一般社会环境下充分发挥自身能力，能利用现有条件(创造条件)实现自我价值。

2. 心理不良

心理不良又称第三状态，是一种常见的亚健康状态。心理不良具有以下特点：

(1) 时间短暂。持续时间较短，一般在一周内能得到缓解。

(2) 损害轻微。对个体社会功能影响比较小。处于此状态的人，一般都能完成日常工作、学习和生活，只是愉快感小于痛苦感，"很累""没劲""不高兴""应付"是他们的常用词语。

(3) 能自己调整。处于此状态的大部分人都能通过自我调整(如休息、聊天、运动、钓鱼、旅游等)使自己的心理状况得到改善。

3. 心理障碍

心理障碍是个人及外界因素造成的心理状态的某一方面或几方面发展的超前、停滞、延迟、退缩或偏离。心理障碍具有以下特点：

(1) 行为方式不协调。个体心理活动的外在表现与其生理年龄不相称或反应方式与常人不同，如成人表现出幼稚状态、儿童出现成人行为等。

(2) 具有针对性。处于此状态的人往往对敏感的事物及环境等有强烈的心理反应(包括思维、情绪及动作行为)，而面对其他对象可能表现得很正常。

(3) 损害较大。该状态对个体的社会功能影响较大。例如，社交焦虑症(又名社交恐惧症)者不能完成社交活动，尖锐恐惧症者不敢使用刀、剪等，性心理障碍者难以与异性正常交往，等等。

(4) 无法自己调整。该状态下的个人无法按常人的标准完成某一项或几项社会功能，大部分人无法通过自我调整从根本上解决问题，需要心理医生的专业帮助。

4. 心理疾病

心理疾病是由于个人及外界因素引起的个体强烈的心理反应(包括思维、情感、行为、意志等)，并伴有明显的躯体症状和不适感。心理疾病具有以下特点：

(1) 心理反应强烈。可能出现思维判断上的失误、思维敏捷性下降、记忆力下降，出现头脑黏滞感、空白感，出现强烈的自卑感及痛苦感，缺乏精力，情绪低落，紧张焦虑，行为失常(如重复动作、动作减少、退缩行为等)，意志减退，等等。

(2) 明显的躯体不适感。人体中枢控制系统功能失调引起其所控制的各个系统功能的失调，如影响到消化系统可能出现食欲不振、腹部胀满、便秘或腹泻(或便秘、腹泻交替)等症状，影响到心血管系统可能出现心慌、胸闷、头晕等症状，影响到内分泌系统可能出现女性月经周期改变、男性性功能障碍，等等。

(3) 损害大。患者不能或勉强能完成其社会功能，缺乏轻松、愉快的体验，痛苦感极为强烈，"哪里都不舒服"是他们内心的真实体验。

(4) 需要心理医生的治疗。患者一般不能通过自我调整和非心理科专业医生的治疗恢复健康状态。心理医生对此类患者的治疗一般采用心理治疗和药物治疗相结合的综合治疗手段。在治疗早期，通过情绪调节药物快速调整情绪；在治疗中后期，结合心理治疗消除心理障碍，并通过心理训练恢复社会功能，提高心理健康水平。

第二节　大学生心理健康概述

青年兴则国家兴。青年是祖国的未来、民族的希望，是整个社会力量中最有朝气、最有活力的力量。青年大学生的心理健康问题事关中华民族的伟大复兴和社会的长治久安。那么，青年大学生心理发展具有哪些重要的阶段性特征？青年大学生心理健康状况的影响因素有哪些？大学生心理健康的标准是什么？这些都是本节要重点讨论的问题。

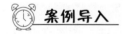

【案例 1-2】

成绩倒数的"状元"

李某，男，19 岁，家住在偏僻的山村，曾以全县文科状元的身份被某重点院校外语系录取，入学后他发现自己的分数在全班几乎是倒数，外语成绩更是落后一大截，没有了以前的优越感，而且心理压力极大，总感觉自己比其他同学差，上课不抬头，怕老师觉得自己成绩差，与同学交往也极少，总独来独往，一个学期下来，外语笔试勉强通过，口语成绩倒数第一。他接受不了这样的现实，内心十分痛苦。

【问题聚焦】案例中李某产生了何种心理？产生此种心理的原因是什么？

一、大学生心理发展的阶段性特征

我国普通高校大学生的年龄大多为18～23岁,属于青年初期和青年中期。从大学生整体的心理发展来看,他们正处在迅速走向成熟而又未真正成熟的阶段,这在他们心理活动的各个方面都有明显反映,并由此形成了不同于中学生和一般社会青年心理发展的基本特点。

(一) 自我意识高涨,但自我同一性尚未建构完成

自我意识是指个体对自身的认识及对周围事物关系的各种体验。它是认知、情感、意志的综合体,是人心理发展过程中一个极为重要的方面。青年大学生开始独立生活,成人感急剧增强,自我意识进一步发展。但他们生活阅历有限,造成了自我意识在自我认知、自我体验等方面的偏差。青少年时期是个体形成自我同一性的关键时期。如何建立对自我的正确认识,是青年中期大学生常遇到的心理问题,这表明大学生自我同一性尚未最终建构完成。

(二) 抽象思维发展迅速,但思维能力还有待提高

智力是多种基本能力的综合,包括观察力、记忆力、注意力、思维力、想象力、创造力等,它的核心是逻辑思维能力。大学阶段,学生个体的各项智力因素均达到相当高的水平,接近人一生的高峰期。这一时期,学生个体的逻辑、抽象思维能力逐步占主导地位,表现出强烈的求知探索欲望。但由于知识、经验的局限和认识方式的不足,大学生逻辑、抽象思维的水平并没有达到完全成熟的程度,思维品质发展不平衡,思维的广泛性、深刻性发展较慢,这是大学生心理与社会性发展尚不成熟的表现之一。

(三) 情绪情感日益丰富,但易偏激冲动,不够稳定

大学生正值青年时期,丰富多彩的大学生活使其情感日趋复杂,这种强烈情感的内容随着知识经验的增多、生活空间的扩大、业余生活的丰富、自我意识的增强而多姿多彩。大学生富有理想、兴趣广泛、关心时政、疾恶如仇、善恶分明、正义感强,总之,他们的情感日渐丰富且在深度、广度上迅速发展。但大学生生理、心理和在社会性上的不平衡,对社会的复杂性、自己行为的合理性缺乏足够的认识,使得他们的情绪和情感具有不稳定性。

(四) 人际交往欲望强烈,但交往技能有待提升

对处于青年期的大学生而言,人际交往是其自我意识成熟的重要途径。大学是渴望友情的时代,他们人际交往欲望强烈,渴望与他人友好相处、积极融入集体。然而,许多大学生对人际关系的追求往往带有较浓的理想色彩,缺乏与同学的基本协作精神和宽容精神,缺乏必要的信任和理解,交往能力有限。

（五）性意识发展进入高级阶段，但性心理容易失衡

大学生正处于青年时期，生理发育已基本完成，性意识逐渐增强并明朗化。性意识的发展使大学生开始按照性别特征来塑造个性形象，并开始了对异性的关注与追求。此时，恋爱成为大学生心理发展过程中的一个重要内容。不少大学生都能合理选择恋爱时机，处理好学业与爱情的关系，并采取文明健康的恋爱方式，但也有部分大学生尚不了解爱情的真谛，在性道德、性法律、校纪校规的约束下容易产生性心理失衡，出现如性认知的偏差、性欲困扰、性焦虑等一系列心理问题，影响正常的学习和生活。

二、大学生心理健康的影响因素

人的心理健康是一个极为复杂的动态过程，影响心理健康的因素是多方面的。大量的研究资料和临床实践表明，大学生的心理健康问题是生物、心理、社会等方面的因素作用于个体的结果。

（一）影响大学生心理健康的内在因素

1. 生物学因素

（1）遗传因素。大量研究表明，在精神疾病的发病因素中，尤其是在精神分裂症、躁狂症、抑郁症等的发病因素中，遗传因素占有重要的地位。

（2）神经系统发育的健全性。神经系统发育不健全，如大脑皮层和皮层下神经组织之间的相互协调作用有某种障碍、大脑皮层的兴奋和抑制过程的协调作用有某种障碍等，均可导致心理出现某种偏差。神经类型属弱型的人更容易受到不良因素的影响而出现不健康的心理行为。

（3）大脑的器质性病变和有害物质的侵入。不同原因造成的脑器质性病变，如脑肿瘤、脑萎缩、脑炎、脑血管疾病、脑震荡等，会直接影响人的心理状况，损害人的智力，甚至出现意识障碍、智能障碍、情感障碍和人格异常等。除此之外，麻醉剂、兴奋剂、镇静剂以及长期酗酒、大量吸烟等导致的中毒现象也会改变人的正常心理活动。

（4）躯体疾病。严重的躯体疾病或生理机能障碍也是造成心理障碍和精神失常的重要原因。例如，甲状腺功能亢进症者的神经系统兴奋性增强，容易出现激动、紧张、烦躁及失眠的症状。

2. 心理因素

（1）对自我同一性的追寻。自我同一性是指在寻求自我的发展过程中，对自我的认识和对有关自我发展的一些重大问题(如理想、职业、价值观、人生观等)的思考与选择，即回答"我是谁""我想成为什么样的人"等问题。大学阶段正是个体形成自我同一性的关键时期。在确定自我同一性的过程中，大学生会经历各种内心矛盾和迷惘，情绪起伏大，容易诱发一些心理障碍。

第一章 大学生心理健康教育概述

(2) 内心矛盾冲突。青年期的大学生正处在由不成熟趋向成熟的过程中,成熟与不成熟常常交叠在一起,这典型地反映在他们的内心矛盾冲突中。例如,自立与依赖的矛盾,自信与自卑的矛盾,理想与现实的矛盾,需要与满足的矛盾,闭锁性与开放性的矛盾,冲动与压抑的矛盾,等等。一个人长期处于强度过大的内心矛盾中或内心矛盾冲突中,就可能心理失衡,进而出现心理障碍。

(3) 性的生物性与社会性冲突。由于性器官的发育成熟,大学生有了性的欲望与冲动,然而由于社会道德、法律和理智的约束,这种欲望被限制和压抑。如果不能通过学习、工作、文娱活动、社交等途径使欲望得到正当的释放、宣泄、代偿,容易产生不适当的性压抑,而不适当的性压抑是导致心理障碍的重要因素之一。

(4) 认知因素。认知会影响人的思想观念、思维模式、基本信念及判断是非的评价标准等。如果某些认知因素之间的关系失调,就会产生认知的矛盾和冲突。这种认知的矛盾和冲突会使人产生紧张、烦躁和焦虑等症状,甚至会损伤人格的完整性和协调性,影响心理健康。

(5) 个性因素。个性因素包括个体的需要、动机、兴趣、信念、价值观、气质、性格及能力等方面。不同个性心理的人所表现的心理状况有所不同。例如,对于同样的挫折,有的人可能无法承受,消极应对,自暴自弃;有的人则会接受现实,正视挫折,加倍努力,奋发图强。还有研究表明,特殊人格特征往往是导致相应精神疾病,特别是神经官能症(又称神经症、精神病症)的基础原因。例如,谨小慎微、追求完美、优柔寡断、墨守成规、敏感多疑、心胸狭窄等强迫性人格特征,容易导致强迫性神经症。

(二) 影响大学生心理健康的外在因素

影响大学生心理健康的外在因素主要来自家庭、学校和社会等方面。

1. 家庭因素

家庭是人生的奠基石。父母是孩子的第一任老师,对孩子的影响是长久而深远的。家庭因素中比较重要的有父母的教养态度和方式、家庭结构、家庭氛围以及家庭经济状况。

(1) 父母的教养态度和方式。父母的教育方法直接影响着孩子的行为和心理,父母的教养方式一般有权威—民主型、独断—专制型、宽容—溺爱型和放任—忽视型四种。其中独断—专制型、宽容—溺爱型和放任—忽视型的教养方式易使子女产生心理问题。

(2) 家庭结构。残缺型家庭结构(父母双方或一方去世、单亲家庭、重组家庭、家人有违法犯罪行为等)的子女因为缺少与家庭的正常情感沟通,体会不到亲情的温暖,归属与爱的需要得不到满足,容易情绪不稳定、心理不平衡、人际关系不协调、自我评价不恰当、价值观念不正确,在不同程度上阻碍或扭曲了健康人格的发展。

(3) 家庭氛围。家庭氛围对于大学生的心理健康与人格健全起着至关重要的作用。如果家庭成员之间关系紧张敌对、冷淡疏远,极易使子女缺乏安全感,产生焦虑、不安、恐惧的情绪,形成孤僻、怯懦、自卑、偏执、退缩、封闭的性格。

(4) 家庭经济状况。许多研究表明,家庭经济状况也会影响大学生的心理健康。贫困大学生由于家庭经济条件差,生活压力大,往往容易在心理上承受较大的压力,产生心理障碍。

2. 学校因素

大学是大学生学习与生活的主要场所,学校的环境与教育对其心理健康有着更为直接、深刻的影响。

(1) 人际关系因素。大学阶段对大学生心理影响最大的就是老师和同学。由于大学生来自不同的地域,其文化背景、价值观念、生活习惯、个性、兴趣等有所不同,加之人际交往能力不强等因素,容易与人发生摩擦和冲突,导致人际关系紧张,影响心理健康。同时,教师对待大学生的态度、行为及其素质等也会对大学生的心理造成深刻的影响。

(2) 学习与就业压力。大学生的主要任务是学习,因此学习状况是影响大学生心理健康的重要因素。此外,随着我国高校招生规模不断扩大,每年的毕业生数量激增,求职市场呈现人才过剩的现象。有些大学生就业期望值过高而自身就业准备却不充分,这些都容易造成沉重的压力。适度的紧张和压力有助于一个人的成长,但如果精神长期处于高度紧张的状态下,就会对心理造成不良影响。

3. 社会因素

经济的迅速发展导致社会竞争日益加剧,人们的物质欲望不断增长,使一些人的价值观发生扭曲。这种不良的社会效应也不断地流入校园生活,其主要表现在以下两个方面:

(1) 在社会竞争激烈的时代背景下,许多大学生存在着理想与现实的矛盾,即他们对未来的人生道路充满期待;但是他们在社会竞争中缺乏自信心,对未来事业发展和职业生活信心不足,从而产生无所适从的焦虑感和抑郁感。

(2) 社会上出现的拜金主义、享乐主义和个人主义等错误的人生观使部分大学生的价值观和人生观发生扭曲,导致他们集体主义观念淡薄,同学之间交往功利化,缺乏友爱与关怀,对他们的心理健康造成了一定影响。

三、大学生心理健康的标准

综合国内外专家学者的观点,根据我国大学生的年龄特征、心理特征和角色特征等情况,一个心理健康的大学生应符合以下标准。

(一) 智力正常

智力正常是大学生心理健康的标志,是大学生学习的基本心理条件,也是大学生适应周围环境变化所必需的心理基础。心理健康的大学生能够在学习中保持强烈的求知欲和明确的学习目标,乐于接受新鲜事物和勇于挑战。

（二）自我意识明确，自知自尊自信

心理健康的大学生能够感受到自己存在的价值，既了解自己，又悦纳自己。其主要表现为对自己不会提出苛刻的、过分的期望与要求；努力发展自身的潜能，即使面对自己无法补救的缺陷，也能安然处之；能对自己的能力、性格、优缺点做出较客观的评价，既不妄自尊大，也不妄自菲薄，能够结合实际确定自己的学习和理想目标；能够根据自己的认识和评价来调控自己的行为，使自己与环境等保持平衡。

（三）情绪调控适当，接纳负性情绪

情绪会影响人的健康，影响人的工作效率，影响人际关系。心理健康的大学生对生活和未来充满希望，积极情绪多于消极情绪，乐观开朗、富有朝气，对生活充满希望；能主动调节情绪，恰当表达情绪。

（四）人际关系和谐，乐于与人交往

一个心理健康的大学生必然是一个善于与人沟通和交往的人。在人际交往中，他们不仅能接纳自我，而且能接纳他人，能用尊重、信任、友爱、宽容、理解的态度与人相处，具备良好的沟通能力和技巧，能被他人所理解，能建立和谐的人际环境。

（五）人格发展完整，意志健全

人格完整指构成人格的要素(如气质、能力、性格和理想、信念、人生观等)平衡发展。心理健康的大学生所思、所做、所言协调一致，能够树立积极进取的人生观，并以此为中心把自己的需要、愿望、目标和行为统合起来。心理健康的大学生有坚强的意志力和承受挫折的能力，能够有意识地锻炼和培养自己的意志品质，并具有克服困难、锲而不舍、勇往直前的精神。

（六）适应社会生活，具备心理弹性

社会适应正常就是指个体能够面对现实、接受现实，并能主动适应。心理健康的大学生在环境改变时能面对现实，对环境做出客观的认识和评价，以有效的办法应对环境中的各种困难，不退缩，使个人行为符合新环境的要求，能和社会保持良好的接触，对社会现状有清晰的认识，能及时修正自己的需要和愿望，使自己的思想、行为与社会协调一致。

心理自测

你的生活方式是否有利于健康

以下是你生活方式的诸多方面，包括工作学习、交际以及其他活动方式。设计这个测验的目的在于评价你在生活方式中的选择，测量这些选择对你健康的影响是积极的还是消极的。你的回答将帮助你理解生活方式对于健康的影响。

答题要求：在各项前面的横线上填数字 1～5，其中 5=完全像我，4=几乎像我，3=不确定,2=几乎不像我,1=完全不像我。

_____ 1. 我在学校表现得很好。
_____ 2. 我对自己满意,不感到无聊或生气。
_____ 3. 我对和别人的关系感到满意。
_____ 4. 我能在想表达时表达出自己的情感。
_____ 5. 我能很好地利用空闲时间并十分愉快。
_____ 6. 我对自己的两性关系感到满意。
_____ 7. 我对白天完成的任务感到满意。
_____ 8. 我常常玩得开心。
_____ 9. 我能充分利用了自己的天赋。
_____ 10. 我身体很好,充满了活力。
_____ 11. 我注重培养自己的技能和能力。
_____ 12. 我在对社会做贡献。
_____ 13. 我乐于助人。
_____ 14. 生活中,我具有自由和冒险意识。
_____ 15. 多数时候我都感到快乐。
_____ 16. 我觉得我的身体很健康,能满足需求。
_____ 17. 我感到轻松并且精力旺盛。
_____ 18. 大部分时间我感到很放松。
_____ 19. 大多数的夜晚我都能睡个好觉。
_____ 20. 我通常都是愉快地上床睡觉并对白天的生活感到满意。

评分和解释:

把所有数字相加就是你生活方式的得分。90～100 分,说明你所选择的生活方式将会促进你的健康。80～89 分,说明你在很多方面都做得很好。注意那些你的选择为"1""2"或者"3"的描述,在这些方面你可能需要再提高一些。61～79 分,说明你的生活方式在很多方面都需要改进,这些方面可能会对你的健康有不利的影响。如果你只得了 60 分甚至更低,那你的生活方式可能会给你的健康带来很大的风险,仔细回顾一下你的回答,特别关注你的选择为"1"或者"2"的选项,并且要下决心在这些方面改进。

第三节 大学生常见心理问题及其应对

一般来说,大学生常见的心理问题主要表现为心理困惑,只有极少的学生会有神经症、人格分裂(分离性身份障碍)、神经衰弱、精神病等相对严重的心理障碍。下面我们将要对大学生常见的一些心理困惑以及心理障碍进行探讨。

第一章 大学生心理健康教育概述

一、大学生常见的心理困惑

(一) 大学适应的心理困惑

对于大学生来说，适应问题是心理问题中出现较多的一个问题。大部分大学新生随着对大学环境的了解、熟悉以及自我调节，经过一两个月便能基本适应大学生活，少数大学新生缺乏独立生活的经验、情感依恋强烈、心理脆弱，适应起来比较困难。为什么进入大学后，我不再像以前那样优秀？为什么我总摆脱不了思乡的愁绪？为什么周围的环境总是和我格格不入？等等，一系列问题迎面而来。对正处于学习、成长过程中的大学生来说，能否正确地处理这些问题，适应大学的学习和生活环境，是影响其顺利完成大学四年学业的基础，良好的适应能力也是大学生将来在社会中继续发展的重要因素。

(二) 大学学习的心理困惑

大学的学习目的、学习方式、学习内容都有别于中学，一些大学生忽视了对学习方法的调整，刻板地沿用中学阶段的学习方法来应对大学课程，或者由于学习动力缺乏、学习目的不明确、学习兴趣偏低、学习态度不端正、学习动机功利化等，在学习过程中出现挫折、迷茫、困惑以及考试不及格等问题，进而产生紧张、焦虑、挫败、自卑、厌学等不良情绪反应。不良情绪反应反过来又进一步影响其学习效果，导致学习压力进一步加大。另外，专业选择不当也会给一些大学生带来心理困扰。

(三) 人际交往的心理困惑

大学的生活方式和高中有很大的不同，大多数大学新生都是脱离父母的保护独自来到一个陌生的城市求学。同时，相对以前单纯的人际关系，大学的交往是广泛的，有同学、老师、异性、社会活动团体等。同一个宿舍的同学来自不同的省区市，有着不同的生活背景、不同的方言、不同的性格。因此，大学新生在人际交往过程中往往会出现很多困惑，主要包括由于害羞、紧张、自卑、焦虑等不敢或不愿与他人交往，由于人际交往经验的缺乏而产生的不善交往，等等。

(四) 情绪管理的心理困惑

大学生情感丰富、细腻多变，然而由于社会经验不足、情绪不稳定，往往容易出现急躁情绪，感情用事。大学生的内心体验比较丰富、细腻，更注重情感生活。但由于他们的情绪具有两极性、矛盾性的特点，自控能力不强，感情比较脆弱，常常会因日常生活中的一点小事而情绪波动。特别是在生活、学习等方面遇到较大的挫折时，容易表现出抑郁、焦虑、无助甚至绝望等不良情绪状态。

(五) 恋爱与性的心理困惑

在大学校园这个特殊的社会环境中，集体生活和学习使得大学生相互接近，加上正值情感的萌发期,大学生恋情的稚嫩及其特有的激情给恋爱蒙上了一层神秘的色彩,但也可能酿成一杯杯爱的苦酒。如何面对失恋、如何正确处理恋爱与学业的关系等问题都让大学生苦恼万分。除了恋爱问题导致的心理问题外,大学生更沉重的心理负担为性困惑。许多大学生由于对性知识的匮乏,产生对性冲动的不良反应,陷入了矛盾的旋涡,或肆意宣泄,或压抑异变。例如,恋物癖、婚前性行为及校园同居等带来的问题,引起了大学生的恐惧、焦虑和担忧,种种苦涩郁结在心,难以释怀,最终导致对生活失去希望。

(六)人生规划与就业的心理困惑

大学是连接学校与社会的桥梁,如何做好人生规划关系到每个大学生的大学生活,也可能影响其一生的发展;但很多大学生缺乏人生规划的意识,对未来容易感到迷茫。另外,随着就业压力越来越大,不少大学生出现种种困扰和苦恼,导致在求职择业方面出现心理问题。其具体表现为:由于就业心理准备不足而产生的盲目心理、从众心理,因缺乏对自我的客观评价而导致的自卑、自负,由于对竞争缺乏信心而产生的焦虑,因缺少独立意识而形成的依赖心理,由于不能面对现实而造成的逃避心理,因自我定位不清晰而产生的攀比心理,等等。这些问题都会影响大学生的生涯规划和顺利就业,影响大学生的心理健康和发展。

(七)人格发展的心理困惑

从年龄分段上看,大学生正处于青年中期(18~23岁)。在这个阶段,大学生的生理发展基本完成,具备了成年人的各种生理特征与功能。但由于长期处于校园学习的环境中,缺乏相应的社会生活实践与经验,因而在心理方面尚未完全成熟。对于广大大学生而言,在大学阶段需要完成的一个重要发展任务就是促进心理品质的成熟。在众多的心理品质中,人格与社会文化和生活的关系最为密切,人格对个体心理品质的发展也具有重要影响。因此,大学生人格的发展与成熟至关重要。

上述问题是大学生中比较常见的问题,它们既可以是心理问题的表现内容,也可以是引起心理问题的原因,而且各种问题之间往往相互作用,如人际关系问题会引起学习问题、情绪问题等,而学习问题也可能引起人际关系问题和情绪问题等。

二、大学生常见的心理障碍

(一)神经症

神经症,旧称神经官能症,是对一组轻度精神障碍的总称,没有精神病性障碍,主要表现为烦恼、紧张、焦虑、恐惧、强迫症、疑病症或神经衰弱等。病前多有一定的素质和人格基础,起病常与心理、社会因素有关。其症状无肯定的器质性病变基础。依其主要临床表现,神经症又可区分为若干类型。大学生中最常见的神经症主要是焦虑症、强迫症、疑病症及神经衰弱等。

1. 焦虑症

焦虑症，又称焦虑性神经症，是神经症这一大类疾病中最常见的一种。焦虑症以焦虑情绪体验为主要特征，可分为慢性焦虑(广泛性焦虑)和急性焦虑(惊恐发作)两种形式。其主要表现为无明确客观对象的紧张担心，坐立不安，以及植物神经症状。所有人都会焦虑，焦虑是人面对压力情境的正常情绪表现，或者说是一种生物学的防御现象。病理性的严重程度通常与客观事实或处境的压力明显不符，或持续时间过长。焦虑症的症状表现为持续焦虑担心6个月以上，主要症状特点如下：

(1) 身体、情绪过分紧张。在没有明显诱因的情况下，经常出现与现实情境不符的过分担心、紧张害怕，这种紧张害怕常常没有明确的对象和内容，或者担心的程度与现实的压力对象的危险性明显不匹配。患者感觉自己一直处于一种紧张不安、提心吊胆、恐惧、害怕、忧虑的内心体验中，影响正常生活和个人发展。

(2) 植物神经症状。植物神经症状包括头晕、胸闷、心慌、呼吸急促、口干、尿频、尿急、出汗、震颤等躯体方面的症状。

2. 强迫症

强迫症属于焦虑障碍的一种，是一组以强迫思维和强迫行为为主要临床表现的神经精神疾病，其特点为有意识的强迫和反强迫并存，一些毫无意义，甚至违背自己意愿的想法或冲动反反复复侵入患者的日常生活，患者虽体验到这些想法或冲动来源于自身并极力抵抗，但始终无法控制，二者强烈的冲突使其感到巨大的焦虑和痛苦，从而影响学习工作、人际交往甚至生活起居。

强迫症的症状主要可归纳为强迫思维和强迫行为。强迫思维又可分为强迫观念、强迫情绪和强迫意向。其内容多种多样，如反复怀疑门窗是否关紧，碰到脏的东西会不会得病，太阳为什么从东边升起西边落下。强迫行为往往是为了减轻强迫思维产生的焦虑而不得不采取的行动，患者明知是不合理的，但不得不做，如患者有怀疑门窗是否关紧的想法，相应地就会去反复检查门窗，确保安全；碰到脏东西怕得病的患者就会反复洗手以保持干净。一些病程迁延的患者由于经常重复某些动作，久而久之形成了某种程序，如洗手时一定要从指尖开始洗，连续不断洗到手腕，如果顺序反了或是中间被打断了就要重新开始洗，为此常耗费大量时间，痛苦不堪。

强迫症的症状具有以下特点：

(1) 属于患者自己的思维或冲动，而不是外界强加的。

(2) 必须至少有一种思想或动作仍在被患者徒劳地加以抵制，即使患者已不再对其他症状加以抵制。

(3) 实施动作的想法本身会令患者感到不快(单纯为缓解紧张或焦虑的，不视为真正意义上的愉快)，但如果不实施就会产生极大的焦虑。

(4) 想法或冲动总是令人不快地反复出现。

3. 疑病症

疑病症又称疑病性神经症,主要指患者担心或相信患有一种或多种严重躯体疾病的持久的先占观念,患者诉躯体症状,反复就医,虽然反复医学检查结果无碍且医生解释没有相应疾病的证据,但仍不能打消患者的顾虑,常伴有焦虑或抑郁。对身体畸形的疑虑或先占观念也属于疑病症。疑病症较少见,根据全国12个地区神经症流行病学的调查,其总的患病率仅为0.15%。某项调查中发现疑病症患者占神经症患者的9.0%,而在对精神科门诊连续500例的分析中,在神经症中仅见1例,差异很大。国外统计疑病症患者占住院病人总数的1%。两性间无差异,发病年龄男性多为40岁左右,女性多为50岁左右,此病在老年人中亦非罕见。

疑病症主要表现为对自己身体状况不必要的过分关注,坚信自己患了某种躯体疾病;症状表现的形式多种多样或对症状感知极为具体,描述逼真;烦恼,焦虑,四处求医,对医学检查不信服。

4. 神经衰弱

神经衰弱是大学生中最常见的一种心理疾病,在休、退学病因统计中占30%~60%。神经衰弱一般开始发生在中学阶段,到大学阶段发病率升高。此病症在整个人群中以脑力劳动者发病居多,其中尤以青年学生常见。此病症大多是由于某些长期存在的精神因素引起脑机能活动过度紧张而产生神经活动能力减弱。

神经衰弱患者的症状主要有以下4个特征:

(1) 感情控制能力降低。易激动、易怒,烦躁不安,一点儿小事就会引起强烈的情绪反应。

(2) 睡眠障碍。入睡困难,睡眠表浅、多梦、易惊醒或早醒等。

(3) 精神活动功能下降。注意力涣散、记忆力减退、学习工作效率降低。

(4) 自主神经功能失调。心悸、胸闷、多汗、食欲不良、易疲劳。

大学生神经衰弱的原因是多方面的,如学习负担过重、专业思想不稳定、对人生与社会思虑过多、家庭问题和个人感情上的挫折等。神经衰弱的症状在患病学生身上会或多或少地表现出来,程度有轻重差异,大多数患者开始时较轻、病情反复波动,以后症状逐渐增多加重。如果及时治疗并且能正确对待,可以缓解或痊愈。

(二) 人格障碍

人格障碍是指人格特征明显偏离正常,形成一贯的反映个人生活风格和人际关系的异常行为模式,具有人格障碍的人无法与周围环境保持协调,经常与人甚至是自己的亲人发生冲突,以致无法适应正常的社会生活。人格障碍反映人格发展的内在不协调,体现为在没有认知障碍或智力障碍的情况下,个体出现的情绪反应、动机和行为活动的异常,介于精神病与正常人之间。值得重视的是,人格障碍与精神病是可以相互转化的,严重的人格障碍得不到及时有效的矫正,会发展成精神病。由于人格障碍在大学生中属于少数,因此没能引起人们的高度重视,但存在人格障碍的学生一旦滋事绝非小事。具体来说,大学生的人格障碍类型有如下几种。

1. 偏执型人格障碍

偏执型人格障碍的基本特征是总把别人的行为理解成带有侮辱性或威胁性，这种行为倾向具有普遍性。患者总是认为有人会以某种方式诈骗或伤害自己，频繁、毫无理由地质问朋友或同伴的真诚或可靠性，经常毫无理由地、病态地怀疑其配偶或性伙伴的忠诚。在一种新的环境下，患者经常无端地认为某事具有潜在危险，如怀疑银行故意将其账户搞错。这种人易怒、易怀恨或因小的伤害记恨很久，从不和他人分享内心世界，害怕他人据此伤害自己。他们过度警觉，经常采取预防潜在性威胁的措施，经常把别人看成刁滑的、有防御性的或有阴谋的。该障碍多见于男性，始于成年早期，可在各种情境下出现。

2. 分裂型人格障碍

分裂型人格障碍的基本特征是表现出对社会关系冷漠、情感经历贫乏和感情冷淡的行为模式，具有持久性。分裂型人格障碍的个体从不渴望，也不喜欢与他人，包括与家庭成员有亲近关系。喜欢独处，除了直系亲属，没有密友或仅有一个，他们总是选择单独活动，无性欲，对他人的称赞和批评都无动于衷，没有大喜大悲的情感经历，生活很孤独。该障碍始于成年早期，出现于各种场合，临床上少见。

3. 反社会型人格障碍

反社会型人格障碍的基本特征是表现出不负责任、反社会的行为模式。做出诊断时，患者必须年满18岁且15岁前有品行障碍的历史。反社会型人格障碍的患者在儿童期的典型特征是撒谎、偷窃、旷课、恣意破坏公物、打架、离家出走等。成年后，这种行为模式丝毫没有改变，表现为金钱借贷上无信誉、成为不称职的父母、不遵守社会规范，不断表现出违反法律的反社会行为，如破坏公物、骚扰他人、偷盗和从事非法活动，易怒，具有侵略性，对家人有暴力倾向，做出不顾个人安危的事情，如超速行驶。还有一点就是对自己伤害别人的行为从不后悔，认为是正当的。患者30岁以后，其反社会行为有下降趋势。该障碍女性始于青春期，男性始于儿童期。美国的相关调查显示，男性的患病率大约为3%，女性的患病率低于1%，多见于社会底层。

4. 边缘型人格障碍

边缘型人格障碍的基本特征是表现出自我形象、人际关系和情绪不稳定性的行为模式。患有边缘型人格障碍的个体总是表现出明显的、持久性的自我身份认同混乱，对自我形象、性爱对象、事业目标、交友类型或持有的价值观表现出不确定性或缺乏自我标准，经常感到空虚。其情绪的不稳定性表现在：突然变得郁闷、焦虑或兴奋，通常会持续几个小时，甚至几天；对自己的愤怒情绪缺乏控制，经常打架或出现其他暴力行为；人际关系不稳定、紧张；经常走极端，要么贬低他人，要么抬高他人；不能忍受孤独和被抛弃；经常表现出自杀威胁，以及自杀行为或自残行为。该障碍始于成年早期，各种情境都可能诱发此障碍，较常见，且多见于女性。

5. 表演型人格障碍

表演型人格障碍，又称歇斯底里型人格障碍，其基本特征是过度的自我关注和情绪化。表演型人格障碍的患者经常寻求或要求他人的安慰、认同或称赞，一旦不是关注的焦点就很失落。其典型的外在表现为：情感肤浅、易变，易激动、兴奋，情绪表达夸张；以自我为中心；其要求须立刻得到满足，容不得半点延迟；过度关注自身魅力，表达常不合时宜；情感表达过于概括化，如形容其假期只会说"非常棒"，不会做进一步的细节描述。表演型人格障碍始于成年早期，可在各种场合下发作，比较常见，且女性多于男性。

6. 自恋型人格障碍

自恋型人格障碍的基本特征是行为夸张，对他人的评价过度敏感且缺乏同情心。自恋型人格障碍的患者有一种夸大的自我重要感，如夸大自己的成就和才华，认为自己是特殊人物，只有同样特别的人才能理解自己；常常沉迷于幻想自己拥有很大的成就、权利及辉煌或完美的爱情；经常忌妒那些比自己成功的人；尽管幻想被现实击碎，但仍孜孜不倦地追求；自尊心脆弱，沉浸于想象他人的所作所为和如何评价自己；经常需要他人的关注和赞美，虚荣心很强，不能忍受批评；人际关系很糟，缺乏同情心，如不能理解朋友因父亲去世而不能参加宴会的行为等；不合理地要求特别待遇，如排队时加塞等。

7. 回避型人格障碍

回避型人格障碍的基本特征是社交困难、害怕负性评价和胆小。回避型人格障碍的患者过度关注别人的评价，易因批评而情绪低落，且常夸大他人对其的不赞成态度；一般不会和人交往，除非保证不会得到否认；除了家人，几乎没有或仅有一个朋友。回避需要人际接触的社会活动或职业活动，如拒绝需过多社会交往的晋升机会；在社交场合，因害怕说出愚蠢的话或答错问题而常沉默寡言；担心在他人面前表现出焦虑或脸红。因胆小会拒绝做偏离其常规的事情；因不是自己常做的事，会夸大这些平常事情的潜在困难或风险，如仅因路途遥远或可能有暴雨就取消很重要的行程。回避型人格障碍的人从不渴望人际接触，却渴求社会认可和接受。该障碍较为常见。

8. 依赖型人格障碍

依赖型人格障碍的基本特征是表现出依赖、顺从的行为模式。如果没有他人的保证和建议，依赖型人格障碍的患者对日常事情很难做出决定，甚至有关人生的重要决定也要由他人做出。例如，一个成年患者会让其配偶决定他适合从事什么样的工作或在哪里生活等，一个儿童或青少年患者会让其父母决定每天该穿什么样的衣服、与何种人做朋友或怎样度过休闲时间等。过度依赖导致其缺乏独立做事的能力，当独自处事时有无助感，当一份友谊结束时他们会感到世界末日到了。害怕不被赞同，尽管他人的决定是错误的也会顺从，会为了得到他人的喜欢而做有损自尊的事。该障碍多见于女性。

9. 强迫型人格障碍

强迫型人格障碍的基本特征是完美主义、固执、刻板、僵化。强迫型人格障碍患者常常追求完美，这种过于严格的、不能实现的完美标准常常妨碍任务的完成。过度注意规则、效率、细节、程序会阻碍其掌握大局。例如，一个强迫型人格障碍的患者找不到做事的清单，往往会花费大量的时间去找，而不是依据记忆花少量的时间重新做一份，结果做重要事情的时间都被耽误了。患者经常关注工作中的上下级关系，虽然抵制其他人行使权利，但他仍固执地、不合理地要求别人按照他的方式办事。工作时，常排除娱乐时间和人际关系，即使有，也是事先计划好的；常被具有逻辑性的、智力的事情占据大脑，不能容忍别人的感情行为。同时，因害怕犯错误，常常回避或拖延做出决定，如因过多地考虑事情的重要性而不能按时完成任务。此外，还过于认真、小心谨慎，缺乏情感表达。该障碍男性多于女性。

10. 被动攻击型人格障碍

被动攻击型人格障碍的基本特征是被动地抵制社会和工作对其的要求。其抵制行为是间接做出的，常导致工作效率普遍性、持续性下降。被动攻击型人格障碍的患者习惯性地厌恶和反对提高或维持各种职责的要求，尤其表现于工作环境中，也可能表现在履行社交职责方面：通过故意耽搁、游手好闲、故意忘记等计谋来表达其反抗行为；因不能完成自己分内的事而常使别人的工作努力毁于一旦。当分到自己不想做的工作时，常生气、争论；常抗议他人对自己的要求不合理，常鄙视、嘲笑对其做出不合理要求的领导。该障碍始于成年早期，表现于各种场合。

（三）精神病

虽然在大学生这个群体中，精神病的发病率还较小，但也不能轻视它的威胁，因为重性精神病患者很有可能表现出最危险的行为。对精神病有一定的了解，能最大限度地降低精神病带来的危险。本书将简单介绍其中较为常见的精神分裂症及心境障碍。

1. 精神分裂症

精神分裂症为最常见的一种精神病，约占精神病院住院患者的60%，患病率在我国为0.1%~0.3%。长期随访结果表明，41%的患者处于工作生活能力显著衰退的状态或仅有部分工作生活能力，痊愈者仅26%，可见其危害性之大。该病症病因、发病机制迄今尚未明确，虽有各种假设，但未被公认，一般认为与遗传有关，但属于非遗传性疾病，仅有遗传素质与倾向。其主要症状表现为以下几点：

(1) 感知觉障碍。感知觉障碍是很重要的精神病性症状。它是无对象性的知觉，感知到的形象不是由客观事物引起的。根据感受器官不同，感知觉障碍分为幻听、幻视、幻嗅、幻触、内脏性幻觉。临床上最为常见的是幻听，幻视次之。

(2) 思维障碍。思维障碍的主要症状特点有：一是表现为思维松弛或思维散漫。患者的思维活动表现为联想松弛、思维散漫，指思维的目的性、连贯性和逻辑性障碍。交谈中患者对问题的叙述不够中肯,也不是很切题,给人的感觉是"答非所问",与其交谈有一种十分困难的感觉。严重时表现为破裂性思维。二是表现为逻辑倒错性思维。以思维联想过程中逻辑性的明显障碍为主要特征。患者的推理过程十分荒谬,既无前提,又缺乏逻辑根据,患者却坚持己见,不可说服。三是常出现妄想,表现为一种脱离现实的病理性思维。例如,以毫无根据的设想为前提进行推理,违背思维逻辑,得出不符合实际的结论;对荒唐的结论坚信不疑,不能通过摆事实、讲道理进行知识教育以及用自己的亲身经历来纠正这种荒唐结论。四是有内心被揭露感、被洞悉感。患者认为其内心的想法或者患者本人及其与家人之间的隐私,未经患者语言文字的表达,别人就知道了。很多患者不清楚别人是通过什么方式、方法了解到他的内心想法的。

(3) 情感障碍。情感障碍表现为患者对一些能够引起正常人情感波动的事情以及与自己切身利益有密切关系的事情,缺乏相应的情感反应。患者对周围的事情漠不关心,表情呆板,内心体验缺乏。

(4) 意志行为障碍。意志行为障碍表现为患者缺乏应有的主动性和积极性,行为被动,生活极端懒散,个人及居室卫生极差。严重时患者甚至连自卫、摄食及性的本能都会丧失。

2. 心境障碍

心境障碍是以明显而持久的心境高涨或心境低落为主要特征的一组病症,并有相应的思维和行为改变,也称为情感性精神障碍。大多数患者有反复发作的倾向。治疗缓解后或发作间期精神状态基本正常,但部分患者有残留症状或转为慢性。

(1) 躁狂症。在临床上,躁狂症中,与情感高涨一起出现的症状往往还有思维奔逸和精神运动性兴奋,故称"三高症状"。有时会出现易激惹、自负自傲、行为莽撞,这些症状表现持续一周以上,考虑为躁狂发作或躁狂症。其具体症状表现如下:

① 情感高涨。患者经常面带笑容,自诉心里高兴,就像过节一样,因而精力充沛,内心充满幸福感,睡眠减少,爱管闲事,自我评价过高。有的患者认为自己能力强,赚钱容易,花钱大方,乱买东西乱花钱。有的患者自负自信,流于夸大、妄想。有的情感高涨患者易被激惹,情绪容易波动,说到伤心事,患者也会哭泣流泪,但是很容易随着别人谈论高兴的事情而恢复原先的好心情。情感高涨时患者的动作行为有感染力,经常能引起周围人的共鸣。

② 思维奔逸。患者思维活动量增加,思维联想速度加快,语量增多、语速快,口若悬河,词汇丰富,诙谐幽默。自诉脑子反应灵敏,特别灵活,好像机器加了"润滑油"。症状严重时,患者谈话的内容中夹杂着很多音韵联想(音联)或字意联想(意联),即患者按某些词汇的音韵相同或某句子在意义上相近的联想而转换主题。患者很容易被环境中的变化所吸引而转换谈话的主题(随境转移)。

③ 意志增强。意志活动增多,不同的精神障碍表现不尽相同。躁狂状态情感高涨时,患者终日不知疲倦地忙忙碌碌,但常常是"虎头蛇尾",做事有始无终,结果是一事无成。

(2) 抑郁症。抑郁症与躁狂症相反,同情感低落一起出现的症状通常有思维缓慢、语言动作减少和迟缓,故称"三低症状"。往往伴有失眠乏力、食欲不振、工作效率低和内感性不适等，症状持续两周以上，称为抑郁发作，也常称为抑郁障碍或抑郁症。其具体症状表现如下：

① 情感低落。患者经常面带愁容，表情痛苦悲伤。自诉精力不足、失眠或睡眠过多等。患者变得喜欢安静独处，原因是患者由于思维迟缓，对社会交往变得顾虑重重。愉快感缺失，原有的业余爱好和个人兴趣不复存在。自我感觉比实际状态要差，自我评价过低。自信心不足，流于自谦，甚至有自罪妄想。有时长吁短叹，甚至有自杀企图和行为。

② 思维迟缓。抑郁症患者表现出思维联想障碍，思维活动显著缓慢，联想困难，思考问题吃力，反应迟缓；语量少、语速慢、语声低沉。患者自诉："脑子不灵了""脑子迟钝了"。

③ 意志减退。患者的意志活动减少，受情感低落的影响，总感觉自己做不了事；或者由于愉快感缺失，对周围的一切兴趣索然，觉得干什么都没有意思，以致意志消沉，使患者的学习、工作或家务劳动受到明显的影响。一般来说，抑郁症患者对自身的这些变化，还是能够意识到的，自知力可能部分存在。

(3) 双相情感障碍。双相情感障碍，又称躁狂抑郁症，是一种涉及一次或多次严重的躁狂和抑郁发作的疾病。这种疾病使人的情绪摇摆于极度高涨(或易怒，或二者兼有)和悲伤失望之间，在这两种状态之间会存在情绪正常的时间。患者躁狂症和抑郁症循环性地发作，也就是说，躁狂一段时间后转为抑郁，抑郁一段时间后又转为躁狂。这样的转化有明显的周期性。双相情感障碍是可以治疗的，并且有康复的可能。

【案例1-3】

患有抑郁症的滕某

2016年3月27日23时，四川某大学一名大一学生滕某因生活琐事，在该校某校区学生公寓学习室里，用当日白天从超市购买来的菜刀将室友芦某杀死。"死亡医学证明书"显示，被害人因头颈离断伤死亡。4月15日，成都警方通报称，涉嫌故意杀人罪的犯罪嫌疑人滕某已于案发次日被警方刑事拘留。5月4日，一份关于犯罪嫌疑人精神鉴定的"鉴定意见通知书"显示：被鉴定人滕某患有抑郁症，对其2016年3月27日的违法行为评定为部分刑事责任能力。

(资料来源：中国新闻网，https://www.chinanews.com.cn/sh/2016/05-04/7857749.shtml)

【问题聚焦】
1. 上述案例中的抑郁症属于心理困惑还是心理障碍？
2. 心理有问题或者心理不健康是不是心理障碍？

三、大学生心理困惑与心理障碍的应对

大学生出现上述心理问题，既有社会、学校、家庭等外在因素的影响，也有个体自身的内在因素的影响，是诸多因素共同作用的结果。那么大学生出现了心理健康问题，应该

如何应对呢?

(一) 教育引导:建设良好校园文化,提升心理健康教育水平

校园文化是精神文化的具体体现,它体现并影响着大学生的精神风貌,也承载着重要的教育功能。校园文化为大学生自由化、多元化发展提供了广阔的平台。高校要通过对校园文化建设的科学规划与合理引导,在校园内营造充满活力、内容健康向上的文化氛围,让更多的学生参与其中,在丰富课余生活的同时得到有益的锻炼;同时,开展形式多样的大学生心理健康教育,是培养大学生良好的心理素质,完善大学生人格的重要手段。高校要根据自身的实际情况,依据不同年级大学生的不同心理特点,开展有针对性的、形式多样的、内容丰富的心理健康教育。

(二) 防胜于治:创建有利条件,健全三级心理健康网络

大学生的心理问题具有不同的层次,从一般的适应问题到严重的心理障碍或精神疾病都可能存在,因此,帮助大学生解决心理问题要建立一个分层次的工作网络。

第一级工作网络:在每一个教学班选一名对心理学感兴趣、有热情、愿意帮助同学的学生作为心理委员,通过培训,使他们对心理健康知识有基本的了解,掌握一定的心理辅导方法和技能。学生心理委员来自不同系,共同的生活与情感使他们易于与同学沟通,并容易发现同学中的各种问题,特别是危急事件。他们发现问题后可及时向学生干部报告。

第二级工作网络:重视发挥学生干部在心理健康教育工作中的作用。学生干部是与学生打交道最频繁的,他们对学生的性格特点、家庭状况、学习情况和人际关系状况等都比较清楚,因此,在大学生心理健康教育工作中扮演着重要角色。他们经过一定的心理咨询培训,再根据自身丰富的思想教育工作经验,对于学生面临的一般性心理问题和发展性问题,在日常思想教育过程中就能全部或部分解决。对于有较为严重的心理问题的学生,可由学生干部转到心理健康教育咨询中心,由心理咨询专业人员来处理。

第三级工作网络:发挥心理健康教育咨询中心心理咨询专业人员的专业优势,解决学生中较为严重的心理问题。对个别学生较严重的神经性障碍,由他们出具诊断及处理建议报告,或休学,或转介到专业医院进行治疗。

学生心理委员、学生干部和心理健康教育咨询中心心理咨询专业人员三级工作网络的建立为更好地落实大学生心理健康教育提供了有力保证。

拓展阅读

朋辈心理辅导

朋辈包含朋友和同辈。朋辈心理辅导是指年龄相当者对周围需要心理帮助的同学和朋友给予心理开导、安慰和支持,提供一种具有心理辅导功能的帮助。它可以理解为非专业心理工作者作为帮助者从事一种类似心理辅导的帮助活动。因此,有时它被称为"准心理

辅导"或者"非专业心理辅导",有时也叫作"互助式心理辅导"。朋辈心理辅导的理论基础是人本主义,充分尊重人与人之间的相互依存关系,是一切活动必须遵循的基本原则。

(三) 自我调整:减少依赖,提升自我心理适应能力

来自农村的大学生较少向家庭求助,来自城市的大学生则更倾向于向家庭求助,是在就业、经济等问题上更是如此。这一现象的根源在于大学生对家庭的依赖,尤其是对家庭社会资源的依赖。诚然,作为父母,在子女需要的时候伸出援手,这无可厚非。但如果因此造成大学生对家庭和家长的依赖,就会不利于他们的成长和发展。这就要求家长尤其是城市家长不能对子女的事务大包大揽,应当让他们自主发展、自强自立。对于不是太严重的心理问题,大学生可以自我调整,以摆脱困境。大学生要通过重新认知、评价自己,进行深刻的反思,也可以通过寻求人际关系的支持,如找知己、找老师倾诉等方式,摆脱不良情绪的困扰,实现心理问题的积极转化,以提升自我的心理适应能力。

(四) 学会求助:跳出误区,正确认识心理咨询

心理咨询是指咨询者运用心理学的原理、方法和技术,借助一定的媒体,协同来访者探索、发现和解决自身问题,积极挖掘求助者本身潜在的能力,改变其原有的认知结构和行为模式,提高其对生活的适应和调节能力的过程。简而言之,心理咨询就是心理咨询师帮助咨询者解决心理问题的过程。当自身的努力无法摆脱心理问题的困扰时,大学生可以寻求心理咨询专职教师的帮助,通过与心理咨询专职教师的合作,寻找摆脱心理问题困扰的途径。目前,各个高校都设置了心理健康教育咨询中心,配备了专业的心理咨询教师,让大学生走进心理咨询室,寻求专业人员的帮助,将会更好地帮助大学生认清心理困扰,提升心理弹性,解决心理问题。但很多大学生仍然对心理咨询存在一定的误区,如心理咨询是不正常的人做的,和"我"无关;心理咨询就是聊天或者过于依赖心理咨询师,认为心理咨询师能帮"我"解决一切问题。实际上,心理咨询只是在帮助咨询者摆脱困境,真正的执行者还是咨询者本人。所以既不要有心理咨询无用论的观点,也不要认为心理咨询是万能的。只有跳出这些误区、正确认识心理咨询,才能更好地借助心理咨询这一方式解决心理问题,实现自我成长与发展。

思 考 题

1. WHO对"健康"概念的最新定义中,特意把"道德健康"纳入其中,作为"健康"概念的重要组成部分,谈谈你对此的看法。

2. 大学生常见的心理问题有哪些?选择你感兴趣的1~2个心理问题,谈谈如何应对。

第二章
大学适应与心理健康

　　大学阶段是个体在身心、知识、性格等方面承上启下的转折过渡期。步入大学意味着暂时离开家庭，脱离了紧张的中学学习生活，开始了一段全新的旅程，学习环境、生活环境、人际关系等方面都发生了巨大改变。在这一阶段，大学生必须提高自身的适应能力。无论外在环境怎样改变，大学生都需客观、理性地分析周围环境和自身能力，进而对内心观念和外显行为进行积极的调整，以更好地适应外部环境；反之，大学生在面对新环境带来的一系列压力事件时，若无法正确认识自我，调整心态与行为，找不到排解负面情绪的正确方法，就会产生抑郁、偏执等心理问题，这些问题如果得不到及时解决，可能会成为更严重的心理疾病或精神疾病，进而引发极端事件。

【学习目标】

1. 掌握大学新生的常见心理感受以及适应和习得性无助的概念。
2. 掌握心理适应的内部机制和大学新生更好地适应大学生活的方法。
3. 理解大学新生存在哪些普遍的适应问题。
4. 了解大学与中学的不同之处。

内容导读

1. 什么是大学部分介绍了中学与大学的不同之处，以及大学新生常见心理感受。
2. 什么是适应部分主要介绍了适应的概念、心理适应内部机制以及习得性无助。
3. 大学生活中的适应问题部分介绍了大学新生普遍面临的适应问题——人际关系适应、学习适应、职业适应、情绪适应、自我适应等。
4. 如何更好地适应大学生活部分从防御方式、认知调试、社会支持三个方面介绍了帮助大学生尽快适应大学生活的方法。

案例导入

【案例 2-1】

突变的学习方式

小明说:"高中的时候,老师每天都陪着我们学习,一页的内容我们用一周来嚼碎吃透。那时候我们学得扎实。到了大学,老师一节课讲几十页,下课就走人,没人叫我们去上课,更没人陪我们自习。现在马上要考试了,一周要考几门课,我都不知道要怎么复习这么一大堆知识。"

【案例 2-2】

迷茫的大学生活

小亭开始了大学生活,在走过最初的那段对什么都感到新鲜的日子之后,生活渐渐回归平淡。可是最近,小亭却又有了一种新的感觉:真实的大学生活好像和想象中不一样,总是感觉自己很忙,每天都不停歇地忙碌,却不知道自己在做什么,不清楚自己适合做什么,对自己将来要做什么也拿不准,不知道大学生活究竟怎么过才真正有意义,觉得很迷茫、很着急。

【案例 2-3】

困惑的自我定位

小兰抱怨道:"我一直觉得自己挺不错的,觉得自己很多地方都比同龄人优秀,可以说我挺自信的。可是来到大学后,慢慢地,我很难找到那种相信自己的感觉了。我发现自己很多事情都不如别人,别人好像都挺厉害的,都有比我优秀的地方,而我没有一样拿得出手的。有时甚至觉得自己一无是处,我快找不到自己了。"

【问题聚焦】 你觉得上述主人公遇到了什么问题?大学新生为什么会出现这些问题?我们该如何去看待和应对?

第一节　什么是大学

开学第一天,新生们迈进大学校门,望着偌大的校园、川流的人群感叹:原来这就是我们为梦想而奋斗的地方!这里就是我们将要生活四年甚至更久的地方!对于刚走过高考、迈入大学的新生而言,大学是新奇、激动和快乐的代名词,也是通往理想、走向未来的代名词。

一、我们的大学

大学(university,college)是实施高等教育的学校的一种,包括综合大学和专科学校。

大学从产生至今已有上千年的历史。起初，大学主要是从德国、英国等国家发展起来的。柏拉图倡导的"哲人治国"理念、亚里士多德倡导的"自由教育"思想，共同开创了人类探索大学理念及其办学规律的先河。西方近、现代大学从英国纽曼"崇尚人文，注重理性"的大学理想，到德国洪堡"教学与研究相统一"的崭新理念，到美国"融入社会，多元开放"的理念创新，再到联合国教科文组织"着眼未来，引领社会"的新理念，经历了一个文化不断觉醒和理念不断创新的过程。

中国近代大学源于西方，1903年，天津中西学堂重建并改办为北洋大学堂，中国第一所大学由此诞生。蔡元培先生将大学定义为"大学者，'囊括大典，网罗众家'之学府也"。大学是国家的高等教育学府，研究范围博大，研究学问高深，研究视野广阔。大学教育旨在提升学生综合能力，不仅要将各专业的理论知识传授给学生，还要培养学生实践、应用和创新等能力，为学生进入社会奠定基础。大学教育的使命还在于培养学生完整的人格、净化学生的心灵、修养学生的品行、锻炼学生对事物进行批判的能力。只有这样，大学才能成为人类文明和社会进步的综合标志，成为人类的精神家园。

二、大学与中学的差异

（一）生活环境的变化

生活环境的变化体现在生活方式、生活习惯等方面。首先，从生活方式上看，大多数中学生住在家里，很多中学生都有自己独立的空间，生活由父母安排，除了学习，没什么可担心的；而大学生活是集体生活，学生住在宿舍，一切都要靠自己处理。这种变化对那些缺乏独立生活能力的学生来说是一种挑战。其次，从生活习惯上看，饮食特点的不同、气候与语言环境的变化、作息制度与卫生习惯的区别等带来的差异，都可能使学生感到适应不良。

（二）学习方式的变化

中学生的学习任务主要是学习科学文化知识，而大学是培养高级专门人才的场所，大学生既要学习理论知识，又要提高实践能力。大学生学习的内容更加繁多、深入，这对其提出了更高的学习要求。另外，大学与中学的学习方式也有很大区别。中学学习的主要形式是以课堂讲解为主，学生以做题的方式对知识进行巩固。学习主要由教师进行安排和督促，学生对教师的依赖性非常大。大学学习则强调自主性、研究性。因此，课堂讲授时间相对少，学生自主学习时间较多，这要求学生独立思考、举一反三、融会贯通。

（三）人际关系的变化

进入大学，学生的人际关系发生了巨大的改变。进入大学后，由于生活领域扩大，学生将面临更加复杂的交往环境，人际关系不能仅以个人的好恶而定，必须学会与不同的人建立和保持协调的关系。从人际交往的方式与对象看，中学时代人际交往的对象主要是同窗好友、父母、亲戚和老师。但到了大学，从各地来的同学素昧平生，重新组成新的班级，生活在同一个宿舍，脾气习惯各不相同，师生关系也不再像中学时那么密切，有时甚至几天见不到班主任、辅导员。远离父母和朋友，难以像以往那样面对面交流，这无疑给人际交往带来了诸多压力。进入大学之后，面对新的伙伴和新的环境，大学生要独立地、主动地与他人交往，会更容易感受到孤独，对友谊与爱情的渴望也更加强烈。

三、大学新生的心理感受

（一）孤独感

孤独感是一种个体在与社会环境接触过程中所得到的感觉达不到个体期望值时的情绪体验。当代大学生是新时代最具活力的领航人，然而近年来，"孤独"这一词汇在大学生日常生活中出现的频率越来越高。大学生孤独感的产生与个体的自我认知、人际关系等因素密切相关。大学生又正处在埃里克森人格发展阶段理论中的获得亲密和避免孤独的阶段，渴望得到他人的认可和肯定，渴望获得友谊和爱情。与他人的人际联系越多，感受到的陪伴感越强，就越不容易孤独。然而，刚刚进入大学的新生，离开了原来熟悉的生活环境和亲朋好友，新的人际关系的建立可能不如想象中顺利，一些学生在人际交往中缺乏自信，对自我评价较低，无法积极地悦纳自己，有过多的自我保护行为，导致在交往中表现出退缩行为，不容易建立和维持良好的人际关系，常常体验到更多的孤独感。

（二）焦虑感

很多学生在中学时都是佼佼者，各方面都出类拔萃，在父母和他人眼中是十分优秀的，是同龄人学习的榜样，但是到了大学却发现自身面临着学习与就业的压力，比自己更优秀的同学比比皆是，其优越感和自豪感受到打击并且很快消失，取而代之的是失落感和自卑感，从而产生焦虑心理和否定自我的非理性认知。

（三）失落感

一些家长、教师为激励学生努力学习，以优秀的成绩考上大学，常常把大学描绘为美好的"天堂"，再加上有些报纸、杂志、社会舆论对大学的不恰当宣传与报道，致使不少大学新生对大学生活存在着各种各样不切实际的幻想，对大学的期望值过高。当大学新生跨入大学校园后，很快会发现，现实中的大学校园并非想象中那样美好，还有些大学新生因为种种原因，不能选择自己理想的专业，或者所学专业与其最初设想不符，致使其不管是在心态上还是对专业的理解上都欠佳。在诸多因素的影响下，这部分学生的心态和情绪不稳定，缺乏学习的热情与动力。大学学习并没有想象中的轻松愉快，而且存在新的学习压力，那些抱着"进了大学就可以放松休息"想法的学生必然十分失望。另外，就业问题仍然十分突出，同学之间缺乏相互沟通和理解等问题带来的理想与现实之间的巨大差异导致许多大学生产生失落感，情绪波动大，烦恼郁闷。

拓展阅读 2-1

如何读大学

1. 新生入学后，心里要有目标准备，要经常问自己"我来大学干什么""我今后应该成为一个什么样的人"，这样有利于角色定位，适应新环境。
2. 应对心目中的大学进行调整，使其回归到现实中，以减少理想大学与现实大学间的冲突而导致的心理落差和失衡。
3. 新生应培养独立学习和生活的能力。在生活上，大学生要逐步学会独立自理，如在生活、学习作息上合理安排，学会自主理财。在为人处世上，要有独立能力，面对选择，要独立思考。
4. 新生入学熟悉环境后，应立即确立一个新的学习、奋斗目标。有了明确的目标，就能避免目标、方向、理想的迷失。

第二节 什么是适应

适应的前提是环境的改变，没有环境的变化就没有所谓的适应或者不适应。心理适应是主体对环境变化所做出的一种反应。大学新生离开中学，步入了一个崭新的环境，迎来了生活环境、学习方式、人际关系等一系列变化。这些变化都需要大学新生尽快地适应，适应成为他们进入大学的第一个挑战。

一、适应的概念

适应是指当外部环境发生变化时，主体通过自我调节系统做出能动反应，使自己的心理活动和行为方式更加符合环境变化及自身发展的要求，使主体与环境达到新的平衡的过程。

心理学范畴里使用适应概念时通常有三个角度：一是生物学意义上的适应，即生理适应，如感官对声、光、味等刺激物的适应；二是心理上的适应，通常是指遭受挫折后借助心理防御机制来使人减轻压力、恢复平衡的自我调节过程，这是一种狭义的适应概念；三是对社会生活环境的适应，包括为了生存而使自己的行为符合社会要求的适应和努力改变环境以使自己能够获得更好发展的适应，这是社会适应的概念。皮亚杰认为，心理适应的内部机制是同化与顺应的平衡，适应状态是这两种作用之间取得相对平衡的结果。它包含以下三个特点：首先，心理适应是主体对环境变化所做出的一种反应，环境变化是适应的前提；其次，心理适应是一个重建平衡的动态变化过程；最后，心理适应的内部机制是同化与顺应的平衡。

学校适应是社会适应维度下的一个分支，由 Sondra H. Birch 和 Gary W. Ladd 于 20 世纪八九十年代提出。美国智力落后协会(AAMD)认为，社会适应是指个体能够做到的与其年龄特征相符的行为或者所在文化群体所期望个体能够达到的行为。学校适应将"学校"作为情境限制，通常被定义为学生在学校背景下愉快地参与学校活动并获得学业成功的状况，随着对学校适应的不断深入研究，学者不断从新的角度对学校适应进行界定。国内学者认为，学校适应是指无论外在环境怎样改变，学生都能客观、理性地分析外在条件和自身能力，进而对自身的内心观念和外显行为进行积极的调整，以更好地适应外部环境。

总之，大学新生心理适应与心理健康水平密切相关。已有研究表明，在学习、人际、职业目标、独立生活、资源利用等方面产生心理不适的学生，会产生抑郁、焦虑、敌对、恐惧、强迫、躯体化等症状。

二、心理适应的内部机制

有学者把适应过程归纳为需要、阻挠、尝试、解决问题四个环节，从心理动力与主客体之间关系的角度解释了适应过程。需要是发展的内部动力，个体原有发展水平与新的需要之间的矛盾，是促进人类从事各种活动的最原始的动力源泉。需要的产生离不开外部环境的刺激和影响。从适应的角度看，需要可以分为两种：生存需要和发展需要。然而，无论如何分类，适应的过程总是从产生需求开始的。阻挠是指个体不能利用已有的行为习惯来满足自己的某些需要，通常发生在环境变化后个体遇到新问题时。阻挠现象出现时，人们一般都会产生不同程度的紧张与焦虑感。尝试是指个体为了满足需求而做出的努力。为了改变不适应的被动局面，个体在没有现成模式可以参照的情况下，便会做出各种努力，采取各种方式来进行积极的尝试。个体经过尝试后找到了解决问题的方式，人们新的需要就可以得到满足，原有行为模式与新的需要之间的矛盾基本上得到解决，这就是重新适应阶段。但是，这种状态是短暂的，很快就会被新的不适应现象打破，这种不适应—适应—不适应状态的循环往复，就是适应过程的规律性表现。

（一）认知调节

认知调节是适应过程的起始阶段，包括外部评估和内部评估两部分。外部评估是认知调节的第一阶段，是指主体对变化了的外部环境及其对自身发展所具有的影响进行全面了解并做出新的判断的过程，个体对自身发展中遇到的困难做出准确判断，对新的角色期待形成正确的理解与把握。如果这个阶段中的认识、判断出现了偏差，就可能产生不适应的表现。内部评估是指主体在对外部变化做出正确判断的基础上，进一步了解与判断自身内部状态。在自我监控系统的参与下，个体对自我评价和自我意向重新调整。其具体包括对因外部变化引起的内部不平衡状态的估计，对不适应现象的归因分析，对已有经验的检索与比较，对原有行为方式应对效果的审视与判断，等等。

（二）态度转变

认知过程的变化必然会引起情绪体验的变化，同时会导致行为意向发生相应的变化。当认知、情感和行为意向都发生变化时，就会引起态度转变。态度转变实际上是对动力系统和反应倾向的调节,这是适应新环境的变化、保持和恢复心理平衡的一种背景条件。

(三) 行为选择

行为选择实际上是一个比较与决策的过程,其核心是对原有行为方式的调整与改变。行为方式的重新选择是以认知的调节与态度的改变为基础的,受思维方式与态度倾向的直接制约。如果思维方式与态度倾向是积极的,那么主体的行为方式也会是积极的;反之,如果思维方式与态度倾向是消极的,那么主体的行为方式也会是消极的。

由于个体所面对的内外环境的复杂性和行为效果的多重可能性,判断与选择不可能一次性完成,所以整个适应过程必然会表现为一个反复循环的动态过程。

拓展阅读 2-2

同化与顺应

同化与顺应是皮亚杰从生物学移植到心理学和认识论中的概念。它们最早出现于1936年出版的皮亚杰的《儿童智力的起源》一书。在这部著作里,皮亚杰在对智力和适应的解说中提出了同化与顺应的概念。他提出,机体是一种物理—化学和动态过程的循环,这种循环同环境保持着稳定的关系,双方相互作用,产生新的循环。设 a、b、c 等为有机体的元素, x、y、z 等为对应的周围环境的元素。这样构成的组织图式有:①$a+x \to b$;②$b+y \to c$;③$c+z \to a$;等等。把有机体的元素 a、b、c 等同环境的元素 x、y、z 等结合在一起的关系,就是同化关系。如果我们称环境施加压力的结果(b 变成 b')为顺应,我们就可以因此说适应是同化与顺应之间的平衡。根据皮亚杰的观点,同化是把环境因素纳入主体已有的图式之中,以丰富和加强主体的动作,引起图式力量的变化。顺应则是主体的图式不能同化客体,必须建立新图式或调整原有图式,引起图式的质的变化,使主体适应环境。所以,皮亚杰对同化和顺应所下的定义是:"刺激输入的过滤或改变叫作同化;内部图式的改变以适应现实叫作顺应。"

(资料来源:石向实. 论发生认识论的同化和顺应概念[J]. 内蒙古社会科学(文史哲版), 1996(3): 19-23.)

三、习得性无助

当下不可控的生活经历使得个体产生了对将来生活也不可把控的思想,并使其在动机、情感以及学习上都产生损害时,习得性无助便发生了。也就是说,当人们长期地接触不可控事件时,他们后来在新的事件中也会有较差的表现和抑郁的心情,这些人所表现出来的便是习得性无助。习得性无助是一种当个体长时间体验到不可控结果时所产生的认知、动机、情感损害的症状。

在对人类的观察实验中,心理学家得到了与习得性无助类似的结果。在我们生活中,也会出现这样的现象：如果一个人总是在一项工作上失败，他就会在这项工作上放弃努力，甚至还会因此对自身产生怀疑，觉得自己一无是处。如果一名学生努力学习却一直没有进步，取得的成绩不如别人，也很少受到老师和同学的表扬与关注，长此以往便会丧失对学习的自信，这便形成了习得性无助的学生群体。当个体出现习得性无助时，将极有可能给其当前的身心健康、日常生活、学习乃至一生的发展带来不利影响。

第三节　大学生活中的适应问题

经过高考的洗礼，大学新生步入向往已久的殿堂——大学。他们沉浸在对大学生活及美好未来的憧憬之中，然而大学不是娱乐场，而是步入职场前充电加油的场所。大学生在升学的愿望已实现、新的目标尚未找到时，难免会陷入暂时的迷茫，同时会感觉到大学与中学截然不同的生活、学习方式，这需要大学生尽快转变角色，适应大学生活。大学生活中的适应问题也比较多，如人际关系适应问题、学习适应问题等。

一、人际关系适应

人际关系是人与人之间通过交往与相互作用形成的比较稳定的、直接的心理关系，它反映了个人或群体寻求满足其社会需要的心理状态。从心理学角度看，人际关系主要包含认知、情感和行为三种成分。其中，认知成分反映个体对人际关系状况的认知和理解，是人际关系的理性条件；情感成分是个体对人际交往的评价态度，是人际关系的基础；行为成分是双方实际交往的外在表现和结果。大学生人际关系是指大学生在其学习与生活过程中，通过与身边的教师、同学、家人、朋友以及其他社会关系主体相互往来、相互联系、相互作用、相互影响而建立和发展起来的一种关系。

人际关系是在人们直接交往过程中形成的，每个人都可以切实感受到它的存在和影响。良好的人际关系对大学生身心健康的发展具有重要意义。大学生心理问题的产生，往往是从未能妥善处理人际关系开始的，不良的人际关系常常引起心理失衡，使大学生产生焦虑、孤独等消极情绪，易导致抑郁症、恐惧症等身心疾病。良好的人际关系能够使大学生在新的环境中获得可信赖的师长和朋友，找到倾诉心声的场所，建立起和谐、愉悦、信任、理解的人际环境。大学生通过与人交往，分享快乐，倾诉烦恼，可以缓解内心的孤独感，舒缓消极情绪，释放压力，提高生活的幸福感和满意度。大学生通过人际交往过程中获得的鼓励与支持，能够增强自尊心和自信心，获得挑战自我的动力。另外，良好的人际关系是大学生社会化的必要条件。一个独立的个体，从婴儿到成人，经历了由自然人到社会人的转变，这个过程就是个体的社会化。大学时期正是大学生实现社会化的关键时期，良好的人际关系有助于大学生在与他人的交往过程中正确对待自己和他人，实现自我认识和完善，培养团队协作精神，为将来进入社会打下良好的基础。

研究表明，人际关系困扰已经成为影响我国大学生心理健康发展的重要问题，根据相关研究，大学生面临的人际关系适应问题主要有以下几种：

(1) 交往障碍。由于自我封闭、自卑、交往能力、交往方法等自身问题，有些大学生会产生讨厌人际交往的想法，不愿意与人接触，喜欢生活在自己封闭的圈子内。这类学生在社会交往中想象成功的体验少，想象失败的体验多，缺乏自信，总认为自己人际交往能力不足，缺乏勇气和信心，因此，在人际交往中会过多地约束自己的言行，以致无法充分地表达自己的思想感情，阻碍了人际关系的正常发展。

(2) 寝室关系不良。进入大学，寝室生活是每个大学生都要面临的。宿舍是大学生主要的生活场所之一，大学生和寝室同学的相处最为密切，接触最为频繁，因此，和寝室舍友之间的人际交往是每一个大学生都不可避免的。然而，由于大家来自全国各地，必然在生活习惯、语言、风俗等方面有差异，加上性格、兴趣和价值观的不同，难免发生一些摩擦，因此，寝室关系是大学生人际关系适应的重要问题之一。

(3) 异性适应不良。进入大学后，异性间的交往相较于高中时期更加宽松、自由、开放。异性之间的交往原本是很正常的，但有些大学生在不良心理因素的影响下，会产生不敢、不愿、不能与异性交往的心理，主要表现为不能正确认识和处理友谊与爱情，以及异性恐惧等现象。

(4) 沉迷网络交际。随着信息技术的发展，人们的交往方式和沟通方式发生了全方位的变化，网络交往逐渐走入了人们的生活。然而，由于网络交际是一种以计算机为中介的交流，它使人趋向孤立、冷漠和非社会化。在高校里，有些学生认为网络的虚拟性与匿名性可以让他们敞开心扉，因此长时间沉迷于网络游戏交友当中难以自拔，更有甚者因为上网时间过长，思维变得迟钝，表情冷漠木讷，现实中与人交流困难。总之，沉迷于网络交际，对大学生现实的人际交往造成了极大的危害。

二、学习适应

学习适应，也称为学习适应性，是指个体克服困难取得较好学习效果的倾向，即学习适应能力。学习适应包括学生的学习能力、学习动机、学习目的、学习态度、对学习环境的满意度等因素。大学生在学习过程中，应不断调整自身的学习态度、学习方法、学习目标等，从而与新的学习环境、教学方式、学习内容等相契合，实现自身能力和个性的发展。

研究表明，大学生存在学习适应不良的现象较为普遍。大学生虽然已是成年人，但心理发展还不是很完善，极易受到各种不良因素的影响，大学生在面临新的学习环境时，可能会迎来一系列的学习困扰，从而导致学习适应不良现象的发生。这些困扰包括学生在学习过程中遇到的外在因素(如学校的教学设备、课程规划、教材教法、师生关系及家庭学习环境等)和内在因素(如学习动机、方法、习惯、态度及身心适应等)的困扰，使学生产生焦虑或挫折，进而无法专心学习，导致学习成效受到影响，间接影响学习态度。

根据对大学生面临的学习困扰类型的相关研究，学习困扰可分为以下四种类型：

(1) 环境适应不良。学生的学习环境，包括其家庭环境和学校环境中存在某些不太容易克服的消极因素,或者他们不善于利用学习环境中的有利因素。对环境适应不良的学生的困扰主要表现在以下方面:对学习硬件环境的不满程度较高,对周围的人际关系不满意,对自己所学专业的认同程度较低,认为所学的专业不能适应社会发展的需要,不利于自己的发展以及就业;对所在学院有较大抱怨,认为学院的管理存在问题,对自己的专业不够重视,对自己专业的投入有限,对教师的教学水平和能力存在质疑;有学生认为自己的家庭环境与父母的关系也困扰着自己的学习。

(2) 学习策略失调。学生在学习中没有采取合理的学习策略,存在着学习策略失调的情况,没有建立起适合自己的学习策略体系,导致对大学阶段学习的不适应。这部分学生不能根据大学阶段的学习特点及自身的情况制订合理的学习计划,学习安排混乱,也不会对自己的学习做出合理的评价,更不会在评价的基础上对自己的学习做出合理的调节。

(3) 情感品质薄弱。这类学生在学习上具有较差的积极自信的情绪以及较差的自信表现。这类学生缺乏学习取得成功的各种心理品质,如自觉性较差、缺乏学习的独立性和创造性、学习的毅力不足。这类学生从大学入学开始就没有建立合理的奋斗目标,没有对学习进行合理的规划,在学习上具有较大的惰性,学习的自觉性较差。有部分学生虽然能够根据自己的情况制订学习目标及学习计划,但是在计划的执行方面存在欠缺,不能做到持之以恒。有的学生在学习上遇到困难时便产生退缩的心理,不能做到迎难而上,缺乏刻苦拼搏的精神。

(4) 学习动力不足。这类学生没有建立起正确的学习价值观,没有认识到自己所担负的社会及历史责任,对自己所承担的民族振兴、国家富强、社会进步的历史责任尚不明确。把学习成绩不理想的因素归结为自身以外的其他因素,如考题难、教师能力不足等。没有认清当今的就业形势,对毕业后所需要承担的压力缺乏认识。这类学生由于自身的学习动力不足,缺乏学习兴趣,极易出现不重视学习甚至放弃学习的情况。

三、抵制校园生活中的不良诱惑

(一) 网瘾

网瘾,即网络成瘾症,是指长时间依赖于网络而难以自我解脱的行为状态和心理状态,其对大学生的生理、心理危害很大。其表现为生活中对网络的过度依赖,常见的现象是身边的人时时处处都在玩手机,乘车、散步、吃饭、睡觉都在不停地上网、刷视频、看小说、玩游戏。不分时间、场合的频繁使用网络,对大学生正常生活、学习造成了较严重的干扰及影响。

随着网络的日益普及与发展,当前大学生的学习、生活、人际交往等已经和网络密不可分,网络对大学生的"双刃剑"作用也日渐突出。有些学生能够将网络作为一种有效而且有益的工具,通过积极的网络学习方式和人际互动获取更多的知识与信息,从而为促进自身的学业进步、扩展人际交往范围、实现某些方面的个人价值以及提高自身生活质量等提供有力的帮助,促进个人更好地发展和成长。有些学生则长时间沉迷于网络游戏、网络聊天、网络交友、网络恋爱、网络小说、网络电影等，终日不能自拔，最终患上了网络成瘾症。有些学生因此而荒废学业，甚至走上了违法犯罪的道路。这种不健康的网络行为会对大学生的道德形成、人际交往、思想个性与人格的发展以及身心健康产生消极的影响，甚至使他们出现一些网络心理障碍(如攻击性、成瘾性、自我封闭、人际交往受阻等)，给家庭、学校、社会带来严重的危害。

大学生只有挖掘自身有利因素，主动调整自我，才能正确对待和使用网络，远离或摆脱网络成瘾状态。为此我们分别从学校和学生两个层面提出以下建议。

1. 学校层面

学校应采取多种措施，教育和引导学生正确、健康地使用手机。第一，学校应定期针对不同年级的学生开展一些专题性的讲座、宣传活动，教育和引导学生正确、健康地使用手机，明确手机的主要作用是"沟通"和正常的信息服务。第二，学校应创造多种条件，充分发挥各类学生社团的工作优势，组织开展丰富多彩的文化活动，加强教师与学生之间、家长与学生之间、学生与学生之间的情感交流，增强大学生的集体意识、社会认同感以及竞争性，弱化大学生对手机的依赖。第三，学校可以通过加强与有关部门对信息的协同管理，加强官方信息平台的主流引领作用，营造趣味性、实用性强，内容健康向上的网络文化环境，使大学生净化心灵、增进知识，增强自律能力，自觉成为健康网络的使用者和维护者，科学合理地利用手机和手机网络，使之成为生活学习的良好工具。第四，学校应适时组织针对学生的心理健康教育，及时发现大学生的思想情绪变化，针对网瘾的情况做到早发现、早干预，帮助网瘾者调整好心态，并制订有效的干预措施，帮助其逐步摆脱网瘾的困扰。

2. 学生层面

(1) 大学生的主观认识和努力是关键。大学生加强自我教育、自我管理，自觉抵制手机网络依赖成瘾是有效预防和解决网瘾的内动力与关键因素。大学生应该认真思考个人理想与人生追求，客观合理地定位自己的大学目标和人生目标，明确阶段性目标和总目标，并在践行过程中适时地修改和完善，锲而不舍地去实现目标。大学生必须客观全面地认识网瘾的危害性，充分发挥自身的主观能动性，不断提升自己的学业理想，增强对所学专业的兴趣和热爱度，正确认识和发挥手机及网络在学习生活中的积极作用，合理规范地使用手机。大学生要保持健康的心理状态，自觉抵制手机及网络所带来的不良诱惑，从而远离、摆脱对手机及网络的盲目依赖。

(2) 转移注意力。有网络依赖问题的大学生可通过培养良好的兴趣和爱好，多参与学校社团活动、知识竞赛、课外文体活动与社会实践教育等途径，大胆、充分地展示自我风采，这样既能提高参与意识，又能锻炼综合能力。这些有趣的文娱活动可丰富精神生活，使大学生变得更加充实、愉悦，从而减少对网络的依赖。大学生要积极走出宿舍、教室，多到室外呼吸新鲜空气，贴近社会和自然界，增进与其他社会成员的沟通交流，让自己在现实环境里有倾诉心声的场所，有可信赖的师长和朋友，有愉悦的人际环境，与现实生活中的朋友、同学紧密结合在一起，建立起高度和谐的信任、理解、平等的群体关系，从而热爱自己的生活环境，热爱大学生活，不断为自己的梦想而努力。

(3) 系统脱敏法。系统脱敏法就是通过一系列步骤，刺激强度由弱到强、由小到大，逐渐训练心理的承受力、忍耐力，增强适应力，从而达到对真实体验不产生"过敏"反应，保持身心的正常或接近正常状态的目的。网瘾者可以求助于心理咨询，也可以在家长、老师的辅助下采用系统脱敏法。例如，与家长或好朋友制订总计划，由他们监督、辅助实施。在一定时期内逐步减少手机的使用频率和时间，明确限制、逐步减少在阅读网络小说、看视频及玩游戏等方面花费的时间，最终实现脱离手机依赖，合理使用手机。

(4) 加强意志品质的培养和情绪调适能力。大学生要磨炼坚强的意志力，增加对自我的控制能力，抵御网络诱惑，可以通过耐力训练、体育运动来实现。大学生应学会应对和处理各种负性情绪，能在发生心理冲突时做出合理的判断和选择，并采取理智的应对方式，积极调适不合理的因素，使心理趋于平衡，不把网络作为逃避现实问题的唯一途径。

(二)"校园贷"

"校园贷"是指以在校大学生为借贷对象的信用贷款。其实质是以大学生为借贷对象的网络信用消费贷款，原本是互联网发展背景下针对特定借贷对象的网络借贷行为。其提供的产品类型主要包括助学贷款、创业贷款、消费贷款等。其基本形式有网贷平台、分期购物平台、电商借贷平台等。"校园贷"是在我国社会征信系统尚未健全的背景下出现的新事物，是互联网金融大发展的产物。"校园贷"作为一种新型借贷方式，具有申请门槛较低、审批速度较快、无须金融担保等优势，满足了大学生信用消费的旺盛需求和追求"财务独立"的迫切愿望。

"校园贷"发展早期，网络借贷公司注册门槛较低，运营成本较低，收益较高，大量网贷平台一拥而上，平台质量参差不齐。"校园贷"平台中既有为大学生解决短期消费需求、切实缓解经济压力、帮助大学生完成学业的正规借贷产品，也有追求利润，将大学生视为"待宰肥羊"的非法"校园贷"。"校园贷"问题主要由非法"校园贷"导致。我国大学生多数没有稳定的经济来源，还款来源主要是父母支持；多数大学生无收入，自身并非合适的信用消费主体，具有逾期风险。非法"校园贷"侵犯了借贷大学生的人身、财产安全，甚至出现个别学生因非法"校园贷"被迫走上违法犯罪或者轻生之路的问题。

为帮助大学生正确对待和使用网贷，远离或摆脱不良"校园贷"现象，我们提出以下建议。

1. 学校层面

高校要加强和改进大学生的思想政治教育，这是一项重大而紧迫的战略任务，也是高校落实立德树人根本任务的重要内容。加强大学生思想政治教育，推进"三全育人"，有目的、有计划地开展安全教育，形成全员育人、全程育人、全方位育人的合力。在入学教育中，高校要增强安全教育意识、增加安全教育内容；定期开展违法犯罪风险防范与警示教育；要加强大学生法律和金融常识教育，邀请法学专业的教师、警察、法官、律师等给学生做"校园贷"专题讲座；通过班会、第二课堂等方式加强大学生消费观教育；帮助大学生树立风险防范意识以及正确的消费观，最大限度地避免错误的发生。

2. 学生层面

作为大学生，我们要树立科学的世界观、人生观和价值观，建立理性的消费观，加强自我教育。大学生还不具有独立和稳定的经济收入，但在校园生活的环境中，其易产生盲目攀比、过度消费的心理。大学生应加强自我约束和自我管理，增强风险意识；合理规划日常资金，树立理性的消费观；提倡绿色消费、文明消费、适度消费，不盲目攀比、不过度消费；养成良好的消费习惯、适度消费；学会生活，加强自律和自我教育。

"校园贷"的出现和暂停都不是偶然的，作为新兴互联网金融产品，它适应了大学生旺盛的消费需求，但诸多的安全隐患仍然需要国家、社会和高校合力面对与系统性解决。大学生自身风险防范意识不强，金融、法律知识欠缺，消费观的不理性，等等，也让大学生这个特殊群体成为信用借贷类犯罪的侵害对象，因此，大学生唯有积极做好自我管理和约束，增强责任意识和风险防范意识，掌握更多的金融、法律知识，才能更好地适应社会。

四、职业适应

职业适应是指个体科学地选择并从事某一特定的职业时，通过观察、认知、思考，对职业技能、人际关系进行评估，以及对企业文化、价值观不断认同和内化的适应过程与适应结果，在个人与职业环境互动过程中不断调适，从而具有与职业要求相匹配的能力。

大学毕业生的就业压力持续增加，就业形势严峻。然而，不少大学毕业生在职业初期迟迟无法适应新环境，仍然保持着学生的心态，疲于应对层出不穷的职业适应问题。

适应能力是职场新人必备的职业能力，也是培养其他各项能力的基础和前提。就业初期的职业适应将直接影响新员工的职业观念和职业态度。职业适应与否关系到职场新人将以什么样的状态投入工作，它是决定职业行为乃至职业成就的关键。职业适应不良将会影响新员工的职业流动，从而在一定程度上阻碍毕业生的职业发展。

为帮助大学毕业生提升职业适应，尽快地融入工作环境，我们提出以下建议。

1. 学校层面

(1) 加强职业适应性教育。高校应该在整个大学期间对大学生进行职业适应的培养。从大一开始就开设职业生涯和就业指导课程，让学生从进入学校就开始思考他们未来的职业方向、设计职业目标。这样可以帮助学生充分认识到所学的专业与从事的职业、学校的学业与未来就业之间的不同和联系，最大限度地引导学生去培养自己的职业兴趣，全面、客观地帮助大学生分析可能面临的就业形势和职业适应问题，并鼓励大学生以积极的心态迎接未来的职业生活。

(2) 加强职业生涯规划。高校要让大学生意识到职业生涯规划的重要性，明确未来的职业方向和计划,充分调动大学生的主观能动性,引导大学生积极、主动地制定一个详细且可执行的职业生涯规划;加快构建职业规划体系,让大学生对自己的职业发展有一个准确和清晰的定位,明确目标并为之努力。

(3) 做好就业指导教育。当前高校就业指导课程具有普适性的特点,如课程开设时间晚、教学时长较短,缺乏日常化的教育,缺少个性化的指导,注重理论,针对性不强。因此,高校在理论教学的基础上应加强指导深度以及提高指导的有效性,并提供专门的就业指导咨询。例如,高校应提供长期、有针对性的指导,帮助学生提前做好准备,以便从容应对就业的关键时期。

(4) 加强校企合作。高校与企业进行协作,输送大学生深入目标企业。企业可以通过开展参观见习、岗位轮替实习、优秀员工分享、行业职业分析等加强校企合作,不仅可以让学生开阔眼界,提高职业技能,更好地融入企业和社会,还可以帮助学生深入了解企业的真正需求,包括对员工综合素质与能力的要求。高校应当安排丰富多样的实践活动供学生选择,让他们能够充分投入到实训当中并加强自己的实战能力。实践可以让大学生提前了解和适应未来的职业环境,了解到在企业中自主学习是常态,人际交往也比学校里更为复杂,进而让大学生掌握自我管理能力,最终实现对大学生职业适应能力的培养。

(5) 合理设置高校专业。当前,我国高校大多倾向于应用型的专业设置,应当在客观全面地考察就业现状和职业发展趋势、充分调研人才市场的基础上进行专业设置。在对专业进行管理时,高校应在参考教育专家和用人单位的建议以及结合市场动态的基础上,设置对学生和社会真正有用的学科与专业。此外,高校应当在设置专业教育时有效对接经济发展前沿。传统的理论教育落后于飞速发展的经济社会,企业的发展紧跟经济社会的发展趋势,对大学生的职业要求也与之息息相关。高校应当加强专业教育的前沿性和有效性,这有助于大学生未来的职业发展。

2. 学生层面

(1) 树立正确的择业观念。毕业生应充分理解社会上的每一种职业,看到不同职业、岗位间的差异和联系,正确认识每种职业的意义和价值。每个人在不同的性格特点、个人能力、价值观、生活环境等因素的影响下,形成不同的职业价值观念并由此决定他们的职业选择。在逐步实现人生价值的基础上树立正确的择业观,任何平凡的岗位都能创造价值,重要的是新员工如何看待并付出行动。因此,毕业生应树立正确的择业观,在实践中不断提高职业适应能力,充分激发自己的潜能,发挥创造力,做出不平凡的成绩。

(2) 进行积极的自我调适。职业初期因为生活重心的转移,大学毕业生会不可避免地遇到诸多不适,其自我调适能力在这一重要转折期就会显示出重要性。大学毕业生进行积极的自我调适,能够不断调整状态以适应职场生活,如大学生毕业对未来充满希望并全身心地投入到工作中,能够获得积极的情绪,实现自我认同。

(3) 积极接纳企业文化。企业文化是企业通过长期实践沉淀下来的精神文化,企业文化不一定能得到所有员工的认同,但是新员工应该试着融入企业,积极、主动地学习和认同企业文化。新员工能否适应企业文化最终取决于他们的价值选择。作为公司的新成员,应该努力参与到企业的文化建设中,并积极地将其内化为自身的价值观。

(4) 培养吃苦耐劳的职业精神。从学生到公司职员,毕业生在角色转换过程中的关键是要完成心态上的转变。首先,大学毕业生要学会自我调适,逐渐进入新员工的角色和状态。新员工自我调整的过程是困难的,要懂得循序渐进,把握好节奏;其次,作为新员工,在职场应培养吃苦耐劳的职业精神,脚踏实地,从小事做起,以认真负责的工作态度对待自己的每一份工作。

五、情绪适应

对于许多人来说,大学是一个特别具有挑战性的过渡时期,离开熟悉的家庭环境,进入大学校园,需要面对和完成很多新的社交、学业等任务,并要为走向社会、独立承担社会责任做准备。处于青春期的大学生往往生理发育接近成熟,具备成人的体格和完善的生理功能,但其心理却尚未完全成熟。由于生活环境的变动、成长任务内容的增加,大学生情绪具有明显的波动性、情境性,常常会出现沮丧、焦虑、抑郁、空虚等负性情绪。如果负性情绪得不到及时排解和有效疏导,他们就容易长期受负性情绪的困扰,造成情绪适应不良。

大学生在现实生活中应对负面情绪、培养积极情绪时可以尝试以下方法:

(1) 理性认识自我,悦纳自我。大学生应理性客观地认识自我,既乐于接受自己的优点,也勇于正视自己的缺点;悦纳自我有利于其积极情绪的培养。对于自己无法改变的客观环境,要积极地去适应它、接受它,如我们的容颜和家庭;对于可以通过自身努力而改变的环境,要努力地去探索、去寻找方法。只有真正地悦纳自己,才能树立自信心,增强自我认同感。

(2) 改变思维模式,培养自己积极的情绪。当一个事件发生时,真正影响人类的不是事件的结果,而是从事件发生到结果之间人们对于这个事件的看法。也就是说,我们的烦恼,不是源于我们的遭遇,而是源于我们对事件的看法。

(3) 采取有效的自我放松方式。放松训练是一种通过肌体的主动放松来增强人对自我情绪的控制能力的有效方法,如减轻肌肉紧张、减慢呼吸节律等,这些方法都能使焦虑等不良情绪得到缓解。利用音乐来调节情绪已被人们广泛运用。不同的音乐可以给人带来不同的情绪体验。选择一种自己感觉比较舒适的方式和一个安静的环境、选择自己喜欢的音乐慢慢赏听可以培养良好的情绪。

六、自我适应

在中学阶段,学生为了升入理想的高校,努力学习,虽身心疲惫但目标十分明确;进入大学后,原来的理想实现了,而新的目标和动力尚未找到,大学生活显得失落和茫然。经过高考的大学新生,带着良好的自我感觉进大学校园之后,在新的班集体里,面对新一轮的排列组合,突然发现自己只不过是大学生中的普通一员。无形中,一些大学新生心理上会产生一种失落感,产生自我认识和自我价值感方面的困惑,进而产生自我适应的问题。

那么如何正确调控自我，进行自我适应呢？具体方法如下：

(1) 建立理性的认知方式。理性的认知是人适应与发展的前提和基础。人们对生活的不适应，大部分来源于对现实的不合理认知方式。例如，对自己、对别人认知上的以偏概全，对自己行为"糟糕之极"的悲观预期，等等。因此，大学生要培养自己的辩证思维方式，改变对自我、对他人、对社会的不恰当认知。

(2) 适应角色要求。大学新生面临着多方面的变化，既要了解客观的自己，也要了解自己的优点和缺点，更要了解现在的社会和环境对自己的要求。这样做就能使他人的"角色期望"与自己的"角色采择"一致，以便有效地控制和改变自己的态度与行为，以达到改善人际关系和提高工作与学习效率的目的，使现实的自己不断地向理想的自己靠近。

(3) 正确运用心理自卫机制。正确运用心理自卫机制可以化解由适应不良引起的心理不适。比如，运用"合理宣泄"，把个人忧虑、烦恼和不平向自己信任的教师、同学、朋友宣泄一番，以减轻心理压力；恰当的"自我安慰"可以缓解心理冲突；"转移"能避开引起自己不良情绪的人、事和环境，把情绪转移到新鲜的事情上；"升华"与"补偿"是让自己的原有冲动和欲望导向更加合理的方面，使人奋发图强，创造人生新的价值。只要你相信，你是自己心理的主人，你就会成为自己的心理医生。

拓展阅读 2-3

大学生心理健康的 7 个标准

我国著名心理学家樊富珉教授是清华大学心理学教授、博士生导师，其主要研究方向为人格发展与心理健康教育、心理咨询的理论与实践、团体心理咨询与训练、心理问题早期发现与危机干预等。她活跃在心理咨询与治疗的学术舞台上，是我国高校心理咨询学术带头人。她提出大学生心理健康的 7 个标准：

(1) 能保持对学习较浓厚的兴趣和求知欲望。

(2) 能保持正确的自我意识，接纳自我。自我意识是人格的核心，指人对自己与周围世界关系的认识和体验。

(3) 能协调与控制情绪，保持良好的心境。心理健康者经常能保持愉快、自信、满足的心情，善于从行动中寻求乐趣，对生活充满希望，情绪稳定性好。

(4) 能保持和谐的人际关系，乐于交往。

(5) 能保持完整的人格品质。心理健康的最终目标是保持人格的完整性，培养健全人格。人格完整是指人格构成的气质、能力、性格和理想信念、人生观等各方面平衡发展。

(6) 能保持良好的环境适应能力，包括正确认识环境及处理个人和环境的关系。

(7) 心理行为符合年龄特征。一个人的心理行为经常严重地偏离自己的年龄特征，一般都是心理不健康的表现。

大学生心理健康教育(医学院校版)

第四节 如何更好地适应大学生活

人生的扣子从一开始就要扣好。新生适应性教育是大学生成长成才的第一步，大学新生的扣子应该从一入校就扣好。适应性教育的主要任务就在于帮助大学新生入校后尽快地适应新环境，做好角色的转变，为未来四年的大学生活打好基础。

对于大学新生来说，由中学生变为大学生的过程是其人生重要的角色转变阶段，而新旧角色转换过程中必然伴随着新旧角色的冲突。如何树立良好、健康、积极向上的人生目标，适应大学的学习生活，早日融入集体是每名大学新生的必解之题。那么，究竟如何尽快地适应大学生活呢？我们具体从以下三个方面入手。

一、防御方式

防御方式也称为防御机制，1894 年奥地利精神分析学西格蒙德·弗洛伊德(Sigmund Freud)最早提出心理防御机制。弗洛伊德在其理论中提出，防御机制是自我应对本我的驱动、超我的压力和外在现实的要求，是用来减轻或解除心理紧张、求得内心平衡的心理措施和防御手段。目前，学者们基本一致认为，心理防御机制是个体在面临挫折和冲突时，为了摆脱这些问题引起的心理或生理的不快和焦虑等，有意识或无意识地调节和控制心理平衡的一种方式或手段。

乔治·威廉特(George Valliant)对防御机制的结构进行了研究，他认为防御机制可以分为自恋性防御机制、不成熟性防御机制、神经症性防御机制、成熟性防御机制四种。后来，他又对随访 40 年的 307 名男性进行资料分析研究，将防御机制分为成熟防御机制(包括升华、压抑、幽默、期望和利他)、中间型或神经症型防御机制(包括转移、潜抑、隔离、反向形成)、不成熟防御机制(包括投射、分裂性幻想、被动攻击、潜意显现、疑病和分离)三类。

研究表明，大学生倾向于采用成熟防御机制，在某些防御方式上存在共性；大学生的心理防御方式存在着男女差异、城乡差异、独生子女与非独生子女差异，表现为男生比女生更倾向于采用不成熟防御方式。大学生防御方式与适应状况的相关研究分析也说明，采取成熟防御机制有利于促进大学生适应。适度地使用防御机制可以缓解压力和焦虑，促进对应激的适应；然而过度地使用防御机制，以致对任何有意识的或者无意识的不愉快感情做出刻板的、不加选择的、公式化的防御反应，这就属于一种病态了。

因此，我们要正确地使用心理防御机制，首先要了解什么是心理防御机制。大部分人还不明白什么是防御机制，说到"防御"二字，就认为是不好的东西，从而不愿去接触。防御机制是潜意识中自动保护自我的过程，这个过程可能是无意识的，所以常常使用错误的方式，不仅自己后悔，而且会伤害到别人。心理防御机制虽然有成熟与不成熟之分，但是，在非常情况下，不成熟防御机制也可能达到理想的效果，这因人而异、因

第二章 大学适应与心理健康

环境而异。

积极的心理防御机制有利于身心健康,其中包括升华、补偿和幽默等;而消极的心理防御机制则对身心健康有害,其中包括压抑、投射、否认、合理化等。升华最早由弗洛伊德提出,对于每个人来说,升华都是心理健康的必需品。在所有心理防御机制当中,它是"万金油",不仅能治愈心理创伤、转移负面能量,还能提升个人品质并用合理的方式满足自己内心的不合理需求。

心理防御机制是每个人都拥有且需要面对的心理状态,在全面了解的同时合理使用,就能够收获更好的自己。

 拓展阅读 2-4

罗森塔尔效应

美国心理学家罗森塔尔等人于 1968 年做过一个著名实验。他们到一所小学,在一至六年级各选三个班的儿童煞有介事地进行"预测未来发展的测验",然后实验者将认为有"优异发展可能"的学生名单通知教师。其实,这个名单并不是根据测验结果确定的,而是随机抽取的。它以"权威性的谎言"暗示教师,从而调动教师对名单上的学生的某种期待心理。8 个月后,再次智能测验的结果发现,名单上的学生的成绩普遍提高,教师也给了他们良好的品行评语。这个实验取得了奇迹般的效果,人们把这种通过教师对学生心理进行潜移默化的影响,从而使学生取得教师所期望的进步的现象,称为"罗森塔尔效应",也称为"皮格马利翁效应"。

教育实践也表明:如果教师喜爱某些学生,对他们会抱有较高期望,经过一段时间,学生感受到教师的关怀、爱护和鼓励,常常以积极态度对待教师、对待学习以及对待自己的行为,更加自尊、自信、自爱、自强,焕发出一种积极向上的激情,这些学生常常会取得教师所期望的进步。相反,那些受到教师忽视、歧视的学生,久而久之会从教师的言谈、举止、表情中感受到教师的"偏心",也会以消极的态度对待教师、对待自己的学习,不理会或拒绝听从教师的要求。

二、认知调适

认知调适是一种心理学治疗方法,是以认知心理学为基础的。认知调适,即通过改变思维或信念以及行为的方法来改变不良认知,从而消除不良情绪和行为;通过改变心理问题者对己、对人或对事的看法与态度来解决其心理问题。

认知调适是大学生对其学习、工作和生活环境中的诸种变化采取心理和行为上的调整策略,使自己主动顺应环境的变化,排除心理障碍,恢复心理平衡,消除痛苦情绪,营造快乐心境。大学生提升认知调适能力可以从以下三方面着手:

(1) 提高认知水平。认知过程是最基本的心理活动过程,是人的心理活动的起点,包括感觉、知觉、记忆和思维。我们对自身的认识、对大学学习生活的认识是认知调适能力提高的起点。例如，加强思想道德修养、客观认识自我、客观评价他人等，都可以有效地提高大学生的自我认知水平，从而达到提高自我认知调适能力的目的。

（2）培养积极情感。情感是人脑的机能，是人们对客观事物是否满足需要及满足程度的一种态度体验，是对事物好恶的一种倾向，对人的思想、行为、工作积极性、身心健康等方面都有着重要影响，因此我们应当培养积极的情感，努力克服消极的情感。

（3）提高意志力。意志是人自觉确定目标并支配其行动，以实现预期目标的心理过程。意志力对大学生的心理和行为具有重要的调节功能，现代社会要求大学生具备自觉、果断、坚毅、自制、灵活等优秀意志品质。

三、社会支持

遵循卡普兰(Kaplan)的定义，社会支持是指个体通过与他人交往使自己的基本社会需要得到满足的程度。基本社会需要包括情感、自尊或认可、归属、同一性和安全感。社会支持的分类方法繁多，大体上可采用支持的来源、内容与性质三种分类方法。首先，社会支持从来源上可以分为家人支持、朋友支持和其他人支持。通过对大学生社会支持结构的研究发现，从社会支持来源的角度来看，社会支持的构成分为两大类：一类是纵向来源，如教师、父母等；另一类是横向来源，如朋友、同学等。其次，学者们根据各自的角度对社会支持进行分类：布罗克(Brock)等将社会支持分为情感性支持、工具性支持或具体支持、资讯性支持或信任支持；科恩(Cohen)认为，社会支持通过缓解压力对个体身心健康的负面影响发挥作用，将社会支持分为工具性支持、情感性支持、信息性支持、同伴性支持。最后，社会支持从性质上可分为客观支持、主观支持、支持的利用度。

大学生社会支持不仅包括大学生面临困境时他人给予的物质和心理上的支持，而且包括大学生在学习、生活中以及在取得优异成绩时来自他人的尊重、认可和给予积极的评价。社会支持对每个大学生都是非常重要的。社会支持良好的大学生，在面临困境时，社会支持将带给其温暖、安全以及重新奋起的勇气、信心和力量；在取得成就时，能得到较多的肯定性评价，获得满足感。相反，社会支持不良的大学生，一旦陷入困境，极易处于孤立无援的状态，即使取得成绩也无人与之分享快乐。因此，社会支持对于我们适应大学生活尤为重要。以下列举几个获取社会支持的方法：

（1）主动寻求支持。支持源是否提供支持在某种程度上反映了另一方是否寻求支持。支持源更愿意向主动寻求社会支持的人提供关心和帮助。作为刚步入大学的新生，一定要清楚地认识到社会支持的重要价值，具有主动寻求支持的意识，在困境中主动向同学、教师、朋友以及心理咨询人员求助。

（2）善于利用社会支持。一些研究者发现：两人之间存在关系并不一定能提供支持。支持源是否提供支持与对方的态度和行为以及利用支持的状况有很大关系。支持源更愿意向接受支持和对支持比较满意的人提供持续支持，而对于拒绝支持或对支持不满意的人很少或不再提供支持和帮助。很多大学生就是因为没有很好地利用支持而使自己获得的支持越来越少。比如，有的贫困生由于自尊等原因变得异常敏感，唯恐他人同情，拒绝他人帮助；有些学生尽管接受了帮助但却表现出不满意。所以大学新生不仅要很好地利用他人提供的指导和策略，而且要提高对社会支持的满意度；不仅要有效利用社会支持，而且要善于利用社会支持，迈好大学第一步。

(3) 积极支持他人。大学新生要想在需要时获得广泛、有效的支持，还应在他人处于困境之时及时伸出援助之手。只想获得支持而不提供任何支持，最终将失去他人的支持。因为人与人之间的支持是相互的，支持别人的同时也为别人提供帮助打下了基础。所以，个体只有真诚地付出才有可能获得他人的回馈。

拓展阅读 2-5

责任分散效应

1964年3月13日夜3时20分，在美国纽约郊外某公寓前，一位叫朱诺比白的年轻女子在结束酒吧间工作回家的路上遇刺。她绝望地喊叫："有人要杀人啦！救命！救命！"听到喊叫声，附近住户亮起了灯，打开了窗户，凶手吓跑了。当一切恢复平静后，凶手又返回作案。当她又叫喊时，附近的住户又打开了电灯，凶手又逃跑了。当她认为已经无事，回到自己家上楼时，凶手又一次出现在她面前，将她杀死在楼梯上。在这个过程中，尽管她大声呼救，她的邻居中至少有38位到窗前观看，但无一人来救她，甚至无一人打电话报警。这件事引起纽约社会的轰动，也引起了社会心理学工作者的重视和思考。人们把这种众多的旁观者见死不救的现象称为责任分散效应。

对于责任分散效应形成的原因，心理学家进行了大量的实验和调查，结果发现：这种现象不能仅仅说是众人的冷酷无情或道德日益沦丧的表现。因为在不同的场合，人们的援助行为确实是不同的。当一个人遇到紧急情境时，如果只有他一个人能提供帮助，他会清醒地意识到自己的责任，对受难者给予帮助。如果他见死不救会产生罪恶感、内疚感，这需要付出很高的心理代价；而如果有许多人在场的话，帮助求助者的责任就由大家来分担，造成责任分散，每个人分担的责任很少，旁观者甚至可能连他自己的那一份责任也意识不到，从而产生一种"我不去救，有别人去救"的心理，造成"集体冷漠"的局面。如何打破这种局面是心理学家正在研究的一个重要课题。

大学新生适应性问题探索是一项长期复杂的工作，不仅需要高校工作人员坚持不懈地努力，也需要大学新生积极配合高校工作人员开展各项工作，找到问题所在，尽快适应大学生活，养成良好的学习和生活习惯，积极投身到丰富多彩的大学学习生活中。

思 考 题

1. 大学生对自己寝室室友的不良行为持听之任之的处理态度,这种适应属于( )。
   A. 积极适应　　B. 消极适应　　　C. 内部适应　　　D. 外部适应

2. 别人都有高级手机,我借钱也要买一部,这属于( )。
   A. 自私心理　　B. 面子心理　　　C. 封闭心理　　　D. 冲动心理

3. 小彤进入大学后发现身边的人不仅比自己学习成绩好,而且多才多艺,各方面都比自己优秀,因此感到苦恼,你认为小彤应该( )。
   A. 调整心态,取长补短
   B. 更全面地认识自己,发现自己的优势
   C. 继续努力,争取在各方面都比别人优秀
   D. 面对现实,承认自己的失败

4. 你认为"大一综合征"(大一新生产生的空虚、焦虑、失眠等症状)产生的主要诱因有哪些?( )
   A. 理想和现实的落差　　　　　　B. 对新环境的不适应
   C. 优势地位的丧失　　　　　　　D. 过度挥霍而产生的罪恶感

5. 开学至今,或许在你身上发生过不愉快的事情,对于不愉快的事情,你能从心理健康的角度分析一下你当时的应对方式吗?如果事情发生在今天,你的适应方式又是怎样的呢?

第三章
学习心理与心理健康

进入大学，学生开始了专业课程的学习。大学阶段的学习和过往的学习阶段有着明显的不同，了解大学阶段的学习特点对于大学生的学习非常重要。因此，本章对大学生的学习特点、影响大学生学习的心理因素、大学生学习与心理健康和大学生学习新理念等进行了介绍，详解大学生有效的学习方法及技巧，以及大学生存在的一些较为普遍的学习心理问题及其调适。

【学习目标】

1. 了解大学生学习特点、影响大学生学习的心理因素以及大学生学习新理念。
2. 掌握大学生有效的学习方法及技巧。
3. 了解大学生普遍存在的学习心理问题。
4. 掌握大学生学习心理问题的调适方法。

内容导读

1. 学习心理概述部分主要介绍学习的概念、大学生的学习特点、影响大学生学习的心理因素、大学生学习与心理健康、大学生学习新理念。

2. 学习方法及技巧部分主要介绍大学生有效的学习方法及技巧，包括制订学习目标和计划，做好时间管理，学会科学用脑、科学记忆等内容。

3. 学习心理辅导与健康部分主要介绍大学生普遍存在的学习心理问题及其调适，包括注意力不集中、学习动机不当、考试焦虑、学习倦怠等内容。

案例导入

北大女兵宋玺：新时代青年的风采

2012年，18岁的山西姑娘宋玺如愿进入北京大学心理与认知科学学院学习心理学。2014年，热爱声乐的宋玺作为北京大学学生合唱团领唱，出战在拉脱维亚首都里加举行的第八届世界合唱比赛，为中国赢得了两枚金牌。

2015年，抱着要拿枪打仗的信念，她正式入伍，前往南海舰队某新兵训练基地。年底新兵训练结束，基地组织实战化考核，宋玺以全优的成绩进入海军陆战队，如愿成为海军陆战队的侦查队队员，作为中国海军第二十五批护航编队的唯一女兵赴亚丁湾、索马里执行护航任务。

2017年退伍后，她继续攻读北京大学临床心理学专业的硕士学位。宋玺不仅担任本科相关课程的助教，还发挥所长，在心理学院的团校活动中和学校思修课上分享军营励志故事，帮助新生成长，同时参与组织心理学院"鸿雁传心"书信支教特色志愿服务项目和学硕党支部"雄安支教"公益项目，并承担学院2017级本科班的兼职辅导员工作等。

2018年5月2日北大师生座谈会上，她作为唯一学生代表当面向习近平总书记汇报了在军营和学校的成长感悟，许下了争做时代新人的承诺。习近平总书记为她点赞："你如同《红海行动》中的那位女兵。"

【问题聚焦】 宋玺的故事给同样是大学生的你怎样的启迪呢？你会如何安排自己的大学学习生活？

（资料来源：北京大学官网）

第一节　学习心理概述

《礼记·学记》中有"玉不琢，不成器。人不学，不知道。"学习是人生存与发展的需要，是伴随我们人生的不可或缺的内容。

一、什么是学习

学习的含义有广义和狭义之分。

（一）广义的学习

广义的学习是指有机体由于练习或经验而产生的行为或行为潜能的比较持久的变化。这里的"有机体"是指生命体，既可以是人类，也可以是动物。也就是说，广义的学习是人和动物所共有的现象。另外，对于这一概念还需要把握以下三个要点：

(1) 学习以行为或行为潜能的改变为标志。学习是有机体获得新的个体行为经验的过程，通过学习，有机体将出现某些可观察的行为变化，可以完成一些以前无法完成的事情。我们可以凭借行为或行为潜能的改变来推断学习的发生。

(2) 学习引起的行为变化是相对持久的。无论是外显的行为变化，还是行为潜能的变化，只有行为改变的持续时间较长，才可以称为学习。运动场上之所以禁止运动员服用某些药物，就是因为这些药物带来的暂时的成绩提升不是运动员学习的结果，对其他运动员是不公平的。

(3) 学习是由练习或经验引起的。这一点排除了由于生理成熟或衰老带来的行为变化。

由经验而产生的学习主要有两种类型：一种是由有计划地练习或训练而产生的正规学习，如学生在学校中的学习；另一种则是由偶然的生活经历而产生的随机学习，如路遇交通事故而使人们体会到遵守交通法规的重要性等。换言之，主体的变化是后天习得的，即由他或她与环境的相互作用而产生的。

(二) 狭义的学习

狭义的学习是指学校情境下学生的学习，是学生在教师指导下有目的、有计划、有系统地掌握知识、技能和行为规范的活动。作为特殊的认知或认识活动，学生的学习具有以下几个基本特点：

(1) 学生的学习不是以直接实践为主的，而是以间接经验为主的。学生的学习不受时间、空间的限制，其越过直接经验而较迅速直接地把人类累积的经验学习到手。这是学生的学习过程区别于人类一般认识活动的特殊本质。

(2) 学生的学习是在教师指导下的有目的、有计划的活动。学生的学习是通过教学活动来实现的，学生的学习离不开教师。教师的教主要是一个传授知识的过程，是把人类累积的知识经验根据需要传授给学生。

(3) 学生的学习是其获得知识经验、形成技能和行为规范的活动。通过学习，学生的智力、能力得到发展，并实现其社会化。

二、大学生的学习特点

大学生的学习既具有上述学生学习的基本特点，又表现出其学习阶段所特有的特点。

(一) 专业性

中小学阶段的学习是基础教育，主要是学习各知识领域的基本知识和基本技能。大学生的学习最为显著的特点就是专业性强。所谓专业性，是指大学教育的教学过程是以传授、学习专业的理论知识和基本技能为主要任务，教学的组织形式、方法和手段的选择与运用都紧紧围绕着具体专业要求而进行。也就是说，大学生的学习活动都是围绕其专业展开的，其指向也是未来的职业。一般而言，大学低年级侧重对学生专业基础知识和通识教育的培养，高年级侧重对学生特定专业方向能力的提升。

(二) 自主性

自主性学习是指学生处于主体地位状态下的主动性和能动性的学习。在中学阶段，学生的学习主要是在教师的直接组织和指导下进行的，较少有自主性。进入大学后，教师的指导减少，学生的学习具有高度自主性，表现为：①大学生在课程学习之外，通常有更为自由的支配时间，这就需要大学生充分地发挥学习的主动性和创造性；②学生的学习内容有较大的选择性，同样是一个专业的学生，他们可以发展不同的兴趣和专业方向，选择修读不同的课程；③学生学习方法的自主性，即学生自主确定学习方法，如自主确定学习的目标和计划、自主安排学习的时间。

(三) 广泛性

大学生在学习过程中可以通过不同的途径和渠道获取知识。课堂教学仍是大学生开展学习活动的主要途径，但不是唯一途径。大学生在课堂学习时间之外，可以通过实习实训、课程设计、学术讲座、社会实践、查阅图书馆文献资料以及网络学习资源等方式进行学习，也可以借助这些途径和渠道拓展学科知识以外的知识与经验。广泛学习的含义也应该包含在学习内容上有目的地汲取各方面的知识，如普遍需要的计算机能力和外语能力以及出于个人兴趣需要，对于发展综合能力有益的其他知识和能力。

(四) 创新性

创新性学习是指能够引起变化、更新、改组和形成一系列问题的学习，它的功能在于通过学习提高学习者发现、吸收新信息和提出新问题的能力。创新是引领发展的第一动力，大学生是创新的主体，这就要求大学生培养创新意识和创新思维以及获得创新所需要的知识和能力。

对于医学院校大学生而言，其学习主要有以下特点：

(1) 学习繁重，过程艰苦。普通高校本科教育实行的是四年制，由于医学的特殊性，在我国普遍实行的是五年制本科教育或七年、八年制本硕连读教育。不论西方医学教育还是中国医学教育都对医科教育提出了较高的学业要求，国内不论是重点医科院校还是普通医科院校，开设的专业课程门数大多在 30 门以上，总学时多数在 3000 以上，这在理工科和师范类学校中是罕见的。高学时数意味着医学院校大学生花在学习上的时间必然超过其他大学生，由此带来的考试压力也是不言而喻的。就学习体系而言，医学是一项庞大的学科分类，主要研究对象的是人，涉及生理、病理、生物医学、遗传学等各个学科种类；就时间而言，医学学习要比其他专业多付出一年甚至更多的时间。就精力而言，医学学习不仅要打好基础学科的知识基础，更要在学习后期一边学习临床医学知识，一边进行临床实习，其艰苦程度可想而知。

(2) 医学学习过程的消耗非常高。对个人来说，学习医学的过程是艰苦的过程，要消耗大量的精力投入学习。在医学院校，很难见到每天优哉游哉、逍遥自在地漫步校园的学子，更多的是手捧书籍、匆匆而过的未来白衣天使。有人曾经批评说医学院校的学生活动不够丰富，学生的活力不够，姑且不论是否正确，在学习中消耗大量时间和精力可能会影响到学生的课外活动。对家庭来说，支持一个医科大学生的代价是远远高于其他专业的。不论是国内还是国外，医学类院校的收费标准一直都是排名靠前的。

(3) 理论与实践紧密结合，需要极强的动手能力。医学专业的学习不同于其他专业的学习，医学生不仅要有过硬的专业知识，还要有极强的动手能力。一名合格的医学院校大学生，要做到眼勤、手勤、脑勤。虽然对于疾病的种类、临床症状、临床诊治等，教科书上有明确说明，但病人个体千差万别，临床表现也不尽相同。要想成为一名合格的医务工作者，需要解剖尸体，了解人体构造，在临床实习中对每一位病人进行观察和研究，结合所学的理论知识在实践中不断完善和提高对疾病的认知。一些常规的诊断手法、无菌操作、换药导尿、穿刺抽血等技巧，光靠死记硬背书本知识是不行的，还需要医学院校大学生不断地练习和实践。

三、大学生学习的心理因素

影响学习效果的心理因素有智力因素和非智力因素。其中，智力因素包括注意力、观察力、记忆力、想象力和思维力，非智力因素包括兴趣、动机、情感、意志和性格等。智力因素在实际发挥作用时，是一个完整的整体；非智力因素各自发挥其独特的作用，并且各个因素发挥作用的水平也不一样。

（一）智力因素

智力是一种综合的认知能力，包括注意力、观察力、记忆力、想象力和思维力五个基本因素。智力因素直接影响着学习活动，不仅影响着学生的学习成绩，更重要的是影响学生掌握知识与技能的速度、深度和灵活性，并且在很大程度上决定着学生的准备状态和学生学习的可教育程度。智力不是天生的，教育和教学对智力的发展起着主导作用，大学阶段是智力培养和开发的关键期。

（二）非智力因素

非智力因素主要包括兴趣、动机、情感、意志、性格等非能力特征。非智力因素虽然不直接参与认知过程，却是学习活动赖以高效进行的动力因素。可以说，影响大学生学业成绩的主要因素是非智力因素。

1. 兴趣与学习

兴趣是个人对研究某种事物或从事某项活动积极的心理倾向性，是推动个人去认识事物、探求真理的一种重要动力，是学生学习中最活跃的因素。有了学习兴趣，学生会在学习中产生很大的积极性，会去主动学习思考，并且在感知兴趣的内容时，总是感到轻松愉快，而不是感到负担。这种认知渴求的满足能够给学生带来无限的乐趣。心理学家的研究表明，具有浓厚学习兴趣的学生，其学习成绩与智力高的学生的学习成绩相比更占优势。也就是说，兴趣在某种程度上比智力更为重要。所以，我们常说"兴趣是最好的老师"。

2. 动机与学习

学习需要的激起，并指向一定学业目标的内部心理状态，是直接推动并维持学生的学习行为，以满足其学习需要的一种内在过程，即学习动机。也就是说，无论是学生产生某种学习行为，还是调整、维持或停止某种学习行为，都是学习动机作用的结果。一个学生是否想学习、为什么学习、喜欢学习什么以及学习的努力程度、积极性、主动性等，都能够通过学习动机得以体现。一般而言，学习动机和学习效果是一致的，但动机过强或过弱会对学习产生不利的影响。

3. 情绪与学习

情绪作为一种内部的主观体验直接影响着学生的学习。情绪对人的学习行为有双重作用，既能促进、增强学习效果，也能削弱、降低学习效果。一般来说，高兴、快乐、喜悦等积极情绪会推动学生自觉学习的积极性，使学生面对学习的挑战时更为自信，对学生的学习起促进作用；紧张、焦虑、愤怒等消极情绪会抑制学生的学习热情，使学生思维呆板，学习行为持续的时间大大缩短，降低学生学习的效率，对学生的学习起阻碍作用。

4. 意志与学习

意志是指一个人自觉地确定目标，并根据目标来支配、调节自己的行动，克服各种困难，从而实现目标的品质。意志的作用包括两个方面：一方面表现为用意志的力量去战胜目标活动中的困难，自觉、积极地为达到目标而努力行动；另一方面表现为控制那些与既定目标相矛盾的欲望或行动。对于意志在学习中的作用，古今中外的学者都有深刻认识，如我国思想家、教育家荀子说"锲而舍之，朽木不折；锲而不舍，金石可镂"，法国著名作家罗曼·罗兰说的"前途并不属于那些犹豫不决的人，而是属于那些一旦决定之后，就不屈不挠不达目的誓不罢休的人"。

5. 性格与学习

性格是一个人对现实的稳定的态度，以及与这种态度相应的、习惯化的行为方式中所表现出来的人格特征。性格是非智力结构中的核心成分，它决定着个体活动的方向和性质。性格具有较大的稳定性和一定的可塑性，它是在遗传的基础上，由环境和教育因素共同作用的。优良的性格对学生的学习具有调节、控制和维持的功能，而性格中的责任感、自信心、独立性等特征更是学生自主学习中必不可少的优良品质。

四、大学生学习与心理健康

学习与心理健康之间有着密切的关系，学习是大学生的主要任务和主要活动方式，对大学生的心理健康、心理发展有很大的影响；同时，学习又是一种复杂的心理现象，大学生的心理健康状况、心理发展水平会对大学生的学习产生直接的作用，两者互为基础、相互影响、相互促进。

（一）学习对大学生心理健康的影响

1. 学习对大学生心理健康的积极影响

（1）学习活动能够发展大学生的智力、开发潜能。构成智力的因素包括观察力、注意力、记忆力、想象力和思维力等很多方面，一个人的智力是在学习活动中不断发展提高的，大学生的观察力、思维力以及想象力只有在实际的学习过程中才能得到开发、训练和提高。

同样，一个人的潜能也必须通过后天的学习才能被挖掘出来。

(2) 学习活动能够提高大学生的能力。学习活动不仅能提高大学生的专业能力，也能发展大学生的自学能力、表达能力和管理能力等。

(3) 学习活动能够给大学生带来心理上的满足，使大学生获得愉快的情绪体验。在学习活动中，大学生能够体验学习成功所带来的成就感，感受自身的潜力和价值。

(4) 学习活动有助于大学生改善意志品质，培养健全人格。在学习活动中，大学生会面临认知上的挑战和困难，因此，学习活动能够培养大学生克服困难的坚强毅力。

2. 学习对大学生心理健康的消极影响

学习在对大学生心理健康产生积极影响的同时，也会对大学生心理健康产生消极、不良的影响。例如，学习负担过重，容易造成大学生心理压力过大、精神高度紧张，心理健康水平较低；学习内容不健康容易造成心理污染，使一些鉴别力差、抵抗力弱的大学生受害；学习难度过大，容易使大学生产生畏难情绪，甚至失去信心；学习方式方法不当，学习成绩长期得不到提高，容易使大学生产生自卑心理，甚至自暴自弃；学习劳逸结合不当，疲劳过度，容易损害大学生身体健康，进而影响其心理健康。

(二) 大学生心理健康对学习的影响

学习兴趣、学习动机、情绪、态度、意志力以及个性特点等心理因素对学习有着重要影响。良好的心理健康状况对大学生的学习具有很大的促进作用；若心理健康状况不佳，则会妨碍大学生的学习、抑制大学生潜能的开发。

五、大学生学习新理念

面对学习阶段的不同以及信息时代的飞速变化，大学生也要更新自己的学习理念。这些学习理念不仅有益于大学阶段的学习，也有益于人生其他阶段的学习。

(一) 终身学习理念

终身学习是指社会每个成员为适应社会发展和实现个体发展的需要，贯穿于人的一生的、持续的学习过程，即我们常说的"活到老，学到老"或者"学无止境"。1994年在意大利罗马举行的首届世界终身学习会议提出"终身学习是21世纪的生存概念"。习近平总书记在党的二十大报告中指出："建设全民终身学习的学习型社会、学习型大国。"终身学习又特指"学会求知，学会做事，学会共处，学会做人"。这是21世纪教育的四大支柱，也是每个人一生成长的支柱。终身学习启示我们要树立终身学习的思想，学会学习，更重要的是养成主动的、不断探索的、自我更新的、学以致用的和优化知识的良好习惯。

(二) 全面学习理念

全面学习是指学习者应以浓厚且广泛的学习兴趣尽可能多地进行多方面、多层次的学习，积极拓展知识面，丰富知识结构，促使自己成为一个适应能力强的复合型人才。全面学习包含三层含义：一是在整个学习过程中，既要学习如何做事，更要学习如何做人，正确处理好"德"与"才"的关系，做到德才兼备；二是要正确处理好"博"与"专"的关系，做到专精与广博相结合；三是正确处理好知识、能力与素质，全面发展与个性发展的关系。大学的学习不仅是学好书本和课堂知识，还需要向实践学习、向生活学习。

(三) 自主学习理念

所谓自主学习，是指学习者处于主体地位状态下的主动性和能动性的学习。自主学习要求学习者根据自身条件和需要自主地选择学习目标、学习内容、学习方法，并通过自我调控学习活动完成具体的学习目标。自主学习观就是学习者能意识到自己是学习的主人，明白学习要靠自己艰苦努力，在学习的过程中发挥主动性、积极性和创造性，同时增强自主学习的意识，形成独立学习的能力，进而不断探索学习规律，不断更新知识、充实自己。

(四) 合作学习理念

合作学习是指学生为了完成共同的任务，有明确的责任分工的互助性学习。合作学习于20世纪70年代初兴起于美国，自80年代末、90年代初开始，国内学者也进行了合作学习的研究与实验，并取得了较好的效果。《国务院关于基础教育改革与发展的决定》中专门提及合作学习，指出："鼓励合作学习，促进学生之间相互交流、共同发展，促进师生教学相长。"合作学习的目的在于通过合作促进学习，通过合作促进发展，通过合作促进能力。合作学习强调学习过程中人与人之间的互动合作，淡化传统学习过程中的竞争作用，有利于参与合作学习者学会互爱，提高学生的自尊，对其成长具有重要作用。合作学习作为一种新型的学习方式，一般包括同伴互助合作学习、小组合作学习和全员合作教学三种主要形式。

(五) 高效学习理念

所谓高效就是花最少的时间达到最好的效果。高效学习就是试图以最快的速度获得最有价值的知识，是信息时代的新要求。随着互联网的快速传播，知识和信息以爆炸式的速度增长，这就要求人们必须树立高效学习的理念。高效学习要求学习者有时间意识，不要无谓地浪费宝贵的时间和有限的精力、体力；另外，不要搞疲劳战术，要力求在有限的、最短的时间内获得最丰富的知识和技能，这就需要学习者掌握科学的学习方法和技巧，要根据知识的内在规律，按照科学的规律学习，以最小的投入获得最大的成效。

(六) 创造性学习理念

"创造性学习"一词直接来自创新学习，是与传统的学习方法——维持学习相对立的一种学习，它是能够引起变化、更新、改组和形成一系列问题的学习。创造性学习强调学习者的主体性，倡导学会学习，重视学习策略。创造性学习者擅长新奇、灵活、高效的学习方法，具有创造性活动的学习动机，追求创造性的学习目标。正如2016年4月26日习近平总书记在知识分子、劳动模范、青年代表座谈会上所强调的："要敢于做先锋，而不做过客、当看客，让创新成为青年远航的动力，让创业成为青春搏击的能量，让青春年华在为国家、为人民的奉献中焕发出绚丽光彩。"

第二节　学习方法及技巧

教育的任务已不是"教会一切人一切知识"，而是"让一切人学会学习"。本节主要从制订学习目标和计划、做好时间管理、学会科学用脑以及培养科学的记忆方法四个方面谈谈对大学生有效的学习方法与技巧。

一、制订学习目标和计划

由美国心理学家洛克提出的目标设置理论认为目标本身就具有激励作用，目标能把人的需要转变为动机，使人们朝着一定的方向努力。大学生同样需要明晰自己的目标。

大学阶段的学习目标，主要是做到专业技术能力和自身素养的提高。在专业学习方面，大学生要清楚学校和专业毕业的要求，英语四六级考试、计算机等级考试以及专业技能证书都应该成为自己学习的目标。做好专业课程学习目标设置，了解专业毕业后出路，以及实现这些目标需要什么样的准备。在自身素养方面，大学生要提高自己的文字和书面语言表达能力，提升社会交往能力、组织管理能力、正确决断能力以及问题解决的能力等。

明确的目标可以指明我们的努力方向。那么怎样设立目标才能比较合理呢？

(1) 分层设置目标。首先要做的是将目标分层。把目标分为长期、中期和短期三个层次，如学年目标、本学期目标、每月目标，并定期进行评估。大学一、二年级是确定学习目标的关键时期，学生应该在与专业课教师、学长学姐等的学习交流中及早确立自己的学习目标。

(2) 预设周计划和日计划。在设置了短期、中期、长期三个层次的目标之后，我们还要清楚每周和每天应该完成哪些具体的任务，制订可行的学习计划。正如恩格斯所说："没有计划的学习，简直是荒唐。"

二、做好时间管理

时间管理是为了实现目标而对时间进行计划、安排、控制、分配、使用和反馈等活动。做好时间管理有着重要的意义：良好的时间管理能力有助于减少时间的浪费，提高学习效率；善于管理时间的学生能够出色、快速地完成学习任务；良好的时间管理能力有利于减少学生的学业焦虑，维护身心健康和生活质量。对于医学院校大学生而言，能否科学地管理和利用时间是他们能否成为优秀医学人才的关键。

下面介绍几种常用的时间管理方法。

(一) 重点分配法

重点分配法是依据事情价值的大小来分配时间的方法。时间管理的帕累托原则认为，20%的目标具有80%的价值，而剩余的80%的目标只有20%的价值。因此，我们必须对不同价值的任务分配以不同的时间，最恰当的做法是把80%的可控时间分配给20%的最重要、最需要完成的学习任务。

根据这一方法，学生可以把要做的事情根据其轻重缓急进行如下排序：

(1) 重要且紧急。必须毫不迟疑地立刻去做。

(2) 紧急但不重要。在优先考虑了重要的事情之后，再来考虑此类事情。

(3) 重要但不紧急。只要没有前一类事情的压力，就应当将其作为紧急的事情去做，而不是拖延。

(4) 既不紧急也不重要。在有空余时间时有选择地去做或者不做。

(二) 统筹安排自己每天的时间

可以将每天的时间划分为学习时间和非学习时间。非学习时间主要是指吃饭、睡觉、走路、娱乐、锻炼等必须支出的时间。学习时间也分为两大类：一类是上课时间，另一类是自习时间。非学习时间是高效学习的基础，不应被过度挤占；对于上课时间要按照教师的进度来进行，不要利用上课时间做别的事情，否则就会得不偿失；课余时间就是可以自由支配的时间，要把它们按制订的学习计划分配到各个科目上去。

(三) 集中学习与分散学习

集中学习是指较长时间地进行学习活动，而学习的次数相对少一些。一次学习时间的长短则取决于所学习的知识的性质等。一般来讲，比较复杂难懂的材料，用集中学习法较合适，这样可以保证学习者在一定时间内集中注意力，有利于理解并掌握那些抽象难懂的知识；但集中学习的时间不宜过长，否则容易引起学习者的疲劳，使学习效率下降。

分散学习与集中学习不同，它是指将学习时间分成几个阶段，每学习一段时间就稍事休息。实验证明，假如分散学习的时间不是太短，这种方法是较为有效的。至于每次分散学习的时间多久为宜，要视学习知识的性质及个人的具体情况而定。

(四) 用好零碎时间

零碎时间是指一些零星、片段的时间，如排队、走路、睡觉前、睡醒后等。对于这些零碎时间，我们可以充分利用，如可以利用零碎时间处理杂事，或者利用零碎时间背诵英语单词和复习新学知识。例如，古代大文学家欧阳修就介绍过自己学习的"三上法"——枕上、马上、厕上。

三、学会科学用脑

学习是一项高度复杂的、非常艰苦的脑力劳动。它需要大脑和身体的高度参与,会耗费大量的身心能量——大脑的耗氧量大约占全身耗氧量的1/4。在学习过程中,学生如果不能科学用脑就可能导致注意、记忆、思维等能力下降,进而导致学习效率的降低。长期的不科学用脑还可能导致心理障碍。因此,要保持高效学习就要掌握大脑运行的规律,学会科学使用自己的大脑。

(一) 劳逸结合

持续的学习活动容易导致大脑疲劳,而疲劳之后学习的效率会大打折扣。要保持较高的学习效率就要尽量在学习疲劳之后充分休息,在大脑得到充分恢复之后再投入学习。有些学生学习时的一个错误做法就是大搞"疲劳战",不允许自己得到应有的休息,过度压榨自己,看似非常努力,实际上导致自己身心俱疲,用这样的方式追求良好的学习效果无疑是缘木求鱼。

(二) 把握最佳的用脑时间

在一天的不同时间里,大脑的功能状态是不同的,这样就有一个怎样选择最佳时间用脑学习的问题。人的大脑每天有四个记忆高峰期:第一个是早晨起床后——早晨醒后没有新的信息干扰,这时记东西会印象深刻。第二个高峰期是在上午8点到10点——这时精力上升到旺盛期,识记效率高,记忆量增大。第三个是下午6点到8点——这是一天中的记忆最佳期。第四个是临睡前1小时左右——这时识记材料后就入睡,不再有新信息输入,所以没有相互抑制的影响。另外,研究者还发现,上午8点大脑具有严谨周密的思考能力,下午2点大脑思考能力最敏捷,但推理能力则在白天12小时内递减。根据这些发现,我们可以在早晨安排一些严谨周密的工作,下午做一些需要快速完成的工作,晚上则做一些需要加深记忆的工作。

(三) 充足睡眠

睡眠如同阳光、空气和水一样,是个体维持生命所必需的。充分而有效的睡眠可以消除人的疲劳感,补充人体能量,增强机体免疫力,对于保护人的心理健康与维护人的正常心理活动极其重要。对于大学生来说,7~9个小时的睡眠时间是适宜的。有条件的话,中午可以小睡,使大脑得到暂时休息。当然,需要多长时间的睡眠因人而异,差别很大,睡眠时间的长短不是衡量睡眠好坏的唯一标准,某种程度上,高质量的睡眠更为重要。大学生不但不应该过多地牺牲睡眠时间,而且学习越紧张越应保证充足且高质量的睡眠。

(四) 参加运动

研究发现,经常参加体育锻炼可以提高大脑的认知能力和执行力,有助于记忆力的提高，有助于改善人的情绪，使人精神振奋、心情愉快。每周最好有3~4次的锻炼，每次最少30分钟。尤其是在因为学习而感到烦闷时，不如通过跑步等有氧运动恢复精力。

(五) 注意营养

大脑只占体重的2%左右，但它的耗氧量却占全身耗氧量的25%，是人体耗氧的主要器官，所以保证大脑的营养对脑的保护具有重要作用。营养学家发现，食物可以改变人的精神、情绪、记忆力和思维力等，因此，科学安排饮食的营养摄入对保证大脑的工作效率十分重要。为了获得全面的营养，要注意饮食的多样化，要粗细搭配，肉、鱼、蛋、豆制品和蔬菜合理搭配食用；减少或者避免食用高油、高盐的食物。

四、培养科学的记忆方法

记忆是通过识记、保持、再现(再认、回忆)等方式在人们的大脑中积累和保存个体经验的心理过程。记忆使人们感知过的事物、体验过的情绪或从事过的活动保存在人们的大脑中，并在一定条件下被回忆起来。记忆与学习密不可分。人们学习的过程实际上就是获得经验和积累经验的过程，而在这个过程中，记忆作为保存这些经验的重要手段之一，对学习起着十分重要的作用。可以说，记忆过程中的识记、保持与再现实际上就是学习的不同阶段或不同方面。大学生在学习过程中可以利用以下方法加强自己的记忆。

(一) 重复记忆法

重复记忆法，是指把所记忆的内容连续重复或间隔一定时间后再重复学习一次，经过多次重复，实现永久记忆的方法。我国著名桥梁专家茅以升，直到80多岁时，仍能背出圆周率小数点后100多位数值。有人向他请教记忆诀窍，他的回答是："说起来也很简单：重复！重复！再重复！"遗忘是记忆的大敌，它使记忆痕迹逐渐淡漠甚至消失。通过重复则可以加强大脑皮层的痕迹。重复学习不仅有修补、巩固记忆的作用，还可以加深对知识的理解。

但可惜的是，不少大学生在学习时，往往追求知识的新异性而缺少对已学知识进行温故复习的兴趣和行动，以致在专业学习上出现基础不扎实、后续学习困难的问题。这就提示我们学习时不要忘记最基础的学习方法仍然是重复！采用重复记忆法时，要科学安排重复的次数、间隔，以求获得最佳效果。

拓展阅读 3-1

毛泽东提倡读书要"三复四温"

一代伟人毛泽东常对人说自己一生最大的爱好是读书。他说："饭可以一日不吃，觉可以一日不睡，书不可以一日不读。"对喜欢的书籍，他总要一遍遍地研读，一次次加深理解。每读一遍，他都会在封页上画一个圈。在他的藏书中，可以看到许多书的封页上至少画有四个圈。有些页面上留有各色的批注，这是毛泽东在不同时期反复阅读时留下的手迹。其中，毛泽东最常读、精读、细读的一本书当属《共产党宣言》，他说自己读《共产党宣言》不下100遍。每当遇到困难时，毛泽东就会不自觉地翻阅这本书，有时只读一两段，有时则全部都读，每阅读一次，他都会有新的收获。

（二）有意记忆法

有明确的目的或任务、凭借意志努力记忆某种材料的方法，叫作有意记忆法。相反，没有明确的目的或任务，也不需要意志努力的记忆方法，称为无意记忆法。心理学研究表明，有意记忆的效果明显优于无意记忆的效果。为了系统地掌握科学知识，必须进行有意记忆。

进行有意记忆时，首先，要有明确的任务。任务明确，就能调动心理活动的积极因素，全力以赴地完成记忆的任务。任务越明确、越具体，记忆效果就越好。例如，英语单词不好记，但又必须记住，因此，你可以把生词写在小卡片上，规定自己每天必须记住20个生词，并及时进行复习与检查。这样，日积月累，你的词汇量就会大增。其次，有意记忆要有意志努力的参与，也就是我们常说的"专心致志"。要下决心记住一段材料，就要进入"两耳不闻窗外事""头悬梁，锥刺股"的境界。如果面对要记的东西叫苦不迭，或漫不经心，或知难而退，或在边学边玩时背下来的东西都是短期记忆，都不会取得好效果。

（三）理解记忆法

理解记忆法是指在积极思考、达到深刻理解的基础上记忆材料的方法。与理解记忆法相对的是机械记忆法，机械记忆法是学习材料本身缺乏意义联系，或者学习者不了解材料的意义，不理解材料间的内在联系，单靠反复背诵达到记忆的方法。

理解记忆法的效果优于机械记忆法。德国著名心理学家艾宾浩斯在做记忆的实验中发现：为了记忆住12个无意义音节，平均需要重复16.5次；为了记住36个无意义章节，平均需要重复54次；而记忆六首诗中的480个音节，平均只需要重复8次。这个实验说明，凡是理解了的知识，就能记得迅速、全面而牢固。

理解记忆法中，理解是关键，是记忆的前提和基础。这种理解不仅指看懂了材料，而且包括厘清了材料各部分之间的逻辑联系，以及该材料和以前的知识经验之间的关系。要进行理解记忆，就要在学习的时候进行积极的思考，向自己提出"先理解、后记忆"的要求。比如，在记忆材料时，先把材料根据其逻辑关系分成大小段落和层次，而不是一开始就逐字逐句地记忆背诵。

（四）联想记忆法

利用联想来增强记忆效果的方法，叫作联想记忆法。联想，就是当大脑接受某一刺激时，浮现出与该刺激有关的事物形象的心理过程。一般来说，互相接近的事物、相反的事物、相似的事物之间容易产生联想。用联想来增强记忆是一种很常用的方法。美国著名的记忆术专家哈利·洛雷因说："记忆的基本法则是把新的信息联想于已知事物。"

联想记忆法具体分为三种：①接近联想法。两种以上的事物，在时间或空间上，同时或接近，这样只要想起其中的一种便会接着回忆起另一种，由此再想起其他。将需记忆的材料整理成一定顺序就容易记得多了。②相似联想法。当一种事物和另一种事物相似时，往往会从这一事物引起对另一事物的联想。把需记忆的材料与自己体验过的事物联结起来，记忆效果更好。③对比联想法。当看到、听到或回忆起某一事物时，往往会想起与它相对的事物。对各种知识进行多重比较，抓住其特性，可以帮助记忆。

（五）尝试回忆法

尝试回忆就是在学习材料之后立即进行尝试回忆，尝试是否能离开材料把学习内容背诵出来，如果遇到背诵不出的地方再回到学习材料继续学习，直到能够独立地将其再现出来的过程。

尝试回忆法的优点是：①及时了解学习者在学习中的记忆情况。每次尝试回忆后，就会知道自己记住了什么，还有什么没记住，以便进一步学习时有重点、有选择地记忆。②可以激发人的学习积极性。机械重复的学习往往不能使大脑处于兴奋状态，容易产生疲劳，注意力涣散，降低记忆效果；尝试回忆时，因为使大脑皮层的神经细胞一直处于兴奋状态，也就容易记住学习材料。

（六）过度学习法

过度学习法是指达到一次可以完全正确回忆相关知识的地步后，仍继续对其进行识记的学习。也就是说，对知识技能全部学会以后应再继续学习一段时间，以达到巩固学习成果的目的。

研究表明，在一定范围内过度学习是必须的，但超过了一定限度，效果将不再增加。一般说来，过度学习程度达150%时效果最佳，超过150%则效果递减。

德国心理学家克鲁格曾让三组受试练习画手指迷宫：第一组受试练习到恰能正确地画出手指迷宫为止，第二组受试多进行50%的练习，第三组受试多进行100%的练习，然后检查三组受试的保持量。结果第二组受试的记忆效果显著提高，第三组受试的记忆效果并没有显著增长。

（七）多通道记忆法

有多种感知觉参与的记忆，叫作多通道记忆。这种记忆方法的效果比单通道记忆强得多。现代科学研究表明，人从视觉获得的知识能够记住25%，从听觉获得的知识能够记住15%，若把视觉与听觉结合起来能够记住65%。

使用多通道记忆法时，要充分调动大脑视觉中枢、听觉中枢、语言中枢、运动中枢等各个部位的积极性，协同记忆。比如，学生在学习时，要记住教师教授的课堂内容，最好是边听边记，正所谓"好记性不如烂笔头"。这也是大教育家朱熹读书时讲究的"三到"——心到、眼到、口到。

在使用以上方法时，要注意将其结合起来。比如，心理学研究表明，将尝试回忆法与重复记忆法结合在一起使用，记忆效果会更好。举例来说，当识记完一部分知识点之后，合上书，将刚才所识记的内容在头脑里像放电影似的放一遍。在放的过程中，遇到"卡带"时候，即回忆不出来的时候，再重新识记这部分内容。

拓展阅读 3-2

习近平的学习方法论

一、正确把握学习方向

领导干部学习，要正确把握学习的方向。忽视了马克思主义所指引的方向，学习就容易陷入盲目状态甚至误入歧途，就容易在错综复杂的形势中无所适从，就难以抵御各种错误思潮。

——2013年3月1日，在中央党校建校80周年庆祝大会暨2013年春季学期开学典礼上的讲话

二、兴趣是最好的老师

要懂得"学者非必为仕，而仕者必如学"的道理，以"知之者不如好之者，好之者不如乐之者"的态度对待学习，真正把学习作为一种追求、一种爱好、一种健康的生活方式，做到自觉学习、主动学习、终身学习，在好学乐学中实现"博学之，审问之，慎思之，明辨之，笃行之"。

——2015年12月28日至29日，在中央政治局"三严三实"专题教育民主生活会上的讲话

三、坚持学以致用

学到的东西，不能停留在书本上，不能只装在脑袋里，而应该落实到行动上，做到知行合一、以知促行、以行求知，正所谓"知者行之始，行者知之成"。每一项事业，不论大小，都是靠脚踏实地、一点一滴干出来的。

——2018年5月2日，在北京大学师生座谈会上的讲话

四、贵在持之以恒

学习需要沉下心来，贵在持之以恒，重在学懂弄通，不能心浮气躁、浅尝辄止、不求甚解。

——2013年3月1日，在中央党校建校80周年庆祝大会暨2013年春季学期开学典礼上的讲话

第三节 学习心理辅导与健康

大学生在学习过程中会出现许多与学业有关的心理问题，这里将重点介绍在大学生中普遍存在的注意力不集中、学习动机不当、考试焦虑和学习倦怠等学习心理问题。

一、注意力不集中

注意力是指人的心理活动指向和集中于某种事物的能力。注意力对大学生学习有着直

接的影响，能使大学生集中精神、专心学习，但不少大学生报告注意力不集中、注意力涣散，在学习中注意力的稳定性很差，难以长时间保持在学习活动上。一项对医学院校大学生的调查发现，超过87%的学生上课注意力集中时间低于课堂时间的80%，46.6%的大学生报告低于60%。

（一）注意力不集中的表现

大学生注意力不集中的表现：在学习时不能集中精力，脑子里常常不自觉地想起别的事情；容易受环境的干扰，学习外的小小动静都会引起注意力的转移，而且长时间不能回到学习活动中。

（二）注意力不集中的原因

(1) 学习动机缺乏：对课程学习不感兴趣或不适应大学课程的教学方式，跟不上教学进度，逐渐失去对学习的兴趣和努力。

(2) 学习环境差：现在很多大学生都会随身携带手机、平板电脑等电子产品，随时打过来的电话、发过来的信息以及时刻可以连接的网络都很容易分散学生学习时的注意力。

(3) 生活事件干扰：学习外的一些生活事件，如社团活动、人际关系、恋爱问题等易引发注意力不集中。

(4) 用脑过度：长期的疲劳导致缺乏必要的休息与放松，造成注意力不集中。

（三）注意力不集中的调适

1. 培养学习兴趣，增强学习动机

大学课程的设置在专业人才培养上都有其目的，大学生要深刻理解其意义和价值，端正学习态度；大学课程与中学阶段的教学很重要的不同是其教学内容更为广博，而且理解时难度不低，学生课堂学习的压力很大，这就需要大学生养成良好的学习习惯，做好课前的准备以及课后的及时复习、查阅文献资料，了解和突破课程学习的重难点，要利用好课堂学习的时间，不懂的要及时与教师交流，否则在后面的学习中只会遇到更多问题。遇到学习挑战时，大学生要坚定意志，毕竟学习是一种高脑力活动，需要付出一定的意志努力。

2. 选择好的学习环境

大学生需要培养学习时的自我约束能力，但也不要高估自己面临诱惑时的约束能力，事实上，更好的做法是在学习时选择"离线"的学习方式，即关闭所有的手机、电脑等电子产品，如果确实有使用这些电子产品的必要，也只能局限在完成学习任务方面，当出现分心的情况时，即刻进行自我言语警示，如"哦，我又在分心了，这是不对的，我要回来"，使大脑重新集中注意力。好的学习环境还意味着环境对学习有促进作用，所以教室、图书馆才是理想的学习场所。

3. 合理安排，克服干扰

大学生要学会处理好学习与学习以外的事情，如平衡好社团活动、兼职和娱乐等。习近平总书记在 2016 年 4 月 26 日考察中国科技大学时告诫青年学生："年轻人在学校要心无旁骛，学成文武艺，报效祖国和人民，报效中华民族。"

4. 科学用脑，劳逸结合

合理安排作息时间，防止疲劳过度。比如，有的学校有早锻炼早签到制度，有的学生感到起得太早，易导致精力不足。对此，大学生前天晚上要尽早休息，不要熬夜。另外，一些研究指出，体育锻炼有助于提升注意力，因此大学生要积极参加体育锻炼，增强自身体质健康，提高注意力品质。

二、学习动机不当

学习动机是指引发与维持学生的学习行为并使之指向一定学业目标的一种动力倾向。学习动机对学生的学习行为有直接影响，如学习动机不当会对其学习产生不利影响。

（一）学习动机不当的表现

学习动机不当包括学习动机不足和学习动机过强。

学习动机不足的表现包括：对学习活动缺乏兴趣，经常出现迟到、早退、逃课、厌学等情况；没有明确的学习目标，对于专业课程不想学也不知道为什么要学，对大学生活缺乏热情；部分学生成绩差、挂科多，面临退学。

学习动机过强的表现包括：对学习期望过高，争强好胜；当学习成绩不理想、考试名次不佳时，容易产生自卑心理和挫败感；容易产生考试焦虑，压力过大；过于勤奋，学习时不注意劳逸结合，把所有的精力都用在学习上，用脑过度，导致身心俱疲。

2021 年的一项调查显示，我国医学院校大学生总体学习动机较弱的比例为 18.6%，学习动机较强的比例为 13.9%，学习动机中等的比例为 67.5%，有 37.7% 的学生报告学习态度懒散或一般。

（二）学习动机不当的原因

1. 学习动机不足的原因

(1) 社会责任感缺失，价值观念不强。个人学习很少与国家发展、社会需要联系起来，少了"为中华崛起而读书"的责任担当。

(2) 缺乏明确的学习目标，对大学学习生活感到迷茫，得过且过。

(3) 不适应大学的教学方式，缺乏学习兴趣，逐渐产生厌学情绪。

2. 学习动机过强的原因

（1）学生自我学业期望过高，自尊心强。这部分学生对学习抱有较大的热情，但由于不能正确地评价自身能力，出现学业期望过高的情况，一旦现实达不到或无法满足，就会产生较大的学习压力，出现自暴自弃、焦虑、抑郁等不良情绪。

（2）错误的认知模式。学习动机过强者倾向于认为只要努力就会成功，把努力和勤奋视为成功的唯一条件。事实上，任何成功都与自身能力和环境因素有关，努力只是成功的必要条件，而不是唯一条件。

（3）表面的学业动机的驱使。渴望获得父母、学校和社会的外在奖励与肯定，特别是学业优秀带来的心理满足使学生更看重自己的学业优势，造成学习强度过大，引起心理疲劳。

（三）学习动机不当的自我调节

1. 学习动机不足的自我调节

对学习动机不足的自我调节可从以下几方面入手：

（1）正确认识学习的社会价值与大学的目标，重新规划学业与人生。正如习近平总书记寄语青年，"把学习作为首要任务，作为一种责任、一种精神追求、一种生活方式"。

（2）制订学习目标。学习目标是学生学习的努力方向，明晰的学习目标能指导学生的学习，激发学生学习的热情。

（3）改进学习方法。大学阶段的学习需要更多的自觉和自主能力，学生应该培养自主学习能力和学习兴趣，增强学习的内驱力。

2. 学习动机过强的自我调节

对学习动机过强的自我调节可从以下几方面入手：

（1）制定恰当的学业目标与学业期望，脚踏实地，循序渐进，不好高骛远。

（2）转变错误的认知模式。例如，"成功只取决于努力"是一种错误的认知模式，正确的认知模式应该是"只有努力才有可能成功"。

（3）转换表层的学习动机为深层的学习动机，淡化外在奖励与肯定，正确对待学业成绩与学习本身。

（4）学习动机很强者很容易进入"读死书，死读书"的恶性循环，他们需要找到适合自己的学习方法，高效学习才能事半功倍。

三、考试焦虑

考试焦虑是在一定的应试情绪激发下，受个体认知评价能力、人格倾向与其他身心因素所制约，以担忧为基本特征，以防御或逃避为行为方式，通过不同程度的情绪性反应所表现出来的一种心理状态，是一种情境化的特质焦虑，同时伴随生理和行为变化。心理学研究发现，心理紧张水平与活动效果呈倒"U"形曲线关系，紧张水平过低和过高都会影响成绩，适度的考试焦虑对于学生的学习来说是必要的，可以对学习和考试有种激励作用，产生良好的活动效果，但过度的考试焦虑会对学生的学习效率、考试水平、学业成绩甚至是身心健康等方面产生不利影响。

(一) 考试焦虑的表现

考试焦虑的症状是：在情绪上表现为担忧、焦虑、烦躁不安，在认知上表现为注意力不集中、记忆力下降、看书效率低、思维僵化，在行为上表现为坐立不安、手足无措，在身体上表现为头痛、食欲下降、恶心、心慌、睡眠不好等。

考试焦虑分为轻微、中等和严重三个程度。轻微的考试焦虑是正常的，可能有轻度的担忧和不严重的生理反应，如偶尔失眠，这并不会影响正常的学习和生活，反而会提高考生的学习效率。中等和严重的考试焦虑则是心理问题，会影响到生理和心理各方面。其中，中等的考试焦虑影响较轻，而严重的考试焦虑危害较大。严重的考试焦虑的学生在考前会出现明显的生理、心理反应，如过分担忧、恐惧、失眠健忘、食欲减退、腹泻等症状；在临考时出现心慌气短、呼吸急促、手足出汗、发抖、频频上厕所、思维浮浅、判断力下降、大脑一片空白等症状；个别学生在考场上出现视障碍，如看不清题目、看错题目、漏题丢题、动作僵硬、手不听使唤、笔误等症状。

国内调查发现，大多数学生的考试焦虑处于中等水平，女生在情绪性上的考试焦虑表现高于男生；医学院专业的大学生的考试焦虑明显高于非医学专业的学生；我国大学生中考试焦虑水平较高的人数达 20%及以上。

(二) 考试焦虑的原因

考试焦虑的原因既有客观因素，也有主观因素。

1. 客观因素

(1) 考试本身的影响，如考试的重要性、难易程度和竞争程度等。一般而言，越是重要的考试，越容易产生考试焦虑；题目越难，越容易产生考试焦虑；竞争程度越激烈，越容易产生考试焦虑。

(2) 外部环境对学生的压力。来自父母过高的期望以及学校采用的学生奖评体系对学生成绩的重视，很容易成为学生学习压力以及考试焦虑的来源。

2. 主观因素

(1) 认知上对考试价值的过分重视。考试成绩与大学生学业荣誉(如奖学金、优秀学生)、政治前途(如入党)、学业前途(如研究生保送) 等密切相关，因而，过分看重考试成绩的大学生，表现出对考试失败的过分担忧，心理压力大，更容易出现考试焦虑。

(2) 知识上的掌握和复习准备。如果学生对知识掌握不全，或者临时抱佛脚，或者复习准备不足，或者对考试把握不足，自然会产生考试焦虑。

(3) 学生的性格特点。性格敏感、易焦虑、过于内向、缺乏安全感和自信心、做事追求完美的学生在考试中容易出现考试焦虑。

(4) 过去失败的考试经验。失败的考试经验以及进行的错误归因，如认为失败是由于自身的学习能力以及考试能力不足引起的，在面临新的考试情境时容易出现考试焦虑。

(5) 用脑过度，引起大脑疲劳。在休息时满脑子仍然是学习，尤其是考前一天的失眠，重复的考前失眠经历会加重学生的考试焦虑。

(三) 考试焦虑的调节

1. 正确评价自我，建立恰当的学业期望

学生应该建立恰当的学习期望，客观理性地看待学习成绩，既不放松学习上的自我要求，也不超出实际能力地把一切希望建立在成功的考试和优秀的学业成绩上。

2. 考前进行充分的准备

很多学生的考试焦虑是准备不充分引起的，因此，充分而良好的考前准备是克服考试焦虑的根本途径。考前准备包括知识准备、体能准备、心理准备和物质准备等，缺一不可。知识准备要求大学生做好课程的总结复习，充分掌握知识；体能准备和心理准备要求学生规律作息，进行适当的体育锻炼和休息，以保持较好的体能状况；物质准备要求学生在考试前一天准备好考试需要的准考证、文具用品等。

3. 制订计划

具有可操作性的学习计划对学习是很有必要的，大学生应该明确大学学习的具体目标，制订切实可行的学习计划，万不能得过且过，直到考试前一周才开始紧张，这只会让自己压力更大。

4. 不求"十全十美"

不少学生在生活和学习方面都要求自己达到"十全十美"的目标，但这并不实际。我们应该认识到自己不可能在每件事情上都是正确的或完美的。例如，对于青少年可能经历的各种疑惑和彷徨，2014年5月习近平总书记在北京大学师生座谈会上讲到，这些"是正常的人生经历""关键是要学会思考、善于分析、正确抉择，做到稳重自持、从容自信、坚定自励"。

5. 肌体反应控制技术

考试焦虑是肌体感受到考试的压力而产生的一种情绪反应，此时身体处于紧张状态。可以通过放松训练控制这种反应。

放松训练就是通过一定的方法(如呼吸法、暗示法、表象法和音乐法等)，使人体的肌肉一步步地放松，使大脑逐渐入静，从而调节中枢神经系统的兴奋水平，缓解紧张情绪，增强大脑对全身控制支配能力的训练方法。放松训练的原理，即肌肉和大脑之间是双向传导的，大脑可以支配肌肉放松，而肌肉的放松又可以反馈给大脑。

四、学习倦怠

学习倦怠指由于学习压力或缺乏学习兴趣而对学习感到厌倦的消极态度和行为,是大学生消极的学习心理。

(一) 学习倦怠的表现

大学生的学习倦怠表现为:①情绪低落。由于不能处理好学习中的问题与要求,表现出无助感、沮丧颓废、缺乏学习热情等情绪特征。②行为不当。由于厌倦学习表现出逃避和退缩等不良行为,如经常迟到、早退、逃课、上课不听讲或者不交作业等行为特征。③成就感低。在学习过程中体验到低成就的感受,或者在完成学习任务时由于能力不足产生学习能力上的低成就感,自我评价低,因而较容易产生自卑感。

调查研究发现,大学生学习倦怠的水平较高,其中行为不当较为严重;在总倦怠水平上,医科、工科的学生好于文理科和术科的学生,其中文理科学生的倦怠水平最高。不过,也有研究得到不一样的结果,发现医学和护理专业的学生具有普遍的学习倦怠情况,并且高于其他专业的学生。

(二) 学习倦怠的原因

造成学习倦怠的原因既有内部因素,也有外部因素。

1. 内部因素

(1) 低自我效能感。一些研究指出,学业倦怠和自我效能感之间存在负相关。高的自我效能感反映了学生对学习的自信心,在面对困难时能够表现出积极的态度与情绪,坚持努力;低自我效能感则会降低学生在学习中的态度和表现,体验更高的学习倦怠水平。

(2) 消极的归因。归因是人们对他人或自己行为原因的推论过程。积极归因的学生更可能将成功归因为内部因素,如能力、努力;将失败归因为可控的内部因素,如缺乏努力,这种归因风格可以降低学习倦怠的发生率。然而,消极归因的学生可能将成功归因为不稳定的外部因素,如运气或任务难度;将失败归因为不可控的内部因素,如缺乏能力,这种消极归因方式会增加学生的学习倦怠水平。

(3) 不当的应对方式。应对方式是指人们在心理压力状态下调节自身行为、认知、情绪以及适应的过程。研究发现,低成熟型应对方式(包括自责、幻想、退避等)的学生,其学习倦怠感显著高于高成熟型应对方式(包括问题解决、积极求助等)的学生。

(4) 专业承诺低。专业承诺是指大学生认同自己所学习的专业,并自愿付出相应努力的一种积极心态和行为。有研究发现,个体的专业承诺水平可以预测学习倦怠的程度,其中,情感倦怠维度是最重要的预测因素。学生对所学专业的认同感越高,情绪就越积极,就越会降低学习倦怠水平。

2. 外部因素

(1) 低的社会支持。很多研究发现，个体拥有的社会支持资源能够显著预测、有效缓解学习倦怠，但缺乏社会支持的个体，学习倦怠水平较高。

(2) 繁重的学习压力。繁重的学习压力是大学生学习倦怠的重要原因之一。学生的学业压力越大，越容易身心疲惫，产生低落的学业情绪，出现行为不当的比例也会提高。

(3) 学习环境和班级氛围的影响。有研究发现，班级集体效能可以解释不同班级之间学习倦怠水平的大部分变异，一个班级的正向联合力高，班级的整体氛围较好，会提高对班内成员的积极要求，提高其学习的效能感，反之则易产生学习倦怠。师生关系和同伴关系较差，缺乏良性的竞争环境，可能是导致学生学习倦怠水平更高的原因之一。

(三) 学习倦怠的调适

除对学习倦怠的内、外部因素进行有针对性的干预外，还可以从以下方面尝试解决大学生学习倦怠的问题。

1. 预防大学生在学习过程中的不当行为

严抓学风、班风，有效预防和减少大学生在学习过程中的不当行为。在学生管理方面，学校、学院方面要制定严格的管理制度，任课教师要从考勤上严格管理，遵守课堂点名制度，对于考勤差的学生直接取消其考试资格。同时，作为学习的主体，学生学习不能怕吃苦。习近平总书记在 2014 年 5 月 4 日的北京大学师生座谈会上讲道："成功的背后，永远是艰辛努力。青年要把艰苦环境作为磨炼自己的机遇，把小事当作大事干，一步一个脚印往前走。滴水可以穿石。只要坚韧不拔、百折不挠，成功就一定在前方等你。"

2. 缓解大学生学习中的情绪衰竭

目前，很多高校都在进行教学改革，教师也积极地在教学方法上进行创新，由原来的教师单纯讲授，变成让学生更多地进行自主学习，结果是课下留很多作业、论文、调研等题目，所有科目的教师都提出要求，学生应接不暇、力所不及、压力过大，情绪衰竭，学习效率直线下降。因此，各任课教师，尤其是专业课的教师之间应多进行沟通，在教学环节的设计上要统一行动，避免在同一时间给学生过多的压力。

3. 提升大学生学习的成就感

(1) 培养大学生对所学专业的认同感。不少大学生在选择某专业学习前对专业了解不足、兴趣不高，结果在进入专业学习后长时间不适应，学习态度敷衍，缺乏学习动力。因此，在学生进入大学之初，学校就应该安排专业教育，让资深的专业教师对本专业和领域的情况进行全面的介绍，使学生深入地了解自己所学的专业，培养对所学专业的学习兴趣，喜欢和热爱自己所学的专业。

(2) 大学生应树立明确的学习目标，并将这一目标进行分解，形成多个阶段性的短期目标,在不断实现目标的过程中体会到满足感和成就感,从而有效地避免学习倦怠的产生。

思 考 题

1. 结合自己的专业,谈谈如何制订专业学习目标和计划。
2. 试分析自己或专业的同学存在的学习心理问题,并谈谈如何解决。

第四章
人际交往与心理健康

　　人类社会的发展过程是人的交往活动过程,也是人在交往中的发展过程。进入大学,学生面对更加复杂的人际关系,了解如何处理人际关系尤为重要。对于医学院校大学生而言,还要特别关注如何处理医患关系,为自己今后的职业生涯做好思想准备。因此,本章从人际交往与医患沟通、大学生常见人际交往与沟通问题、和谐人际关系的构建等方面入手进行介绍,以期为大学生良好人际关系的建立奠定基础,为其美好的大学生活提供支持和保障。

　　心理学家认为,人的心理适应关键在于人际关系的适应。良好的人际关系能使人获得安全感和归属感,给人精神上的愉悦和满足,促进身心健康;不良的人际关系使人感到压抑和紧张,让人承受孤独与寂寞,身心健康容易受到损害。为了身心健康,为了事业成功,为了个性完善,为了提高生活质量,也为了在日后的工作生活中成长进步,当代大学生要学会与他人相处,建立并发展良好的人际关系。这就必须了解人际交往与人际关系的含义、特点及类型,掌握人际交往的原则,克服人际交往中的障碍,学习一些优化人际关系的技巧。

【学习目标】

1. 了解人际关系的含义、特点及类型。
2. 重点掌握医患沟通的方法及其重要性。
3. 了解大学生常见的人际交往与沟通问题。
4. 重点掌握人际交往的艺术,以优化人际关系。

内容导读

　　1. 人际关系是大学生求学过程中必然面对且必须重视的一种关系。随着网络时代发展和社会发展的不断深入,大学生的人际关系表现得越来越复杂。

　　2. 作为医学院校大学生,毕业后主要从事的是医护工作,了解医患关系的特殊性,能让自己在今后职业生涯中更好地处理这种关系做好思想准备。

　　3. 了解常见的人际交往与沟通问题,增进自我了解,学会处理各种复杂的人际关系,能让大学生更好地适应大学学习和生活。

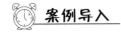 案例导入

【案例 4-1】

一个病人去看心血管内科门诊,将心电图交给医生。病人说:"我在单位体检时查出有过早搏动(简称早搏),去了好几家医院,做了很多心电图,就是治不了根。"

医生 A 问:"查出有其他心脏病吗?"

病人说:"没有。"

医生 A 说:"那不用治,你这是良性早搏。"

病人说:"但我很担心。"

医生 A 有些不耐烦地说:"没事,良性早搏一般不需要吃药。"

医生 A 觉得病人大惊小怪,病人半信半疑地准备离开。旁边的医生 B 意识到双方都在自说自话,都没有明白各自的意图,他尝试再次与患者沟通。

医生 B 问:"我能理解你的苦恼。你这种情况不少见,你查出有其他心脏病吗?"

病人说:"没有。有没有其他心脏病和早搏有什么关系?"

医生 B 说:"是这样的,没有器质性心脏病的早搏又叫良性早搏。良性早搏一般没有明显的症状,也不需用抗心律失常的药。有时候,过度治疗反而会产生医源性症状,让人产生焦虑。用药越积极,精神压力越大,症状反而越明显。"

病人说:"但我还是很担心。不吃药症状能自己消失?"

医生 B 说:"你知不知道?在美国,使用抗心律失常药物导致的意外死亡大大超过其民航空难与战争中死亡人数的总和。从今天开始,不妨把你关心早搏的精力放在其他更有意思的事上,正常生活、正常工作,每年来复查一次。"

病人的疑虑被打消了,开心地回家了。

医生 A 也意识到自己与病人沟通存在问题,自己脑海里关于"良性早搏不能滥用药物"的知识也只简化为两句话:"你这是良性早搏一般不需要吃药"。

(资料来源:http://www.bjdcfy.com/qita/cskyhgtaljxgs/2021-7/1434438.html,有删改)

第一节　人际交往与医患沟通

人际关系是指人们在物质交往和精神交往过程中发生、发展和建立起来的人与人之间的关系,这是人们彼此相互影响而形成的一种心理上和社会上的联系。人际关系有哪些特点和类型?当代大学生人际关系状况如何?我们为什么要发展良好的人际关系?这些都是当代大学生与他人相处首先要了解的问题。

一、人际关系概述

(一) 人际关系的定义与结构

1. 人际关系的定义

人际关系的定义有广义和狭义之分。广义的人际关系包括社会中所有的人与人之间的关系以及这些关系的一切方面，包括经济关系、政治关系、法律关系、文化关系、心理关系等。显然，我们这里所指的人际关系不是这种社会学角度的广义概念，而是心理学角度的狭义概念。狭义的人际关系指人们为了满足某种需要，通过交往形成的彼此之间比较稳定的、直接的心理关系，它主要表现人与人之间在交往过程中关系的深刻性、亲密性、融洽性、协调性等心理方面联系的程度。人际关系是对这种心理关系的静态描述，而人际交往则是对这种心理关系的动态描述。人们只有通过人际交往才能建立各种不同的人际关系，而人际关系的好坏反映着人们心理距离的大小，这又是从人际交往过程中反映出来的。

2. 人际关系的结构

人际关系由认知、情感和行为三种心理成分构成。其中，认知是人际关系的前提条件和基础。大学生的相互交往是双方作为信息对象的相互作用，并引起相互间的感知、理解、判断和评价，形成一定的认知结果。情感是人际关系的重要调节因素。情感因素是主体在这种认知结果的基础上发生的积极或消极的情绪状态和体验、情绪的敏感性、对人际关系的满足程度等。在人际关系中，认知起到了唤起情感、控制情感和改变情感的作用，对人际关系起着调节作用。行为成分是交往双方外显的、表现个性和传达信息的行为要素，如语言、眼神、手势、举止、风度、表情等，它是建立和发展人际关系的交往手段与形式。

认知、情感和行为是人际关系中三个相互联系、相互促进的心理因素。一般来说，由于人际关系不同，人们对不同人的认知、理解、情绪体验以及各种行为会有所不同，而它们反过来又会影响到彼此的人际关系。在不同的人际关系形成中，它们所占的比重也是不同的，如在家庭关系中，情感成分特别突出；在工作群体中认识成分较为主要；而在各项服务性行业的人际关系中，行为成分则起着最为重要的作用。人际关系的三种心理成分是相互联系、不可分割的，而其中的情绪成分，即对人的亲近、喜爱，相互间的吸引力的大小是人际关系的突出特征。

(二) 人际关系的特点

人际关系具有以下特点：

(1) 人际关系以人们的需要为基础。需要是建立人际关系的动力。人际关系主要反映了人们在相互交往中物质需要或精神需要能否得到满足的心理状态。如果交往双方的需要能够得到一定程度的满足，就会产生喜欢、亲近等情绪反应，人们的心理距离就会缩短；反之，就会产生厌恶、憎恨等情绪反应，人们的心理距离就会加大。因此，需要的满足是建立人际关系的心理基础。

(2) 人际关系以交往为手段。人际关系是人们借助交往，努力消除陌生感、缩短心理距离的结果。之所以如此，是因为交往是人们交流信息、消除生疏、加深了解、获得肯定或否定体验的途径。不仅如此，交往频率是人际关系亲疏的调节器。一般说来，交往频率越高，人际关系越密切；交往频率越低，人际关系越趋于淡化；当交往完全不存在的时候，原有的人际关系也会名存实亡。

(3) 人际关系以情感为纽带。人际关系总是带有鲜明的情绪与情感色彩，是以情感为纽带的。人们在相处过程中呈现出来的喜欢、亲近或疏远、冷漠的情绪状态是人际关系好坏的基本评价指标。人际关系所具有的这种情绪性使人与人之间的心理距离成为可以直接观察的心理关系。

(4) 自我暴露程度是人际关系深度的标志。人际关系是在人们逐渐自我暴露的过程中发展起来的。随着我们对一个人的接纳程度和信任感的增强，自我暴露也会越来越多，同时要求别人越来越多地暴露他们自己。通过了解别人或自己的自我暴露的程度，可以很好地了解别人对我们的信任和接纳程度，以及了解自己对别人的信任和接纳程度。因此，交往双方的自我暴露程度实际上标志着他们人际关系的深度。

拓展阅读 4-1

人际交往的阶段

在整个人际关系的建立与发展过程中，交往双方通过自我暴露的方式来增加相互间的接纳程度和信任感。人际关系深度的标志，就是交往双方自我暴露的程度。自我暴露程度越高，人际交往水平越高。根据交往双方的情感卷入水平、自我暴露程度的不同，奥尔特曼将人际关系分为定向、情感探索、情感交流和稳定交往四个阶段。

1. 定向阶段

定向阶段主要是初步确定要交往并建立关系的对象。其主要表现是个体产生对其所交往对象的注意、选择和初步沟通等心理活动。

2. 情感探索阶段

情感探索阶段主要是彼此探索，双方在哪些方面可以建立真实的情感联系。随着双方共同情感领域的发现，交往双方沟通也越来越广泛，自我暴露的深度与广度也逐渐增加。人们的话题仍然避免触及他人私密性的领域，自我暴露也不涉及自己根本的方面。

3. 情感交流阶段

在情感交流阶段，主要是形成安全感和投入深入的情感。人际关系发展到这个阶段，交往双方关系的性质开始出现实质性变化，此时双方的人际关系安全感已经建立，因而谈话也开始广泛地涉及自我的许多方面，并有较深的情感卷入。

4. 稳定交往阶段

稳定交往阶段主要是形成稳定的人际关系，这是人际交往的最高水平。人们心理上的相容性会进一步增加,自我暴露也更加广泛、深刻,可以允许对方进入自己高度私密性的个人领域,分享自己的生活空间和财产。

(三)人际关系的类型

作为一种社会关系,人际关系的具体表现是十分复杂的,根据不同的标准它可以分成多个种类。根据人际关系的媒介不同,可将其分为血缘人际关系、趣缘人际关系、业缘人际关系、地缘人际关系等。根据人际关系的固定程度,可将其分为固定的和非固定的人际关系。根据人际关系对人的影响程度,可将其分为利害关系和非利害关系。根据人际关系的需求,可将其分为包容型人际关系、控制型人际关系和感情型人际关系三种。根据人际关系的外部表现,可将其分为外露型人际关系、内涵型人际关系和伪装型人际关系三种。人际关系的分类还有其他的方法,如按距离的远近分类,人际关系可分为近距离的人际关系与远距离的人际关系;按复杂程度分类,人际关系可分为简单的人际关系和复杂的人际关系;按功能的多少分类,人际关系可分为单功能人际关系、多功能人际关系和超功能人际关系;按性质的相容性分类,人际关系可分为相容的人际关系和不相容的人际关系等。

二、医患沟通

(一)医患沟通的含义

医患沟通是指医患双方为了治疗患者的疾病,满足患者的健康需求,在诊治疾病过程中进行的一种交流。

医患之间的沟通不同于一般的人际沟通,患者就诊时,特别渴望医务人员的关爱、温馨和体贴,因而对医护人员的语言、表情、动作姿态、行为方式等更为关注、更加敏感。这就要求医务人员以心换心、以情换真,站在患者的立场上思考和处理问题。

在医疗卫生和保健工作中,医患双方围绕伤病、诊疗、健康及相关因素等主题,以医方为主导,通过各种有特征的全方位信息的多途径交流,科学地指引诊疗患者的伤病,使医患双方达成共识并建立信任及合作关系,达到维护人类健康、促进医学发展和社会进步的目的。

(二)医患沟通的重要性

1. 有助于构建良性的医疗秩序

良好的医疗秩序能有效保障疾病的救治。医患关系紧张,医疗环境较差,医疗秩序比较混乱,会导致患者对医务人员不够信任;医生与患者在治疗过程中也存在着道德风险,如有的医务人员为牟取个人利益侵犯了患者的权益,产生的医患纠纷损耗了医院人力、财力以及物力,严重的甚至会破坏医院的正常医疗秩序。发生医患矛盾时,患者与舆论往往一边倒,不信任医疗机构,不接受甚至是敌对医方的解释。同时职业医闹、媒体报道不实等都为解决医患纠纷带来一定困难,不利于建立良好的医疗秩序。

拓展阅读 4-2

医患纠纷的特点及解决机制

一、当前我国医患纠纷的特点

当前我国医患纠纷呈现出一些新的特点，主要表现在以下三个方面：一是尖锐化。医患双方从最初内心的敌意、被剥夺感和不信任上升到行为的纠纷和矛盾，攻击、暴力等人身伤害行为时有发生。二是群体性。患者和医护人员之间的矛盾逐级演变为患方和医方（包括医疗机构）之间的矛盾，再到社会其他无关人员参与的群体性事件，如医闹、静坐、上访等。三是社会性。医患关系历来都是热门话题，社会关注度较高，一旦医患双方发生纠纷和冲突，经媒体曝光后，社会影响恶劣，医疗秩序和诚信都会受到质疑。

二、医患利益协调机制的系统构建

(一) 构建医患利益导向机制，树立正确的利益观念

构建医患利益导向机制，应重点考虑两个面向：一是面向个人，包括医方和患方。可以通过加强法制和道德建设、医疗卫生信息公开制度建设等方式，联合媒体加以宣传和教育，在严厉制止和打击医闹等不法行为的同时，帮助医患双方树立正确的利益观。二是面向医疗机构。医疗行业的本质是服务，公立医疗机构更应该以追求社会效益为首要目标。应通过加强立法和完善体制改革等方式，及时纠正一些医疗机构的过度市场化经营倾向，让医疗行业重回服务的起点和本质，重塑医疗诚信，营造良好的医疗秩序和氛围。

(二) 构建医患利益表达机制，提供畅通的利益诉求渠道

构建医患利益表达机制，要满足两个基本要素：一是必须尊重患者的主体地位。医学是一门具有较高技术含量的学科，在患者大多缺乏基本医学常识的条件下，医患双方信息不对称在所难免。这往往会导致医方高高在上，患方由于对医疗过程的参与权不足而处于被动状态。因此，构建利益表达机制的前提是强调患者的主体地位，提高患者在医疗过程和医疗事故鉴定中的发言权。二是畅通医患双方表达自身愿望和要求的渠道。当患者对医疗过程和结果不满时，有表示质疑或申诉的权利。

(三) 构建医患利益调节机制，合理解决利益冲突

构建医患利益调节机制，必须充分发挥政府与非政府的作用。一是政府必须充分发挥宏观调控作用。针对医患纠纷，在行政调解、司法调解的过程中，卫生、司法等部门应以法律为根本依据，以协商民主的方式促进医患双方的沟通，以患者的利益为根本，满足其生理、安全、社交等低层次需要，保护医患双方的正当利益不受侵犯。二是非政府的辅助力量应得到重视。如果能够注重发挥非政府组织和社会工作者的力量，就更容易获取患方的信任。

(四) 构建医患利益补偿机制，加强利益保障

通过构建医患利益补偿机制，进一步完善医疗事故的赔偿标准、程序等，逐步建立比较规范、统一的赔偿制度；通过医疗保险、重特大疾病保障和救助、人身意外伤害保险等

制度为患方提供大病报销或减免费用,以减轻其经济负担,为医方提供人身伤害后的物质和精神补偿,使医患双方无后顾之忧,满足其安全需要。

(五)构建医患利益约束机制,确立利益规范

通过法律和道德层面的约束,对医患双方的利益进行最大限度的满足而不越边界,确立利益规范。一是法律层面。必须通过加强立法,严厉打击暴力、人身攻击等伤害行为,对于涉嫌欺诈的违法犯罪行为,依法予以治罪,毫不手软,以起到惩戒和警醒作用。二是道德层面。进一步加强医风医德建设,建立并实施举报、监督和惩罚等一系列制度。对于超出正当利益追求的医护人员,一经发现,立即取消其医护人员资格,甚至开除公职,情节严重者,终身禁止公开行医,坚决杜绝医疗行业的不正之风,重塑其社会形象和医疗诚信。

(六)构建医患利益矛盾疏导机制,促进利益整合

正视医患矛盾和冲突的存在,建立利益矛盾疏导机制,促进各种利益的整合至关重要。一是加强沟通。加强危机管理,及时沟通和公关,是化解医患矛盾的基本途径。二是采取协商民主的形式,提高问题处理的透明度。无论是行政调解,还是人民调解,都要注重患方的参与权和质疑权,减轻患方的被剥夺感。三是发挥柔性力量。建立针对医患双方的情感关怀机制。重视患方的情感、心理等微观层面的需要。

(资料来源:安民兵. 基于利益协调的医患纠纷解决机制[J]. 天津行政学院学报,2014, 16(2): 37-42.)

2. 有助于促进患者康复

改善医患关系是医务人员与患者共同的心声。良好的医患关系能够增强医患双方之间的信任,让患者更加认可医务人员的诊疗服务,同时提升自身就医的心理感受,促进疾病的康复。在医患双方良性互动的过程中,即使结果与预期存在距离,患者也能理解,从而降低了医患矛盾的发生率。

3. 有助于构建和谐社会

健康是社会和谐的基础,而实现健康的一个重要途径就是医疗。医患关系矛盾是社会矛盾的体现。医疗行业要实现医患和谐,既要满足医务人员的需求,也要满足患者的需求。只有把这些问题解决好,才能降低医患矛盾,促进医患关系的良性互动,实现社会的和谐稳定。

第二节 大学生常见人际交往与沟通问题

对于大学生而言,良好的人际关系不仅可以促使他们健康成长,使他们的心理更加平衡,还可以使他们更好地适应社会,为以后的人生发展奠定坚实的基础。在大学校园,大学生最突出的心理问题表现在人际交往方面,这已经成为困扰大学生心理健康发展的一个重要因素。

一、以自我为中心

当前，一些大学生希望周边的人和事都以他们为中心，服从他们的管理。这种心理强烈要求他人尊重自己，却并不懂得如何去尊重他人，只是从自己的角度去看待事物，没有意识到他人对于事物的看法，对于人和事物的看法具有较强的主观性。

【案例4-2】

孤独的我

我是一名大一学生。上大学快半年了，有个问题一直困扰着我。我和同寝室的人关系不太好，我感到自己受到了排挤，她们不愿意与我做朋友，我想调换寝室。

我们寝室的同学都很爱玩，平时除了上课以外很少学习。她们回到宿舍就上网、聊天或者看电视剧，对考试也不是很重视，关于未来也没有什么想法和志向，因此我们之间的作息时间有很大差异。而我把很多精力放在了学习上，因为我有目标，很多时候都泡在自习室里。回到宿舍我也因为很累就上床休息，但她们总会很晚回来或者到了晚上也不休息，聊天、打闹、玩游戏，从来不顾及我的感受。此外，我愿意起早，早上跑完早操她们都选择上床睡觉，而我总是会洗漱过后收拾好自己的寝室卫生然后出去学习，她们说我不合群，因为类似的问题，我们总是有分歧甚至发生争吵。久而久之，我就和她们疏远了，上课吃饭都是一个人。虽然表面上和她们都过得去，但是没有真正交心。

我很迷茫，不知道自己的坚持是否正确，感觉很矛盾。如果融入她们，自己的想法不知是否还能继续；如果坚持自己的想法，难免会形单影只，上大学连个真心朋友都交不到，也是一种遗憾。所以我想换寝室，继续在这个寝室里生活我心里会一直有疙瘩，我感到很难受。

请问我该怎么办？

【案例分析】有一些人以自我为中心，觉得事情都是别人的错误，别人没有关心到他，没有考虑到他，她觉得寝室的其他成员普遍对她有敌意，故意大声说话影响她看书和睡觉。

(资料来源：https://wenku.baidu.com/view/d8c36ecdaf1ffc4fff47aca4.html，有删改)

二、自卑心理

自卑心理表现为对自我的消极评价，认为自己在某些方面不如他人。有自卑心理的人常常过于敏感，遇事缺乏自信，处事非常谨慎，尽可能避开人群，因此丧失了一些良好的发展机会。一些自卑的大学生往往对自己要求非常高，凡事追求完美，常常以一种盛气凌人的姿态去掩盖自己脆弱的心理，这就使他们的交际范围非常狭小。

【案例4-3】

害怕与人说话的张强

张强是一名从边远农村考入大学的男生，性格孤僻。进校后，他总是独来独往，生活非常简朴,很少和同学说话,总觉得别人瞧不起自己。一年级学计算机课程时,他发现全班似乎只有他一个人没有任何基础,因为害怕同学嘲笑他,他不敢告诉别人自己根本不知道电脑怎么使用,甚至连开机都是在第一次课后,仔细留意其他同学的操作才学会的。看到其他同学自如地在网上聊天、玩游戏、做作业,他恨不得挖个地洞钻进去。上课时,他小心翼翼地坐在电脑旁听老师讲课,觉得周围的同学似乎都在嘲笑他的笨拙,他不敢动手操作,只是低着头,默不作声,每次上计算机课他都大汗淋漓,紧张而焦虑。有一次上课时,小王看到他没有按老师的要求完成相应操作,就在他的计算机键盘上熟练地敲了几个键,他突然感到了莫名的羞辱,于是愤怒地关掉电脑。从此,张强更加孤僻,不敢抬头看人,害怕与人说话,自己感到非常痛苦,甚至想退学。

【案例分析】张强的问题源自自我认知的偏差,夸大了自己的不足与不能,自卑使他过度地自我防御,最终丧失了与人交往的勇气与信心。

(资料来源:https://wenku.baidu.com/view/42682133294ac850ad02de80d4d8d15abf230010.html?fr=search-1-wk_es_paddleX-income7&fixfr=vJZoVcsPDuRE9Nq6AixFrg%3D%3D,有删改)

三、恐惧心理

在与人交往的过程中,一些大学生会不由自主地感到害怕,常常语无伦次或者手足无措,甚至出现社交恐惧症。当前大学生面临着较大的就业压力,尤其是在网络时代,大学生常常沉迷于网络虚拟社交之中,这就使得大学生忽视了真实的人际交往,在人际交往中常常表现出恐惧心理。

【案例4-4】

害怕与人交往的小李

小李,女,19岁,某大学二年级学生。父亲为中学教师,母亲为工人,小李为独生女,家庭经济状况良好,家族无精神疾病史。言行拘谨、说话声音低、胆怯。初次见到小李,她面色苍白、面容沉郁,但无重大躯体疾病历史。虽然其口口声声说自己胖,长得不好看,其实体态匀称,面容姣好,但不善修饰,不重衣着,在外表上对自己不自信。言行拘谨,过于彬彬有礼,言谈中伴随一些紧张性动作,从谈吐看,有较高的文学素养,善于内省。害怕与人交往,与人讲话时不敢直视,脸红,心慌,只想成天躲在寝室,不想去教室、食堂等人多的地方。

【案例分析】该同学出现了害怕与他人交往,与人讲话时不敢直视,脸红,心慌,只想成天躲在宿舍,不想去教室、食堂等人多的地方,这是出现了社交恐惧的表现。

(资料来源:https://www.xzbu.com/3/view-10543032.htm)

四、孤僻心理

一些大学生在学习生活中缺乏交往意愿,常常自我封闭,不愿与他人进行交流,不愿参加任何集体活动，久而久之他们就表现出寡言寡语、不善交际。

【案例 4-5】

清高的蓝风

蓝风是大三的学生，是学生干部，学习成绩优秀，但人际关系较紧张，不仅与寝室同学相处不好，与班上的许多同学也无法正常交往。在同学的心目中，他是一个清高、傲慢的人，实在不好接近，虽然成绩优秀，但对他的其他方面则不敢恭维。蓝风也为此很头疼，他主持的活动项目，同学们似乎都有意不参加，好像故意和他作对，而他本人长期坚持的做人准则就是：我行我素，万事不求人。他几乎不接受别人的帮助，也认为自己没有帮助别人的义务。他成绩好，可每当班上同学向他求教时，他要么说不知道，要么就在给别人讲完之后，将别人奚落一顿，有时还要加上一句"拜托你上课时认真听讲，下次不要再来问我这么简单的问题"。久而久之，同学们都不愿意与他交往，他的人际关系也越来越差。他感到孤独、没有归属感，有时孤独感令他窒息。他焦虑甚至恐惧，但不知如何改善现状。因为他自己也纳闷：我究竟有什么问题？

【案例分析】 蓝风的人际关系不佳的重要原因就在于他是一个既不懂得接受，也不知道给予的人，在他的观念里，每个人只要做好自己的事情就足够了。没有给予与接受的意识，最终将失去支持，只能生活在自己孤独的世界里，痛苦不堪。不懂接受与给予，不仅会影响良好人际关系的建立，而且会影响心理健康的水平。

(资料来源：https://www.diyifanwen.com/fanwen/jiaojiliyi/10614446.html，有删改)

五、妒忌心理

妒忌是对才能、地位比自己更好的人产生的一种怨恨和愤怒心理。每个人都渴望自己能够走向成功，都有超越他人的冲动。例如，一些大学生常常不服自己被其他同学超越，对自己的落后并不甘心，但又表现得无能为力，于是常常不加区分地对他人进行诋毁或者与他人对抗，甚至抨击、报复他人，以此来缩小自己内心差距感，满足自身的心理需求。

【案例 4-6】

都是嫉妒惹的祸

学生 A 与学生 B 是某艺术院校大三的学生，同在一个寝室。入学不久，两个人成了形影不离的好朋友。学生 A 活泼开朗，学生 B 性格内向、沉默寡言，学生 B 逐渐觉得自己像一只丑小鸭，而学生 A 却像一位美丽的公主，心里很不是滋味，她认为学生 A 处处都比自己强，占尽风头，因此时常以冷眼对学生 A。大学三年级，学生 A 参加了学院组织的服装设计大赛，并获得了一等奖，学生 B 得知后妒火中烧，趁学生 A 不在宿舍将学生 A 的参赛作品撕成碎片，扔在学生 A 的床上。学生 A 发现后，不知道怎样对待学生 B，更想不通为什么自己竟遭到这样的对待？

【案例分析】 学生 A 与学生 B 从形影不离到反目为仇的变化令人十分惋惜。引起这场悲剧的根源可概括为两个字——嫉妒。

(资料来源：http://news.sina.com.cn/o/2006-09-10/07279980455s.shtml，有删改)

六、猜疑心理

猜疑心理主要是对他人主观推测、不信任他人的复杂情感。一些大学生常常对社会存在着一种不信任感，因此在与他人交往时都戴着假面具；还有一些大学生由怀疑他人到怀疑自己，变得自卑，人际交往陷入困境。

【案例4-7】

浑身不自在的小小

小小同学是一个来自农村的女大学生，刚来学校的时候，小小发现自己和别人聊天没有共同话题，慢慢地与同学的关系疏远了。过了很长一段时间，小小觉得大家都看不起她，认为她是"土包子"，什么潮牌都不懂。她整天疑心重重，怀疑一切，毫无根据地乱猜测，看到其他同学聚在一起，总以为是在议论自己，感到浑身不自在。

【案例分析】 这是典型的猜疑心理。此种不正常的心理，会使这类学生经常处于惊恐、不安之中，由于缺少知心朋友，最基本的人际关系都难以维持。

(资料来源：编者教学案例)

第三节 和谐人际关系的构建

大学生人际关系最突出的特点是人际吸引与交往障碍并存。大学生要学会与他人相处，必须克服人际交往的心理障碍，调适人际关系心理，并学习人际交往的艺术，以优化自己的人际关系。

一、人际吸引与交往障碍并存

人际吸引是人际交往、人际关系的基础。没有人际吸引，人际关系、人际交往就无从建立，更遑论保持和发展人际关系了。人际吸引的影响因素一直是许多心理学家感兴趣的研究内容。大学生的人际吸引影响因素与一般人际吸引影响因素基本相同，主要有以下两种：

(1) 邻近吸引。时空距离近是形成密切的人际关系的一个重要条件，如果其他条件相同，人们的时空距离越近，彼此交往和接触的机会越多，彼此之间就越容易形成密切的人际关系。比如，大学生刚进入大学会加入老乡会、同学会，这就是这种邻近吸引的表现，但应当看到，随着时间的流逝，邻近吸引的作用会降低。

(2) 外貌吸引。人与人的交往中，第一印象极为重要，而外貌、仪表则是引发第一印象的"窗口"。人的外貌可以引起"晕轮效应"，初次交往更是如此，但尽管人们明明知道以貌取人会出现偏差，甚至会出现错误，但是大多数人还是会受外貌吸引因素的影响。对于大学生而言，随着同窗共读时间的推移，外貌吸引作用会逐渐降低。同时随着彼此交往的深入，吸引力就从外在仪表美逐渐转向人的内在美了，最终的人际交往还是内在美起决定性作用。

拓展阅读 4-3

晕轮效应

晕轮效应指人们对他人的认知判断首先是根据个人的好恶得出的，然后从这个判断推论出认知对象的其他品质的现象。如果认知对象被标明是"好"的，他就会被"好"的光圈笼罩着，并被赋予一切好的品质；如果认知对象被标明是"坏"的，他就会被"坏"的光环笼罩着，他所有的品质都会被认为是坏的。晕轮效应是在人际相互作用的过程中形成的一种夸大的社会现象，正如日、月的光辉，在云雾的作用下扩大到四周，形成一种光环作用。晕轮效应常表现为一个人对另一个人的最初印象决定了对他的总体看法，而看不准对方的真实品质。有时候，晕轮效应会对人际关系产生积极作用，如你对人诚恳，那么即便你能力较差，别人对你也会非常信任，因为对方只看见你的诚恳。晕轮效应的最大弊端就在于以偏概全。

(资料来源：https://baike.so.com/doc/5230035-5462758.html，有删改)

(3) 能力、才华吸引。一般地，人们喜欢与聪明能干、有才华、有学识的人交往，上下级之间、同辈之间都如此。大学生尤其崇拜和羡慕那些有真才实学、能力强的人。大学生中有才华、有能力的人，容易博得大家的喜爱。

(4) 相类似吸引。所谓相类似，是指包括年龄、社会地位、经济状况、学历、文化素质、兴趣、爱好、态度、信仰、价值观等方面的类似性或共同性。在这些方面，大学生若意识到彼此相似，则容易产生吸引力，成为朋友，建立密切的人际关系。

(5) 需求互补吸引。当双方的需求和对对方的期望能互补时，彼此将产生强烈的吸引力，从而使双方的人际关系更加密切。人与人在知识和才能方面的互补是显而易见的，在思想、性格等方面的互补也是非常重要的。我们常见到大学生中脾气急躁的人与温和而有耐心的人能友好相处，活泼健谈的人与沉默寡言的人能成为要好的朋友，一个服从性格的人愿意与一个支配性格的人结伴，这些都属于需求互补吸引。

(6) 个性特征吸引。人际吸引的根本奥秘在于人格魅力。人格就是人的心态、品格、个性、气质和行为方式的基本特征。什么样的人格才富有魅力？这是一个相当复杂、难以说清的问题。什么样的人格最有魅力？不能也不应当有一个统一的模式。有专家把人格魅力的个性特征依次排为真诚、责任、进取、热情、宽容、幽默、端庄。事实表明，大学生的人格魅力在人际交往中的重要性越来越被重视，这是大学生人际吸引的重要原因，是大学生建立良好人际关系的一个非常重要的因素。

> **拓展阅读 4-4**
>
> 人　格
>
> 　　人格也称为个性，这个概念源于希腊语 Persona，原来主要是指演员在舞台上戴的面具，类似于中国京剧中的脸谱，后来心理学借用这个术语来说明：在人生的大舞台上，人也会根据社会角色的不同来换面具，这些面具就是人格的外在表现。面具背后还隐藏着一个实实在在的真我，即真实的自我，它可能和外显的面具截然不同。
>
> (资料来源：https://baike.so.com/doc/5389982-5626598.html，有删改)

　　大学生人际关系心理在人际吸引强烈的同时，存在诸多障碍。大学生人际交往的主要障碍表现为缺少知心朋友，与个别同学难以交往，个别同学有社交恐惧症。

　　影响大学生的正常人际交往，造成大学生人际关系障碍的个性心理品质、心理成因主要有自我中心、自我封闭、控制他人的愿望、嫉妒心理、过分自卑、孤独固执等。

二、消除人际交往心理障碍

　　大学生要学会与他人相处，必须清除人际交往心理障碍，调适人际关系心理。

（一）摆脱孤独感

　　大学生随着心理日渐成熟，发现自我与他人存在着心理上的差异，意识到自己与他人的不同，于是产生了欲与他人交往、了解他人，并被他人了解与接纳的需要。如果这种需要得不到满足，便容易感到空虚，产生孤独感。从心理学上看，每个人都存在着自己了解、他人也了解的"开放区域"，存在着他人了解而自己并不了解的"盲目区域"，存在着从未向他人透露过的"秘密区域"，还存在着自己和他人都不了解的"未知区域"。在正常情况下，人与人之间要进行有效的交往，就要尽可能扩大心理"开放区域"，缩小"盲目区域""秘密区域"和"未知区域"。只有表现真实的自我，让他人了解你，才能在交往中建立与他人的心灵联系，使自己被他人理解、悦纳，并与他人心理相容，这样才能摆脱孤独感。健康的自我应当是开放的，而不是封闭的。

（二）战胜自卑和羞怯

　　自卑和羞怯常常使人不敢大方地与人平等交往。战胜自卑和羞怯，尤其是社交恐惧症，重要的是树立起成功交往的信心，充满自信才能坦然自若而不紧张。羞怯心理是大学生人际交往中一种常见的心理现象。克服这种不良情绪应从以下几方面着手：首先，清除消极的自我暗示，学会肯定自己、增强信心；其次，不要过于考虑他人对自己的看法，患得患失；最后，学习必要的交往技巧，进行实践锻炼和心理训练，提高交往能力。

(三) 克服嫉妒和猜疑心理

大学生中较普遍地存在着不同程度的嫉妒心理，很有必要加以纠正。大学生需克制自己的嫉妒心理，使自己消极的情绪和行为转变为积极的心态和竞争行为。首先，认清嫉妒的危害性：既打击他人，也贻误自己。其次，应正确认识自己，摆正自己与他人的位置，认识到任何人都有优点和缺点，问题是如何取长补短。最后，消除疑心，最根本的是去掉私心，"心底无私天地宽"。猜疑心重的大学生对他人总是抱有不信任的态度，总是以一种怀疑的眼光看人，对他人心存戒心，戴着假面具与人交往。大学生要提醒自己不应以小人之心度君子之腹，应经常站在对方的角度思考问题。

(四) 培养社会协同观念

每个人都应明白这一点，自己永远生活在社会之中，只有"同舟共济"才能共同生存和发展，只有尊重、帮助他人才能赢得他人的尊重与帮助。洁身自好、顾影自怜的处世态度既违背了人的社会性，也为自己设置了孤立无援的陷阱。只有你不断地关怀他人，才能经常得到他人的慰藉。大学生应热爱生活，相互沟通，真诚合作，同舟共济，而不是彼此封锁，互相争斗。

三、优化人际交往艺术

大学生不仅要建立良好的人际关系，还要掌握优化人际关系的艺术。

(一) 优化个人形象

一个人能否被他人接受，关键在于你在他人心目中的形象，可以说，个人形象直接影响到人际交往的质量。一个人的形象(仪容、仪表)大体上受两大因素的影响：一是个人的先天条件，二是个人的修饰维护。后者起着重要作用。大学生优化个人形象，要注意以下方面：一是干净整洁。不给人以一种邋遢的感觉，这是仪容的基本要求。二是发型自然。发型是构成仪容美的重要内容，要根据不同人的气质、服装、身材、脸型等选择合适的发型。要做到发型自然，以美为准则，不以追求奇异怪发为时尚。三是化妆适度。大学生正值青春，富有青春之美，一般情况下不需要化妆，但爱美之心人皆有之，适度的化妆是无可非议的，但切记不可化浓妆，以免有失于青春的纯情。四是注意服饰的运用。做到三个注意，即注意协调、注意色彩、注意场合。

(二) 注意在人际交往中的身体姿态

身体姿态包括站姿、坐姿及走姿。

站姿是每个人全部仪态的核心。如果站姿不够标准，其他姿态就根本谈不上优雅。站姿的要领是：头正、颈直、肩平、挺胸、收腹、直腰、提臀、腿直、脚稳。

站立时要注意避免身躯歪斜、弯腰驼背、半坐半立、手位不当、脚位不当等不良站姿。

坐姿是一种静态的人体体现，也是应用较多的姿势之一，还是公关活动中最重要的人体姿态。标准坐姿通常有八种：一是双腿垂直式，这种坐姿适用于最正规的场合；二是垂直开膝式，这种坐姿适用于较正式场合；三是双腿叠放式，这种坐姿主要适用于穿短裙的女士；四是双腿斜放式，这种坐姿主要适用于穿短裙的女士在较低处就座时采用；五是前伸后屈式，这种坐姿多为女士所用；六是腿叠放式，这种坐姿多为男士在非正式场合所用；七是双腿交叉式，男女在各种场合均可使用这种坐姿；八是双脚内收式。同时要注意纠正错误坐姿，如双腿过度叉开，不妥的架腿姿势，脚部抖动摇晃，腿部高跷蹬踩，等等。

走姿是以站姿为基础，实际上是站姿的延续。正确的走姿要求方向明确、目光平视、步幅适度、步速均匀、重心放稳、身体协调，同时要掌握不同场合的不同走姿。

（三）培养良好的交往风度

良好的交往风度所包括的内容很多。首先，保持良好的自我状态。良好的自我状态就是身心健康、自信、愉快，能够选择、控制自己的情感，保持心理平衡、心态积极。只有心态积极，你才会富有魅力。只有心态开放，你才会不卑不亢。积极而开放的心态、自信而包容的意识是培养良好的人际交往风度的根基，也是交际艺术的奥秘所在。其次，讲究交谈艺术。交谈艺术是指人与人之间在交往过程中，通过语言互相交流感情，传递信息，以增进彼此间的了解和友谊，从而实现和睦相处、合作共事的方式。大学生在人际交往中要提高交谈的能力，必须具备有关方面的素质，如敏捷的思维能力、沉着的应变能力、流畅的语言表达能力等。最后，注意交谈礼仪，做到谈吐高雅。一是谈吐文雅，注意禁忌。应禁说粗话、脏话。交谈应看对象，不要问不宜问的问题。二是心直不一定要口快。要看准、想好了再说，说话必须注意场合和对象。三是学会耐心倾听。认真倾听他人的宣泄，这本身就是对人的一种宽慰。四是会委婉含蓄地表示拒绝。五是关心有度，热情切勿"越位"。六是不争吵。争吵不是正常的人际交流，更不是有效交流，而是两败俱伤的陷阱。七是不轻视闲谈。闲谈是一种非正式的随便交谈，是一种看似平常却又有利于人与人之间心灵沟通的社交方式。

（四）讲究互利互让

互利互让有三种方法：一是合作法，又叫互助法，这种方法能使合作双方都得到利益和实惠；二是积极竞争法，通过竞争，给竞争者带来一定的压力或危机感，从而促使竞争者不断地努力进取；三是交换法，即双方通过互通有无的交换，获得利益或好处。大学生相互交流信息、思想、感情、学习体会，会使彼此都受益。适当的忍让代表着胸怀和度量，是一种大家风范，是强者的表现。忍让能令争斗的双方通过彼此相让，化干戈为玉帛，化解紧张的人际关系。"事临头三思为妙，怒上心一忍为高""忍得一时之气，免却百日之忧"，都道出了很高明的生活智慧。

（五）利用赞扬

赞扬的实质是对他人的赏识、激励。赞扬他人，并不一定要概括得完整全面、分析得深刻入微，但一定要诚恳热情、真实自然，发现和赞扬对方的"闪光点"与"兴趣点"，激发对方的兴趣和共鸣。赞扬要求感受性的，避免评比性的。感受性赞扬是指你感觉对方有什么优点和长处，你就赞扬他的优点和长处，不要拿他的优点和长处去和另外的人做比较。具体来说，赞扬有以下方法：①评比性赞扬既会影响激励人心的效果，也会给人际关系增加新的消极影响。赞扬要公开赞扬，赞扬人越公开越好，积极影响越大。②赞扬要真实、诚挚，不要虚情假意。人们喜欢得到赞扬，但只喜欢合乎事实的赞扬，对不真实的赞扬会反感。③赞扬要具体。④赞扬要新颖。发现他人的优点，要及时地表示赞扬。真正的赞扬是对他人的优点和长处的充分肯定，能满足人对于尊重和友爱的心理需要，会给人以精神上的激励和鼓舞，因为渴望被人赏识是人最基本的天性，是人们普遍的、突出的心理特点。

拓展阅读 4-5

戴高帽(优点大轰炸)

目的：学习发现他人的优点并欣赏，促进相互肯定与接纳。

时间：40分钟。

操作：

(1) 5~8人一组围圆圈坐。请一位成员坐或站在团体中央，戴上纸糊的高帽子。其他人轮流说出他的优点及欣赏之处(如性格、相貌、处事等)。

(2) 被称赞的成员说明哪些优点是自己以前觉察的，哪些是不知道的。

(3) 每个成员到中央戴一次高帽。

(4) 规则是必须说优点，态度要真诚，努力地发现他人的长处，但不能毫无根据地吹捧，这样反而会伤害他人。参加者要注意体验被人称赞时的感受如何，怎样用心地发现他人的长处，怎样做一个乐于欣赏他人的人。

(5) 小组交流体会并派代表在团体进行交流。

(六) 养成微笑的习惯

微笑是人体肌肉群的柔软体操，它能使塑造你整体形象美的诸多因素协调一致地处于一种平和状态，导演出一种动态的、善意的心灵场景。微笑能传达：我喜欢你；见到你，我很高兴；我"活得"很好，对自己充满自信。微笑会增加你的魅力，微笑是冲破心理乌云的阳光。你的微笑会从别人那里换回微笑，而别人的微笑又会令你的心情变得更加明朗。最美好而又最能经常表现的就是微笑。微笑在家庭中创造欢乐，在商界建立好感，在同学中传达满意、好感和共鸣。人际交往中微笑不可缺少。微笑使接受者获得益处，却不会让给予者受到损失；没有人富到不需要它，也没有人穷到不拥有它。让我们养成微笑习惯，以真诚的微笑与他人沟通感情，以利于建立并保持融洽和谐的人际关系。

四、医患沟通的技巧

(一) 语言沟通的技巧

医患沟通问题一直都是医疗机构的焦点问题,利用正确的处理技巧可达到事半功倍的效果,其中语言沟通是重要内容。声调、语调、语气的控制是语言沟通的关键,可有效避免医患纠纷。在进行医患沟通时,医务人员要营造友善、和谐的气氛,调整说话速度与音量,不快不慢地陈述事件前因后果,让人有亲近感,以拉近与患者之间的距离。"我理解……"等语句是医患语言沟通的常见例句,这些语句有助于营造相互体谅、病人至上的沟通氛围。另外,若不得已否定对方无理要求,无须当众提出批评,即使是善意的批评也要私下进行沟通,并尽量保持平静的心情或幽默的形式完成对话,避免难以收拾的正面冲突。

(二) 非语言沟通的技巧

语言沟通是医患问题常见的沟通技巧,而非语言沟通则是与其相互对应的典型方法。接触沟通、目光沟通、表情沟通、动作沟通等是非语言沟通的关键,为患者与医务人员提供深入了解的渠道。当患者家属表现出痛苦状态时,医务人员需要注意与家属合理的相处距离,不宜过近或过远,正视对方眼睛,并依据对方神情判断其心理活动,配合点头、微笑等动作,以获取对方好感。若遇到带有回避视线、斜视、烦躁等状态的家属,医务人员要了解对方是否存在拒绝提议的情况,并适时微笑、主动握手,积极安慰家属,打破双方间的沉闷气氛。综合来看,非语言沟通技巧适用于多种场合,对减轻医患纠纷程度具有良好作用。

(三) 用心倾听的技巧

家属易对就医患者抱有过分担忧,医务人员要用心倾听家属观点,便于达到释放家属紧张情绪和安慰家属的目的。在进行医患沟通时,医务人员要耐心听、用心听、主动听患者的意见,尊重患者提出的建议,不打断患者讲话,也不要急于对其下定论。面对部分过分担心患者就医状态的家属,医务人员不可忽略主要信息,或过度注意患者所讲的是否存在"话外音",要迅速捕捉主要信息点,并就相关问题提出合理建议,让家属感受到医务人员对患者的关爱与呵护。此外,当家属说出自己的看法后,医务人员配合身体前倾、点头等动作,使用"您说得很好"等相关语句,使家属安心与放心。

拓展阅读 4-6

来时剑拔弩张,走时心平气和

以往的医患纠纷,主要都是通过医疗机构与患者自主协商或由卫生行政部门行政调解解决,双方缺乏信任,患者对调解的公正性存在顾虑,很难真正做到案结事了,甚至存在矛盾激化的可能。宁夏回族自治区石嘴山市在市公共法律服务中心设置了医疗纠纷人民调解委员会(简称医调委)。医调委作为专业的人民调解组织,是独立的第三方,具有较强的中立性,对医患双方申请调解不收取任何费用,更能获得医患双方的认可。目前,实现了石嘴山市二级以上公立医院、乡镇(社区)卫生院和民营医院、个体诊所医疗纠纷调解全覆盖。10年来,石嘴山市医调委共受理医疗纠纷575件,调解成功率达85%,调解后反悔率为零,医疗机构共赔付2850余万元,群众满意度达84%,探索出了医疗纠纷调解的"石嘴山模式"。

(资料来源:https://www.xuexi.cn/lgpage/detail/index.html?id=8154407588998861981&amp,有删改)

思 考 题

1. 简述人际关系的特点。
2. 简述医患沟通的重要性。
3. 简述大学生常见人际交往与沟通问题。
4. 简述人际吸引的影响因素。
5. 简述优化人际交往的艺术。
6. 简述医患沟通的技巧。

第五章
恋爱、性心理与心理健康

大学生恋爱、性心理概述部分主要介绍大学生恋爱、性心理特征以及大学生恋爱、性心理影响因素；大学生恋爱、性心理问题与应对部分主要介绍非理性模仿行为、性取向问题、性自慰过度、不安全性行为等问题及应对策略。

【学习目标】

1. 了解大学生恋爱中可能遇到的问题以及解决问题的理性思考方式。
2. 引导大学生树立理性的恋爱观念和性观念，在恋爱中保持理性思维，保护大学生的身心健康。

内容导读

1. 本章对大学生的恋爱、性心理等方面进行了分析和整理，以帮助大学生理性认识自身的恋爱状态和可能存在的问题。
2. 本章从创建良好的爱情观角度出发，以重视人文素养培养、提升大学生的综合素养为基点，提供了科学、理性的建议和方法。

案例导入

【案例 5-1】

被"爱"禁锢的女孩

一位接受访谈的女生说到自己的男朋友时，描述了男朋友对她的控制企图："他是一个控制欲非常非常强的人，他甚至会要求我把我 QQ 里面的联系人全部都删掉……他可能会做一些我不是很愿意的事情，仅仅为了表示我们在一起，或者为了宣告我们在一起。"

【问题聚焦】面对这样的困扰，女生应如何打破这种禁锢，避免因为这段恋情而切断自己与其他同伴的正常同伴往来，进而影响自己的成长呢？男生如何做才能让女生感受到平等互敬，避免伤害彼此呢？本章首先对一些爱情理论进行介绍，帮助学生理性认识爱情，然后对大学生恋爱心理特点进行分析，有利于大学生理解恋爱中产生困扰的原因并给出解决困扰的建议。

第一节 大学生恋爱、性心理概述

对大学生进行爱情教育是必要的。爱情教育的目的在于使大学生形成健康的爱情观。爱情教育的形式应该是非教条的，重在观念的养成。在进行爱情教育之前，需要帮助大学生正确认识大学阶段的恋爱、性心理特征。

一、大学生恋爱、性心理特征

（一）婚恋观

大学生的婚恋观整体情况是积极的、正面的，是以选择人生伴侣为目的的。大学生大部分是支持大学期间恋爱的，甚至有大学生在大一初到学校时就公开表态，认为谈恋爱与不挂科同等重要。

陈晓怡在研究中发现，大部分大学生都认为大学期间没谈恋爱会成为遗憾，并希望可以在此期间找到理想的婚姻对象。研究结果显示，大部分大学生希望恋爱的归宿是婚姻，期望"有情人终成眷属"也有学生不相信现实中有美好爱情，还有一些大学生想单纯谈情说爱，打发时间。

（二）择偶观

大学生群体在择偶方面普遍重精神、轻物质。在选择恋爱对象时更注重人品、性格、能力等精神层面，而家庭、学历等退居其次。但随着经济社会的发展和互联网的发达，大学生与外界物质世界的接触越来越密切，其择偶观也在潜移默化中发生变化。已经出现少部分大学生在以婚姻为目的的择偶过程中，开始关注家庭背景、学历等物质化的因素，并出现消极倾向的新特点。

李方芹等学者的研究发现，大学生的爱情观出现以下特点：①恋爱过程片面化、公开化；②恋爱结果理想化、虚荣化，重过程、轻结果；③恋爱态度具有盲目性、随意性、波动性；④恋爱速度短、平、快，成功率低；⑤恋爱动机多元化，失恋现象普遍化，失恋承受耐挫力与自控力较弱；⑥责任意识弱，恋爱具有不成熟性与不稳定性等。

（三）性观念

大学生在性观念上，男女差异很大。男生一方面宽容自己的"性行为"，另一方面却不能接受另一半的"性行为"。这种"矛盾"的构成，可能受到我国旧有的"男尊女卑"的封建婚姻观念的影响。女生大部分处于被动状态，并且很在意婚前性行为，在遇到此类问题时往往羞于启齿。这种差异表现为部分大学生对女性的贞操要求高于对男生的贞操要求的心理状态。这实际上潜藏着危害正常恋爱婚姻关系的风险因素。

有研究发现，超过50%的大学生都在能否接受婚前性行为上选择了"不清楚，视情况而定"，说明当前大学生对于婚前性行为的接受态度是随意的，更为突出的是，男生更易接受婚前性行为。有75.7%的男生选择了"非常在意"自己的另一半与其他异性有过婚前性行为的经历。

大学生恋爱观念有日渐开放化的趋势，传统的爱情观念淡化，受西方爱情观念影响较大，未婚同居、性行为呈增长趋势，但与这一特点不匹配的是，我国大学生普遍缺少正规、系统的性教育，性知识的缺乏给大学生带来很大的健康风险。根据2023年3月中国疾控中心官网公布的全国法定传染病报告发病、死亡统计表数据显示，艾滋病发病5785例，其中1992人死亡。(数据来源：国家疾病预防控制局)

(四) 失恋应对方式

失恋应对方式与大学生的爱情态度密不可分。宁艳婷、曾玲娟的研究发现，拥有不同爱情态度的大学生在失恋后选择应对方式上会有明显的不同。

其中，浪漫型的爱情态度对攻击、沉溺有正向预测作用。浪漫型的大学生对待爱情的态度建立在理想化的外在吸引上，一旦亲密关系结束，会对自己建立的理想化模式产生怀疑，这可能会影响他们，在失恋后倾向于选择攻击、沉溺的失恋应对方式。

游戏型的爱情态度对攻击、寻求转移有正向预测作用。游戏型的爱情态度不符合世人眼中的专情，不被世人所肯定。所以，游戏型的大学生在失恋后会自己承受失恋的不适感，给自己的心理造成伤害，一时迷失理智，需要发泄自己内心的痛苦，会选择攻击的失恋应对方式。

现实型的爱情态度对寻求转移、情绪宣泄、认知重建有正向预测作用，对攻击有负向预测作用。现实型的大学生注重现实条件，若另一方不能满足自己所需的现实条件时，会主动选择结束亲密关系，去寻求其他符合需求的另一方。他们会尽可能减少失恋对自己的伤害，所以他们不会倾向于选择攻击的失恋应对方式。

占有型的爱情态度对沉溺、情绪宣泄、认知重建有正向预测作用。占有型的大学生对恋人有强烈的占有欲，一旦亲密关系结束，对恋人的占有欲会突然消失，产生强烈的不适感。他们会尽可能排除失恋对自己造成的不适感，在失恋后尝试情绪宣泄、认知重建的失恋应对方式。

奉献型的爱情态度对沉溺、逃避有正向预测作用。奉献型的大学生对爱情无私奉献，所以亲密关系一旦结束，因对另一方的无私付出，他们可能会顾及对方的感受，倾向于选择自己承受而选择攻击、逃避的失恋应对方式。

二、大学生恋爱、性心理影响因素

(一) 人格

人格特点对大学生的爱情态度有一定的影响。根据冯文君、李秀、王欣的研究，在大学生的爱情态度中，同伴型与外向型呈正相关，浪漫型与开放型呈正相关，现实型与顺向型呈正相关，浪漫型、游戏型、现实型与严谨型呈正相关。合群、积极和热情的外向型大学生在人际关系上有优势，在爱情态度中会演变成同伴型的爱情观，在细水长流、平静祥和的朋友关系下慢慢发展为爱情关系。开放型的大学生易幻想、爱行动，有审美情趣，可能在爱情中表现出追求浪漫，更多地关注对方的外表和身体接触，只要是好看的，就很容易坠入情网。严谨型的大学生会表现出守秩序、负责任，能够自我约束，可能会形成现实型的爱情态度，会考虑到对方的教育背景、经济能力、社会地位、共同兴趣等。

（二）性别及性别角色

1. 性别

从生物演化的机制层面来讲，男性生物遗传的生理机制表现为明显的性需求和繁衍后代的任务；从社会文化的角色期许层面来讲，"窈窕淑女，君子好逑"，追求往往需要冲锋陷阵般的投入与付出，才有赢得美人芳心的可能。其表现为女生的爱情观比男生更倾向于现实型，而男生比女生更倾向于浪漫型、游戏型和奉献型。男性比女性在感情上更倾向真情投入，情感表现较女性浪漫、热烈，也较勇于付出，而且带有游戏性，与西方的研究结果类似。男性在求偶过程中一直扮演主动的角色，而女性在感情发展的过程中多半扮演被动等待与抉择的角色。

2. 性别角色

研究发现，男性化特质与浪漫型和游戏型显著正相关，女性化特质与现实型和占有型显著正相关、与游戏型显著负相关，两种性别角色特质都与奉献型显著正相关。男性化者较女性化者更倾向于游戏型，而女性化者更倾向于现实型和占有型。很多关于性别角色类型的研究都显示，双性化者有着相对较好的社会适应和人际和谐水平。有学者认为，浪漫型与游戏型都是不适应的爱情观，并发现双性化者具有较少的不适应的爱情观，由此认为双性化者会发展出更和谐的爱情关系。

（三）人际信任

人际信任是指个体对他人言辞、承诺、口头和书面陈述可靠与否的一种概括化期望。如果个体在人际交往中不信任和谐的人际关系，在这种氛围中学习或工作都会受到影响，个体心理压力也会很大，可能会造成一些心理疾病的出现。朱雅心发现，大学生恋爱信任的总体水平偏低，显著低于常模水平。大学生恋爱信任度与实际家庭亲密度、实际家庭适应性和理想家庭亲密度存在显著正相关，与理想家庭适应性不存在显著正相关，与家庭亲密度不满意度和适应性不满意度存在负相关。亲近依赖越强，人际信任水平越高，爱情观相对越正确，在成人依恋对爱情观的影响过程中，人际信任起到了稳定的中介作用。

(四) 依恋

1. 成人依恋

成人依恋是指成人对其童年早期依恋经验的回忆和再现，以及当前对童年依恋经验的评价。最早系统研究依恋的 Bowlby 认为，儿童与母亲或儿童与照顾儿童的个体之间的关系使儿童认识到在这个世界上有许多人是值得信任的，因此他们在这个世界上并不感到孤独。

Feeney 对大学生进行调查时发现：安全型依恋的个体拥有相互信任的家庭及稳定的恋爱关系；矛盾型依恋的个体在爱情关系中表现得更加独立，对承诺的需求也更强；回避型依恋的个体会表现出对人的不信任，对爱情的体验更加不足。胡文鹏等关于爱情成瘾的调查结果发现，矛盾型依恋的个体的爱情关系最不稳定，更可能将爱情理想化，倾向于采用极端的方式去获取自己的爱情。

成人依恋的亲近依赖维度、焦虑维度与爱情观和人际信任之间都存在线性相关。受早期抚养关系影响的成人依恋对爱情观具有重要影响。大学生自我效能感及成人依恋对大学生爱情态度具有部分预测作用，大学生自我效能感在成人依恋的焦虑维度与大学生爱情态度的浪漫维度之间起部分中介作用。

2. 同伴依恋

同伴依恋是指青少年与同伴之间建立起来的、双方互有的亲密感受以及相互给予温暖与支持的关系。个体早期的依恋对象主要是父母，到了青春期以后，同伴也成为青少年重要的依恋对象。良好的同伴依恋还会促使个体早期不安全依恋风格的改变，并指导其师生依恋、婚恋依恋等关系的建立。大学生在同伴依恋上也存在性别差异，具体表现为女生的同伴依恋质量高于男生。女生的认同感更多源于亲密关系，她们善于帮助朋友，富有同理心，更需要并渴望维持亲密关系，也更愿意接受同伴关怀，人际信任更高，从而使得女生的友谊表现得更深厚，也更相互依赖。男女的心理成熟度不同，一般来说男生的心理成熟比女生的心理成熟更晚，这就使得男生可能更依恋于他们的父母或者更多的朋友数量。

激情型、游戏型、朋友型、理智型和依赖型 5 种爱情观类型均与同伴依恋的一个或者多个维度呈显著相关，特别是游戏型爱情观，它与同伴依恋的 4 个维度存在显著负相关，即同伴关系中足够信任并能有效沟通，就可能减少把爱情当游戏的成分。大学生同伴依恋的一个或多个维度可对爱情观类型中的激情型、游戏型、朋友型、理智型和依赖型起预测作用，如同伴依恋总分可对游戏型、理智型爱情观产生预测作用。

(五) 父母教养方式

爱情观作为一种态度或者价值观，深受父母教养方式的影响。父母教养方式是指父母在抚养、教育子女的活动中相对稳定的行为风格，是对父母各种养育行为特征的概括。对父母教养方式的研究，最具代表性的是来自美国心理学家鲍姆林德的研究，她从控制、成熟的要求、父母与儿童交往的清晰度以及父母的教养四个方面来评定父母的教养行为，将父母教养方式分为权威型、宽容型和专制型三种。

爱情作为一种社会性行为,是父母依恋和同伴依恋向两性依恋的延伸。因此,父母教养方式在子女的角色行为发展和人际关系发展上扮演着特殊的角色。子女能够在与父母的交往和关爱中获得宽容、信任、安全感和特殊的保护性心理,也能从父母的过度惩罚、批评、干涉中获得疏离感和孤立感等不安全感,从而影响子女在后续恋爱关系中的价值观。此外,父母特有的角色示范和行为强化模式能够促进子女更多的角色行为的形成和社会性的发展。父母教养方式将对子女的爱情观产生较大影响。

(六)自尊

Hendric 夫妇最早使用自编的爱情观量表对 807 名在校大学生进行测试,发现自尊型与浪漫型爱情观呈正相关,而与占有型爱情观呈负相关。Mallandain 和 Davies 通过研究发现,自尊型与浪漫型爱情观呈正相关,与占有型、同伴型、奉献型等三种爱情观呈负相关。Cho 对中国台湾本地人的爱情观的研究表明,自尊心强的个体倾向于浪漫型和游戏型爱情观,而自尊心弱的个体倾向于占有型爱情观。

有研究发现,自尊心强的个体更倾向于浪漫型和同伴型爱情观,而自尊心弱的个体更倾向于占有型爱情观。男性化个体中,自尊心强的个体倾向于奉献型爱情观,而自尊心弱的个体倾向于占有型爱情观;自尊心弱的女性化个体倾向于游戏型爱情观;低自尊心弱的双性化个体倾向于占有型爱情观;未分化个体的自尊与爱情观的相关性都不显著。总体来看,自尊与积极健康的爱情观有正向关系,自尊心越强,爱情观也越倾向积极健康。

(七)社会支持

大学生社会支持的客观支持维度及主观支持维度与爱情态度各维度均存在显著正相关,社会支持利用度与浪漫型、友谊型、奉献型等维度呈显著正相关,而社会支持利用度维度与游戏型、占有型、现实型等维度呈负相关。对于社会支持系统,不同的个体因个性特征、生活环境不同,对待和处理的方式也各不相同,这就从某种层面决定了个体对于爱情这一高级社会关系的态度。对社会支持利用度较高的个体,倾向于信任交往对象,在爱情关系中,能够获得更多的积极情绪,也表现出更多的浪漫型和奉献型爱情态度;而对于社会支持利用度较低的个体,可能在处理人际关系时态度较为消极,表现出较低的人际信任,从而在择偶时多表现出恋爱随意、恋爱实用的态度。

(八)网络

随着恋爱交友软件的流行,一些陌生人恋爱交友应用逐渐渗入大学生群体。恋爱交友软件正通过其功能设计将"效率"带入亲密关系领域。在恋爱交友软件上,我们有大量未知的对象可以选择,尽管我们都不愿意,但是不得不承认,每一位用户都像商品一样被流动性挑选,而"货币"就是我们手上"左滑"或"右滑"的权利。软件上的用户共享了"社区规则",明确的目的可以减少无意义的试探,所以被"左滑"的人不会有聊天的机会,而拥有私信机会的则至少证明存在发展的可能性。

效率被带入了亲密关系领域,我们可挑选对象的范围变大,以往局限于现实社会的关系网，如今只要有一部可以联网的手机，就有了解彼此的可能性。恋爱交友软件使技术与爱情相勾连，独特的功能设计把效率带入追求亲密关系的过程，在提供大量可供选择的恋爱对象的同时，也刺激了用户对爱情的倦怠和不断选择的欲望，社交媒体为我们提供了自我表演的空间，但恋爱中的形象表演仿佛并没有带来自我认同。这样的互动增加了美化、幻想的成分，可能会剥夺传统恋爱关系中双方练习亲密、磨合差异、重新认识自我的过程。

网络对大学生恋爱观既有积极影响也有消极影响。网络推进大学生人际交往的积极作用主要表现在以下方面：①网络促使大学生有更加开放的交往观念及交往态度。②网络使得大学生交往更加便利，同时扩大了交往的范围。③网络打破了原有交往格局，提升了一部分大学生的交际能力。

网络对大学生恋爱观的消极影响主要表现在以下方面：①网络戏剧化了的西方爱情观造成大学生爱情观混乱。②网络传播的不良内容和信息歪曲了大学生爱情观。③网络在促进交往便利的同时脆弱化了人际关系。

第二节　大学生恋爱、性心理问题与应对

爱情是人性的重要组成部分，它能够使人奋进，对道德的进步、文化水平的提高以及民族素质的提升都具有不可估量的推动作用。大学生正处于爱情观形成的关键阶段，正确爱情观的形成需要高校的有效引导和教育。大学生在正确认识恋爱和性心理特征的同时，要理性面对大学生阶段可能出现的恋爱、性方面的问题，并掌握正确的应对方式。

一、非理性模仿行为与应对

（一）非理性模仿行为

大学生群体对于真正的爱情非常渴望，也非常迷茫。大学生常常会在看到渲染得无比幸福甜蜜、让人心潮澎湃的影视剧作品里的一些高甜场景时，努力模仿，想通过模仿获得与影视作品里一样的美好效果。但这些模仿行为有时是非理想的、过于机械的，没有考虑现实因素是否适合、是否合理，容易对双方造成伤害。

很多影视作品，尤其是国外的作品，常把拉拽手腕、强行背人、强吻等性暴力场面用作打造魅力男主的工具，而现实生活中，强吻被划归为强制猥亵。虽然在男女主角自愿的情形中，高甜的少女心、吻戏的确很撩人，但是也要区分现实情况和虚拟作品。有些男生在恋爱中不懂得把握分寸，盲目地模仿影视作品中拉拽手腕、强行背人、强吻等行为，结果引起对方的反感，加深了彼此之间的矛盾。

在影视作品中，"霸道总裁"往往会强行给心仪的对象送各种各样的礼物，这样的行为的确能够激发很多女粉丝的少女心。在现实生活中，很多男生认为女生都喜欢"霸道总裁"般的男人，因此遇到心仪的异性就会不断地给对方送礼物，不断地在对方身上花钱，

强吻对方,自以为这样示爱,对方就会接受,结果却引起对方的反感,甚至让对方觉得被强制猥亵。影视作品里拉拽手腕、强行背人,强吻等行为看似浪漫,但是这种浪漫的前提是双方都对对方有好感,甚至男主角的外在价值高、有魅力。如果对方对你并没有好感,认为你缺乏魅力,这样强迫对方的行为反而会失去爱情。

(二)应对:理性面对恋爱与性的关系

爱情需要互相吸引,而不是强迫对方接受。首先,大学生要明白爱情是需要互相吸引的,当你足够优秀,能够吸引对方的心,这样就算不强迫对方,对方也会心甘情愿和你在一起。其次,大学生要懂得不断提升自身的魅力,在和对方相处时,适当展示高价值。最后,大学生要注意爱情应引起双方的共鸣,让对方觉得你能够带领她享受更好的生活,值得她托付终身,这样再向对方表达爱情,才能提高成功的概率,抓住属于你的爱情。总之,爱是需要双方自愿的,如果运用强迫的方式,不但会适得其反,还会伤害彼此,甚至会上诉公堂。

恋爱与性的关系,对于感情来说是非常重要的。大多数人认为先有爱才会有性,性就是爱情的调味剂,性虽是爱情中不可或缺的部分,但不是爱情的全部。在这一点上,大部分男性与女性的关注点是有区别的。男性一般都比较注重性,对于男性来说先有了性才有爱;女性都比较重情,对于大多数女性来说,先有了爱,才会渴望有性。没有爱的恋爱,就像没有灵魂的人,是不堪一击的,随时可能被外在的压力所击倒。所以,爱对于稳固恋爱关系是非常重要的。没有性,爱得不完整;只有性,不叫爱。所以,把爱和性微妙地结合在一起才是真正的爱情。爱是前提,性是后缀。一段恋爱关系中只有性和爱同时存在,它才是幸福的、快乐的。

二、性取向问题与应对

(一)性取向概述

性取向是指一个人的情感和性欲的吸引指向同性、异性或两种性别的程度。异性恋取向指的是对异性个体的性欲以及发展恋爱关系的愿望,同性恋取向指的是对同性个体产生性欲以及发展恋爱关系的愿望;双性恋取向指的是个体对于同性或异性都能产生性欲或恋爱的愿望。

性取向是个人认同的深层部分,最初产生的性欲对象不是指向异性就是指向同性,所以完全的异性恋或完全的同性恋不太可能从一种性取向转向另一种性取向。如果一个人是异性恋者,则可以很确定自己不会产生同性恋情感。同样,一个完全的同性恋者也轻易不会改变自己的性取向。

(二)性取向问题

大学生群体里也不乏同性恋者,身为同性恋者的大学生会面对比较大的压力。一部分同性恋大学生可能不清楚自己的性取向，处于迷茫状态；一部分同性恋大学生已经很明确自己的性取向，但是面对来自周围的压力在极力隐藏，这种内心深处的秘密一旦被人发现，有可能对其正常生活造成干扰，会被周围的人议论。这种情况如果持续会给其带来很大的心理困扰甚至发展为不良的心理障碍。所以，有必要给大学生普及有关性取向的知识，让大学生群体对性取向的产生原因有科学的认知。

（三）应对：正确认识影响性取向的因素

基因因素在性取向中起着很重要的作用。在胎儿发育期间，激素分泌促成了性的发展，进而会影响其后性取向形成。在 X 染色体上有一个基因或一部分基因会导致男性同性恋，不过这个基因不能用来解释女性同性恋。有学者研究发现，同卵孪生儿的同性恋一致性比异卵孪生儿和领养儿高。女性同卵孪生儿同性恋的一致率为100%，男性同卵孪生儿同性恋的一致率为82%；女性异卵孪生儿同性恋的一致率为50%，男性异卵孪生儿同性恋的一致率为45%，领养子女同性恋的一致率为0。

激素是影响性取向的一个重要原因。胎儿如果暴露于高水平的男性性激素下，成年后很可能发展成同性恋者。一个男性的兄长越多，本人是同性恋者的可能性越大，因为孕妇每怀一个男婴，其子宫中睾酮水平会随之增加。但对于女性来说，兄长或姐姐的多少对她的性取向没有影响。

性身份认同与性取向有关。性身份是指引导个体性行为的个人特质、自我知觉、价值观念、态度表示和选择偏爱的集合。但大部分同性恋者对于自身的生理性别是认同的，只有少部分极端者性别认同存在问题，希望自己成为变性人。

三、自慰行为与应对

（一）自慰行为问题

自慰是人类正常的生理现象，在大学生群体中也不罕见，尤其在男性群体中普遍存在。然而有很多网络媒体的内容极力夸大了自慰的危害，如将矮小、青春痘甚至学习成绩差等都归结为受自慰的影响。这样就在无形中使本来固有的缺陷与自慰行为建立了联结。再加上传统道德舆论对自慰固有的批判态度，很容易使人因自慰产生强烈的自责、自卑、负罪感等负面情绪。

在某个个案研究调查中，一位大一男生自述自己有频繁自慰的行为。一直为自己的自慰行为感到不安，直到看到贴吧上对自慰危害的宣传，产生了更加强烈的恐惧和后悔情绪，并认为自己生理上的缺陷(如青春痘、身材矮小等)都是因为频繁自慰，认为自己受到了"淫邪果报"。这越来越严重地影响他的日常生活，他开始出现明显的强迫症状。例如，强迫性回忆自己的自慰史，并产生强烈的自责、懊悔情绪，甚至导致无法专心听课，学习成绩严重下降。看到班里的女同学或校园里的女生，就会强迫性地产生性幻想，同时更加加重了自慰的频率，发展成自慰过度。他为自己控制不住性幻想和自慰行为而苦恼不已。在寻求心理援助时,已经产生了强烈的自卑心理,不敢与异性接触,学业、生活及人际关系都受到了严重影响。

(二) 应对:科学认识自慰的影响,及时寻求正规心理干预

大学生群体因为本身对性知识(包括自慰等)的模糊认识,很容易受到一些网络媒体内容的误导。

首先,科学认识自慰行为,有关性知识的来源应该是正规的网络平台或者科学研究的权威平台,而不是网络上泛滥的各种贴吧。就如上述案例中的男生,因为受到贴吧内容的影响,本来的不安转变为更加严重的焦虑,进而将对自己外表的不满转移到了对自己自慰行为的后悔自责情绪中,甚至每次产生自然的生理需求时,虽然极力忍耐不去自慰,但由于贴吧内容的影响,他已经处于一种焦虑状态,进而导致忍耐失败。事后又会联想到贴吧的内容,进而再次扩大焦虑情绪,形成了恶性的条件性情绪反射:自慰需求—焦虑—自慰行为—焦虑加重—强迫思维—自慰行为……

其次,在发现自己出现因自慰带来的心理困扰时,应及时求助于正规心理机构,接受心理干预。例如,对于上述案例中的学生出现的恶性条件性情绪反射,单纯地告诉他,科学证明适度自慰是无害的,已经不能解决他的困扰了。这种恶性条件性情绪反射是一种潜意识行为,即使知道是不正常的心理现象,也很难单凭认知的改变而调整思维形式。最终,案例中的学生接受了元认知干预,经过 6 次咨询终于恢复了正常生活,上课不再胡思乱想,与异性相处时偶有羞涩,但学业和人际关系已明显改善。

四、不安全性行为与应对

(一) 不安全性行为问题

性行为最初的目的是传宗接代,并获得性满足,是一种为了达到生殖目的而采用的生物手段。但随着避孕技术的进步,性交与生殖逐渐分离。有研究发现,现代社会大部分性交行为是为了满足生理和心理上的需要而发生的,是为了生活上的享受而发生的,是为了向配偶(其他)表达亲近且私人性的情感而发生的。处在青春期的大学生群体可以说是主动活跃的性行为群体。

大学生群体由于缺乏性和疾病的相关知识,在性行为活动中往往会忽略保护措施,甚至对于性知识一知半解,自以为然地采取一些无效的保护措施。这将会导致很多问题出现,如生理上的意外怀孕,感染性病、艾滋病等,社会关系上的父亲未知以及经济问题等。

很多大学生最常用也很自信的避孕方法就是安全期避孕,安全期避孕确实是一种避孕方法,也叫自然避孕法,即不使用任何药物和工具以及手术的方法。民间也有前七后八的说法,分别指月经之前 7 天和月经之后 8 天(从月经来潮的第一天算起)不会排卵,是相对安全的性生活时期。但具有多年临床经验的妇产科医生告诉我们,这种说法只针对月经非常规律且月经周期为 28~30 天的女性而言。对于月经周期过短的女性,这个"后八"是绝对不靠谱的。女性的月经周期各不相同,短至 21 天、长达 37 天都属于正常的生理期范围,

但不管月经周期多长,排卵的日期都是相对固定的,一般发生在下次月经前的 14 天。卵子排出卵巢后能存活 1~2 天,受精能力最强是在排卵后 24 小时,精子在女性生殖道能够存活 3~5 天,所以,排卵前后 4~5 天都被认为是易受孕期。如果女孩子的月经周期是 27 天,那么排卵日应该在第 13 天,月经后第 8 天如果有性生活,此时进入女性体内的精子最长能够存活 5 天,正好在强弩之末的前夕等到排卵,就可能怀孕。相比"后八","前七"还是相对安全的。卵子一旦排出,最多存活 1~2 天,如果女性能通过测量基础体温准确观测到排卵,可以说排卵后两天直到下一次月经之间的 12 天是安全期。但是,仍然有可能怀孕,因为女性随时可能发生意外排卵。所以,理论上根本就没有绝对安全的安全期。

(二)应对:减少非婚性行为,接受科学性教育,做好安全措施

为了恋爱双方的安全和身心健康考虑,大学生在进行非婚性行为时,一定要做好防护措施,选择安全、有效的避孕措施。比如,男用避孕套(成功率 80%~98%),或者口服避孕药(成功率 99.9%)。如果身体出现症状,一定不能讳疾忌医,要积极配合医生,并及时告知监护人。

当然,如果能做到克制己身,是最安全的。学生在大学阶段虽然已步入成年,但是其身心都不够成熟,还不能对这种涉及生命的问题理性应对。一旦处理不好,甚至可能对彼此的身心造成永久的伤害。对女生而言,风险极大,不仅损伤身体,还会造成心理阴影;对于男生而言,可能身体伤害的风险小些,但也同样会对其心理造成创伤。所以,大学期间的恋爱如果能够做到以精神恋爱为主,并相互鼓励、相互陪伴,以此为共同前进的动力是最好的。

【案例 5-2】

他想要碰我

"可能比较难受的一点,就是他会想要碰我,就是他会希望和我有更多肢体上的接触。有时候我去他家玩,他就会想要和我发生肢体上的接触吧。"一位女生在接受访谈时如此谈到她和男友在性方面的分歧,这让她很苦恼。

【案例分析】性的需求是正常的生理需求,青春期男生的性要求尤为强烈;而对于女生而言,这却是危险因素,如果没有足够的性保护意识,女生需要承担生育风险,对此的排斥度也高于男生。

【建议】大学生恋爱双方在相处时要彼此尊重,其中一个重要的体现就是在性方面要双方自愿,并且要做好科学有效的保护措施。

思 考 题

1. 如何正确处理恋爱中的性问题?
2. 大学生在恋爱中应如何做好自我保护?

第六章
情绪管理与心理健康

　　情绪渗透于人类的所有活动中。情绪就像我们心理上的"保安系统",当我们的身心受到威胁时,这个"保安系统"就会发出相应的"警报"信号。情绪又像"发动机",愉快、自信、感激、关怀等"动力性情绪"能够形成能量,推动人们的各种活动;而忧郁、悲伤、恐惧等"消耗性情绪"能够耗费能量。我们也可以将情绪看作一条地毯,全看自己喜欢哪种色彩,进去编织出不同的生活。此外,情绪还具有"化学作用",人与人的交往中,不同的情绪交织在一起,会产生不同的关系。本章从情绪概述、大学生情绪特点、大学生情绪情感问题的常见原因以及大学常见的情绪困扰和情绪管理等方面进行介绍,以期帮助大学生成为情绪的主人,为其美好的大学生活提供支持。

【学习目标】

1. 了解情绪的概念及类型。
2. 掌握大学生情绪情感问题的常见原因。
3. 重点掌握情绪的表达方法,以及控制和化解"消耗性情绪"的方法。

内容导读

　　1. 大学生是社会上富有朝气、充满活力的群体之一。随着社会竞争的日益激烈,大学生在不断进行变革以适应社会,使得大学生面临的学习、生活、情感和就业压力明显增大,随之而来的就是各种情绪问题。

　　2. 了解情绪健康知识,提高情绪智力,掌握自身的情绪,学会恰当地表达情绪,能够帮助大学生更好地认识自己、适应环境、健康生活。

案例导入

【案例6-1】

"坏脾气"与钉子

一个"坏脾气"男孩的父亲给了男孩一袋钉子,并告诉他,当他想发脾气的时候,就钉一个钉子在后院的围篱上。第一天男孩子就钉下了 40 个钉子。慢慢地,男孩可以控制他的情绪,不再乱发脾气,所以每天钉下的钉子也跟着减少了,他发现控制自己的脾气比钉下那些钉子来得容易些。终于,父亲告诉他,现在开始每天当他控制住自己的脾气的时候,就拔出一根钉子。

一天天过去,男孩终于把所有钉子都拔出来了。他的父亲牵着他的手来到后院,告诉他说:"孩子,你做得很好。但看看那些围篱上的那些坑坑洞洞,这些围篱将永远不能恢复从前的样子了,你生气时所说的话就像这些钉子一样,会留下难以弥补的疤痕。"

【问题聚焦】什么是"坏脾气"?男孩"坏脾气"是如何形成的,与哪些因素有关?应该如何正确表达"坏脾气"?

第一节 情绪概述

美国心理学家詹姆斯·W. 卡拉特(James W.Kalat)认为,情绪是心理学领域的核心。

一、情绪的概念

19 世纪以来,心理学家对什么是情绪进行了长期深入的研究。认知心理学关注情绪如何影响人的思维过程和决策行为,社会心理学主要研究情绪如何影响人的社交关系,临床心理学通过研究情绪来帮助人控制有害的或者功能紊乱的情绪。虽然对情绪的定义各有千秋,但情绪总体上包含主观体验、生理唤醒和外部表现三种成分。

(一)主观体验

情绪的主观体验是人的一种自我觉察,即大脑的一种感受状态。人们对不同事物会产生许多不同的主观感受,如考试失败时的悲伤、恋爱时的喜悦、朋友背叛时的愤怒等。这些主观体验只有个人的内心才能真正感受到或意识到不同,如高兴和恐惧的内在感受不同,痛苦和愤怒的内在感受不同。

(二)生理唤醒

人在情绪反应时,常常会伴随着一定的生理唤醒,如激动时血压上升、愤怒时浑身发抖、紧张时心跳加速、害羞时满脸通红等。脉搏加快、肌肉紧张、血压升高及血流加快等的生理变化,是一种内部的生理反应过程,常常是伴随不同情绪产生的。

(三) 外部表现

情绪作为一种内心体验,一旦产生,通常会伴随相应的非言语行为(包括面部表情、姿态表情和语调表情等),在人类交往活动中起着非常重要的信息表达作用。不同的情绪状态会引起面部、眼睛周围及口周肌肉变化,使得面部表情成为情绪交流的重要途径。身体的运动和手势、步态等姿势也传达着特定的情绪信息,如悲伤失落时垂头丧气、抱头痛哭,高兴时会捧腹大笑、手舞足蹈等。语调表情是人们通过声调、节奏变化来表达的,如言语中的语调高低、强弱、语速等。当一个人在恐惧的时候,其语速会增快、音量变小,这与交感神经的激活导致心率、血压及某些肌肉的紧张度增高有关。

二、情绪的分类

长期以来,关于情绪的分类说法不一。我国古代有喜、怒、忧、思、悲、恐、惊的七情说;Ekman 将基本情绪对物种进化产生不同意义、能够不断发展与完善且具有跨文化一致性等作为评判标准,将喜悦、悲伤、恐惧、愤怒、厌恶、吃惊、鄙视等 7 种情绪归类为基本情绪;美国心理学家普拉切克(Plutchik)认为,基本情绪是物种进化及生存斗争的产物,将快乐、悲伤、恐惧、愤怒、讨厌、惊奇、相信、警惕等 8 种情绪作为人类的基本情绪。

(一) 基本情绪分类

虽然情绪类别很多,但一般认为,人们普遍存在着四种基本情绪,即快乐、悲哀、愤怒和恐惧。

1. 快乐

快乐是指一个人盼望和追求的目的达到后产生的情绪体验。由于需求得到满足,愿望得以实现,急迫感和紧张感解除,快乐随之而生。快乐有强度的差异,从愉快、兴奋到狂喜,这种差异与所追求的目标对自身的意义以及实现的难易程度有关。

2. 悲哀

悲哀是指失去心爱的事物时或者理想、愿望破灭时产生的情绪体验。悲哀的程度取决于失去的事物对自己的重要性和价值。悲哀时带来的紧张的释放会导致哭泣。当然,悲哀并不总是消极的,它有时能够转化为人前进的动力。

3. 愤怒

愤怒是指所追求的目的受到阻碍、愿望无法实现时产生的情绪体验。愤怒时紧张感增加,有时不能自我控制,甚至出现攻击行为。愤怒有程度上的区别,一般的愿望无法实现时,只会感到不快或生气,但当遇到不合理的阻碍或恶意的破坏时,愤怒会急剧爆发。这种情绪对人身心的伤害也是明显的。

4. 恐惧

恐惧是企图摆脱和逃避某种危险情境而又无力应对时产生的情绪体验。所以，恐惧的产生不仅仅是由于危险情境的存在，还与个人排除危险的能力和应对危险的手段有关。一个初次出海的人遇到惊涛骇浪或者鲨鱼袭击会感到恐惧无比，而一个经验丰富的水手对此可能已经司空见惯、泰然自若。婴儿身上的恐惧情绪表现较晚，可能是与婴儿对恐惧情境的认知较晚有关。

人类这些最基本的情绪与动物的情绪表现有本质的不同，因为人的生理性需要打上了社会的烙印，人们不再茹毛饮血，满足吃、喝、住、穿、行的需要，也会考虑适当的方式和现有的社会条件。

（二）情绪状态分类

情绪状态是指在一定生活事件的影响下，一段时间内各种情绪体验的一般特征表现。根据情绪状态的强度、速度和持续时间分类，可将情绪分为心境、激情和应激。

1. 心境

心境是一种微弱、平静和持久的情绪状态，具有弥散性和长期性。所谓弥散性，是指当人具有了某种心境时，这种心境表现出的态度体验会朝向周围的一切事物，如生活中人们常说"人逢喜事精神爽"，通常指发生在一个人身上的一件喜事让他很长时间保持着愉快的心情；但有时候一件不如意的事也会让他在很长一段时间内忧心忡忡，情绪低落。这些都是心境的体现。古语中说，"忧者见之而忧，喜者见之而喜"，人们对同一种事物的不同心境，这是心境弥散性的表现。心境的长期性是指心境产生后要在相当长的时间内主导人的情绪表现，有时甚至成为人一生的主导心境。例如，有的人一生历尽坎坷，却总是豁达、开朗，以乐观的心境去面对生活；有的人总觉得命运对自己不公平，或者觉得别人对自己不友好，总是保持着抑郁愁闷的心境。

心境的产生与内外部环境密切相关。人们所处的外部环境，如生活中的顺境和逆境、工作与学习上的成功和失败、人际关系的亲与疏、个人健康的好与坏、自然气候的变化等，都可能产生某种心境。心境还与人的世界观、人生观、价值观有联系，如一个有高尚的人生追求的人会无视人生的失意和挫折，始终以乐观的心境面对生活。

心境作为一种生活的常态，对人们的生活、工作和健康都有很大的影响。积极良好的心境可以提高学习和工作效率，帮助人们克服困难，保持身心健康；消极不良的心境则使人意志消沉，悲观绝望，无法正常工作和与人交往，甚至导致一些身心疾病。所以，保持一种积极健康、乐观向上的心境对每个人都有重要意义。

2. 激情

激情是一种爆发强烈而持续时间短暂的情绪状态。人们在生活中的狂喜、暴怒、悲痛欲绝和惊慌失措等都是激情的表现。与心境相比，激情维持的时间一般较短暂，但强度上更大，情境性更明显。

激情具有爆发性和冲动性，同时伴随着明显的生理变化和行为表现。当激情到来的时候，大量心理能量在短时间内积聚而出，如疾风骤雨般使得当事人失去了对自己行为的控制力。《儒林外史》中的范进听到自己金榜题名，狂喜之下，竟然意识混乱、手舞足蹈、疯疯癫癫；有些人在暴怒之下双目圆睁、咬牙切齿，甚至拳脚相加。但这些激情在宣泄之后，人很快会平息下来，甚至出现精力衰竭的状态。

激情常由生活事件所引起。那些对个体有特殊意义的事件会导致激情，如考上大学、找到满意的工作等；出乎意料的突发事件会引起激情，如偶遇多年未见的青梅竹马，常会欣喜若狂；违背个体意愿的事件也会引起激情，如春秋战国时期的伍子胥过昭关，因担心被抓回楚国，父仇不能报，一夜之间竟然愁白了头。可见，不同的生活事件会引起不同的激情。

激情对人的影响既有积极的，也有消极的。一方面，激情可以激发人内在的心理能量，成为行为的巨大动力，提高工作效率并有所创造。例如，运动员在报效祖国的激情感染下，敢于拼搏，勇夺金牌；画家在创作中，尽情挥洒，浑然忘我。另一方面，激情具有很大的破坏性和危害性。

激情爆发引起的生理变化和行为表现常十分明显，如青少年任性而为，不计后果地冲动犯错，对人对己都会造成损失；激情也可以使人肌肉痉挛、意识狭窄，甚至休克。所以，在生活中应该适当地控制激情，多发挥其积极作用。

3. 应激

应激是出乎意料的紧张和危急情况打破了有机体的平衡，或者超出了个体的负荷能力引起的情绪状态。例如，在日常生活中突然遇到火灾、地震或参加比赛、考试、重大疾病的确诊等，无论是天灾还是人祸，这些突发事件常常使人们在心理上高度警醒和紧张，并产生相应的、强烈的生理和行为反应，这都是应激的表现。

人在应激状态下，身体会自发调动体内全部的能量，以应对紧急事件和重大变故。加拿大心理学家塞里(Seley)认为，机体的这种自我防御机制称为"一般适应综合征"，其具体过程是：紧张刺激作用于大脑，使得下丘脑兴奋，肾上腺髓质释放大量肾上腺素和去甲状腺素，从而大大增加通向体内某些器官和肌肉处的血流量，提高机体应对紧张刺激的能力。整个应激的生理反应过程可分为三个阶段：①警戒，有机体通过自身生理机能的变化和调整做好防御性的准备；②阻抗，借助呼吸心率变化和血糖增加等调动内在潜能，应对环境变化；③衰竭，刺激不能及时消除，持续的阻抗使得内在机能受损，防御能力下降，从而导致疾病。

虽然有关应激的生理反应大致相同，但受个人的能力、素质以及平时的训练和经验积累等因素的影响，每个人的外部表现可能有很大差异。积极的应激反应表现为沉着冷静、急中生智、全力以赴地排除危险、克服困难；消极的应激反应表现为惊慌无措、一筹莫展，或者做出错误的行为、行为慌乱，从而加剧了事态的严重性。

应激反应能力可以通过心理和行为训练得到提高。例如，严格的军事训练可以提高军人在真实战斗中的应激能力；接受防火演习和救生训练，可以帮助人们正确、及时地逃生和救人。

三、情绪表达

情绪表达是个体情绪的外在表现。人类的情绪表达方式多种多样。表情是人们识别他人情绪的重要线索,是人际交往的重要工具。

(一) 情绪表达的特点

对人类而言,情绪表达方式虽然多种多样,但大部分都具有普遍性、差异性等特点。

1. 情绪表达的普遍性

达尔文认为,人类的情绪表达是从其他动物那里进化而来的,人们表达情绪的原始方式具有某些生存价值的遗传模式,具有普遍性。例如,查尔斯·达尔文和克洛伊泽考察了婴儿和儿童的面部表情,发现哭、微笑、大笑这三种不同的情绪表达行为早在儿童时期就表现出来了,即两岁前的儿童就显露出成人的情绪表达行为的全部表现及其特征。大量的证据表明,用来表达高兴、惊奇、愤怒、厌恶、害怕、悲伤和轻蔑等 7 种情绪的表情可以在全世界被识别出来,说明了表情具有跨文化的相似性。

2. 情绪表达的差异性

情绪的表达因个体的社会化过程而呈现差异。我们在不同的社会生活、家庭环境中习得了不同的情绪表达规则,即依不同文化而控制自己表情的规则,也就是某人能够向谁表现何种情绪以及在何时表现。受到内敛、含蓄的中国传统文化思想的影响,我们有时候会弱化、隐藏或掩饰表情中流露的情绪,表现出笑不露齿、喜怒不形于色等。例如,在许多公众体育比赛中,大多数失败者不会轻易地流露出自己沮丧和失望情绪。

(二) 情绪表达的方式

情绪的表达是个体将内心体验和态度经由行为表露于外,用于显现其内心感受。在人际交往时,个体之间都在不断地表达情绪,同时试图理解对方表情背后的情绪状态。社会性交往需求以及人际交往能力受到个体情绪表达的认知和调控能力的影响。研究发现,不恰当的情绪表达是引起人际冲突的重要原因,只有人与人之间的情绪表达方式、内容达成了共识,才能完成有效沟通。学习并理解人与人之间的情绪表达方式,对建立良好人际关系十分重要。根据不同维度,情绪表达方式可以分为乐于表达和抑制表达、语言表达和非语言表达等。

1. 乐于表达与抑制表达

按形式分类,情绪表达可分为乐于表达和抑制表达两类。研究表明,情绪表达与幸福感有密切关系,乐于表达情绪的人有更多的快乐、更少的焦虑,善于表达情绪会降低抑郁发生的概率。相反,抑制表达情绪会对人际关系产生负面影响,对个体的主观幸福感有显著的负向预测作用,如抑郁的青少年更倾向于抑制表达情绪。换句话说,当个体产生某种情绪体验时，如果情绪表达不能顺利实现，则会对个体的身心健康产生有害的影响。因此，适当的情绪表达被认为是个体心理健康的标志之一。

但是，"表达是好的，不表达是不好的"，这种简单地将情绪表达与身心健康建立线性关系的观点是错误的。因为，"敌意的表达"和"过于压抑、控制的表达"一样有损于健康，如频繁的愤怒情绪表达会损耗个体的幸福感、社会功能和身体健康。由此可见，情绪表达的结果与选择表达的性质（积极、消极、中性）有关，情绪表达的性质是影响其结果的重要变量，对于同一情绪表达行为来说，表达性质不同会对个体心理健康、幸福感等造成不同的影响。

2. 语言表达和非语言表达

生活总是伴随着各种情绪，得失、顺逆、荣辱等情境都会诱发人们的情绪体验。生活中，情绪的表达方式可分为语言表达和非语言表达两类。前者指各种言语的表达方式，后者则包括面部表情、语音语调和手势变化等表达方式。

语言表达是人类相互交流思想、分享经验和传达感情的重要手段。语言是个体调节情绪的重要工具，而情绪性的语言谈论和表达对个体的情绪体验与行为有着重要的调节作用。人们可以通过语言进行自主的对话、与他人交流来宣泄自己的情绪。"将情感转化为语言"(putting feeling into words)一直被认为是调节消极情感体验的有效方式之一，也称为"谈话疗法"(talk therapy)，这种方法的核心思想是，谈论自我的情感体验和情感问题是降低消极情感事件影响的最有效途径。近年来的研究表明，让被试者与他人谈论，甚至仅仅是拿起笔将自己的情感挫折写在纸上都有益于身心健康。

非语言表达是重要的情绪表达方式。个体的情绪往往是不为当事人意识所控制的，所以个体对经由非语言表达的情绪常不自知。从发生学的角度看，非语言表达是最早的情绪交流方式，如人类婴儿出生时，还不具备清晰的语言表达能力，哭闹则成为婴儿最常用的方式，随着婴儿的成长，表情成为婴儿越来越重要的一种情绪表达方式，高兴了就笑，不舒服了就哭。

在日常人际交往中，语言和非语言的情绪表达方式都很重要。恰当的情绪表达方式与良好的人际关系彼此联系、相互影响。

第二节　大学生情绪特点

每个人都会有情绪体验。大学生的情绪体验是大学生对外界世界正常的心理反应。目前我国在校大学生主要是以00后为主的大学生群体，其身体和心理都处于成长的高峰期。当代大学生受到特定时代的环境影响，有着独特的心理及情绪特点。

【案例 6-2】

情绪智力的软糖实验

实验人员把一组 4 岁儿童分别领入空荡荡的大房间，只在一张桌子上放着非常显眼的东西——软糖。这些儿童进来前被告知，允许走出大厅之前吃掉这颗软糖，但如果能坚持走出大厅之前不吃这颗糖，就会有奖励，能再得到一块软糖。结果当然是两种情况都有。专家们把坚持下来得到第二块软糖的儿童归为一组，把没有坚持下来只吃一块软糖的儿童归为另一组，并对这两组儿童进行了 14 年的追踪研究。结果发现，那些向往未来而能克制眼前诱惑的儿童，在学业、品质、行为、操守方面，与另一组相比有显著优越的表现。这说明，决定人生成功的因素并非只有传统所言的智商，情绪智力对个人成功也有着极为重要的影响。

【问题聚焦】 何为情绪智力？情绪智力主要与哪些因素有关？

一、大学生情绪智力特点

情绪智力(emotional intelligence, EI)是由美国耶鲁大学的 Peter Salovey 和新罕布什尔大学的 John Mayer 教授于 1990 年正式提出的，用来评估个体识别、监控自己和他人的情绪情感，以指导自身思维和行为的能力。

情绪智力可以划分为情绪觉察、情绪表达、情绪理解和情绪调节等四个维度。情商是情绪智力的数值表现。通过对情绪智力的测量发现，当代大学生情绪智力的发展存在性别差异和年代效应两大特征。

(一) 情绪智力的性别差异

我国学者卢家楣等人 2016 年在全国部分地区进行《大学生情绪智力情境问卷》的大规模调查研究发现：当前我国大学生的情绪智力总体水平尚可，但在情绪表达维度上，男生的情绪表达水平高于女生。这或许可以部分解释传统观念讲究的"女性矜持论"，即女生在情绪表达方面通常比较含蓄、内敛，男生则能够更大胆、直白地进行情绪表达。

(二) 情绪智力的年代效应

学者在对我国大学生情绪智力的发展变化的探索中发现，我国大学生自评的情绪智力得分随着年代的发展而逐渐呈现两极分化的趋势。这可能与时代发展伴随着生产力水平和科技水平的提高有关。随着网络技术的发展、各类数码便携产品的更新迭代，不少作为"资深网民"的当代大学生花费大量时间和精力在网络活动上(包括网络游戏、网络社交等)，线下面对面社交能力可能因此下降。

(三) 情绪智力的影响因素

当前大学校园内因人际关系问题而引发的校园事件逐渐增多,大学生未能准确地感知、理解自己与他人的情绪情感,容易选择错误的方式处理问题,最终导致两败俱伤的后果。可见,情绪智力直接影响着人际关系问题的处理方式与人际水平的维持。大学生情绪智力的发展水平参差不齐,主要受自我认知、家庭教养方式、社会发展等方面的影响。

自我认知,即对自我的认识与了解,包括准确感知与评价自我,了解自身各方面的能力,对与自我相关的问题能够做出正确的抉择等。大学阶段是大学生个体从青春期向成年期转变的过渡阶段,大学生的思想、学习、生活等方面逐步转变,但部分大学生存在自我认知的偏差,或自命不凡,或自卑不已,易对自我以及他人的一些情绪、情感与行为产生误解,从而能导致人际矛盾冲突的产生。

父母教养方式是指在家庭生活中发生的,以亲子关系为中心,以培养社会需要的人为目的的教育活动。研究发现,在成长教养过程中,积极的父母教养方式与大学生的情绪智力水平呈显著正相关,即父母给予子女的支持程度越高,如更多的关心、共情与谅解等,对促进子女的情绪智力发展、提高其情绪感知与调节能力、促进其和谐的人际关系建立等方面越有利。反之,父母以消极、否定的态度教养子女,将使得子女对于亲子依恋关系产生不确定性,可能对其情绪智力产生负面影响,常导致其无法准确地感知、表达情绪,阻碍其人际交往水平的发展。

随着社会发展的开放化、国际化,人们的思想、价值观呈现多元化。市场经济的高速发展使得社会竞争日益激烈。与此同时,西方社会的享乐主义、个人主义和拜金主义等价值观也"乘虚而入",对当代大学生形成了最直接的冲击与渗透,使得部分大学生精神空虚、急功近利,陷入浮躁焦虑之中。这些都会影响大学生对自我与社会的认知,容易产生负面的情绪情感体验,也影响着大学生情绪智力的发展,造成人际关系困扰。

总之,情绪智力的培养对个体的人格健全发展至关重要。在现实生活中,大学生需要不断提高自我修养,培养良好的人格品质,营造健全的亲子关系,掌握健康的减压方式,促进情绪智力的发展。

二、大学生情绪情感特点

正值青春期的大学生带着书生意气,生理发育已趋成熟,但心理成长正经历着急剧的变化,受这类因素影响,大学生将在情绪情感上有非常明显的表现,呈现出脆弱性、空虚性、波动性和虚拟性等特点。

(一) 脆弱性

大学生作为一个特殊群体,正处于人生发展的关键时期,思想观念还不成熟,情绪情感脆弱。这表现为在外界轻微刺激下,甚至不存在明显的外界因素的影响下,大学生的情绪情感很容易发生波动。例如,他们会因为细小的事而动感情,伤心、流泪、痛哭,并难以控制,甚至做出过激的行为。大学生的心理韧性较差,这给大学生心理健康发展带来了不良的影响。

(二) 空虚性

相比高中时代的包罗万象、被动式学习状态,大学期间的学习更强调专业化、主动式的探索。大学生对于合理安排自己的生活和学习常感到手足无措,在迷茫困顿中产生了生活的无意义感和空虚感。一些大学生甚至发出"人活着为了什么?""生活的目的是什么?"的感叹,或是将"空虚""无聊"和"郁闷"作为口头禅,在生活中表现出懒惰、颓废等不良行为。部分大学生为了摆脱情绪情感的空虚,将自己的注意力转移到网络的虚拟世界中,沉迷于网络游戏、网络聊天、网络视频以及网络购物等。这种情绪情感易空虚的问题严重影响了大学生的身心健康。

(三) 波动性

大学生的情绪具有丰富性和复杂性。日本心理学家依田新指出,青年处于儿童和成人之间的中间世界,所以内心动摇大,情绪的紧张程度一般较高,对很小的刺激也容易引起强烈的情绪反应:一时陷入被打败似的痛苦里,一时由于有希望而昂首挺胸,一时又由于失意而俯首顿足。情绪的波动性,是青年时期人心理的一个特征。

(四) 虚拟性

马克思说过:"人的本质不是单个人所固有的抽象物,在其现实性上,它是一切社会关系的总和。"互联网具有的开放性和虚拟性的特点,有利于大学生拓宽人际交往范围,构建丰富的人际关系网络。但是,交友观尚未健全的大学生容易沉浸在网络情感交流和体验之中,甚至把网络平台视为主要的情感交流途径,忽略了现实生活中的情感交流,造成虚拟空间情感与现实情感的脱离。长此以往,一些大学生便会对网络产生依赖,把情绪情感寄托于网络的虚拟世界中,缺乏与现实社会的联系,与周围人的情感交流也日渐淡漠,逐渐脱离现实生活,不利于他们的健康成长。

第三节 大学生情绪情感问题的常见原因

主观因素和客观因素都可能引发大学生的过度情绪反应,导致情绪失常和情绪障碍。

一、主观因素

明确大学生情绪情感问题的主观因素,对于自我认知和自我调整有所帮助。大学生情绪情感问题的常见主观因素有自我评价偏差、人际适应不良、个人特长匮乏和受挫能力差等。

(一) 自我评价偏差

在大学生活中,学习、参加活动、同性和异性朋友之间的感情、就业等话题会一直伴随着大学生。当大学生自身不能调节外界因素导致的挫折时,会对自己做出负面主观的自我评价。

(二) 人际适应不良

大学和中学不一样,学生会面对各种问题,压力也随之增加。有些自觉性较差的学生,在没读大学前的学习需要教师监督、家长严管,只有在教师或父母的帮助下才能够做好,一旦脱离了教师或父母,就任意放纵自己,有的甚至颓废,这类学生内心比较脆弱,缺乏生活经验,和同学之间的沟通交流也会遇到一定的障碍,比较容易出现心理问题。还有一些性格内向的学生,缺乏和他人的交流,做事总爱特立独行,没有朋友,遇到心理问题或困难时没有人倾诉,这些都属于人际适应不良。

(三) 个人特长匮乏

大学是一个锻炼自己快速成长的地方,大学生有的擅长表演,有的擅长体育,有的擅长演讲等,这些大学生往往受同学欢迎。那些既没有业余爱好也没有其他特长的大学生,就较容易产生消极情绪,往往会对自己做出一些较负面的评价,因此更容易产生情绪困扰。

(四) 受挫能力差

心理素质的好坏很大程度上是由受挫能力决定的。自卑心理并不是与生俱来的,人的心理素质的好坏多数是后天因素导致的。心理素质好的人内心较强大,外界环境的变化刺激很难对其形成干扰。而心理素质差的人恰巧相反,有些大学生自小娇生惯养,没有经历过太多挫折,上大学后,没有了父母的帮助,在学习和生活上达不到自己的理想状态,一旦遇到失败,就很难走出来。

二、客观因素

自我体验是情绪的重要成分,但人具有社会属性,情绪很容易受到外界客观因素的影响。大学生的情绪情感问题与家庭因素、校园因素等客观因素息息相关。

(一) 家庭因素

1. 家庭经济因素

家庭经济因素容易引发大学生的自卑心理。家庭经济因素能够影响孩子的世界观、人生观和价值观。尚未建立良好价值观的大学生,当家庭经济不能够满足其需求时,常因虚荣心作祟,很容易产生自卑心理。

2. 家庭情感因素

家庭情感因素也容易引发孩子的自卑心理。研究发现,童年有家庭暴力经历、单亲家庭、缺乏父母关爱的大学生，更容易导致其内心的脆弱，当各种冷漠、讥讽、打骂等不被尊重的遭遇降临到他们身上时，更容易陷入极深的自卑世界。一个人无法选择父母，但可以改变自己对父母的态度。作为大学生，应该积极看待家庭关系，促进家庭和谐，为自我发展营造良好的身心成长环境。

（二）校园因素

随着素质教育的发展，人们越来越重视对德、智、体、美、劳全面发展人才的培养，其中，德育、智育、美育为心理层面的教育。在教育中，最高的境界就是"润物细无声"的渗透性教育。良好的校园物质环境和人文环境的营造可以让学生在潜移默化中受到教育和熏陶，促进学生身心健康发展。

(1) 创新的校园自然环境、良好的公共设施、和谐有价值的教室环境布置等，有助于学生身心放松与灵感的激发。反之，脏、乱、差的校园环境不利于学生紧张心理的缓解，压抑的环境将给学生的心理带来负性情绪体验。

(2) 良好的校园人文环境是学生心理健康的重要保证。宁静优雅、干净温馨的教室有助于师生和谐交流，学校应当充分发挥校园墙报、标语、板报宣传栏的宣传和激励作用，促进学生心理健康的良好发展。

营造和谐的校园物质环境和人文环境是为学生的全面发展提供了最佳的心理环境，产生"随环境潜入心灵"的渗透式影响，发挥环境对学生心理健康的积极作用。

第四节　大学生情绪困扰

当代大学生生活在我国改革开放的深度发展时期，对自身状况的满意度逐渐提高，表现出积极乐观的良好心态。但是，大学生正处于由青年期向成年期转变的关键期，面临一系列需要解决的人生课题，如专业知识的储备、智力潜能的开发、个性品质的优化、职业的选择与规划等，但大学生的心理发展尚未完全成熟，自我调节和自我控制能力还不够强，导致其在处理学习、人际交往、恋爱、挫折等问题时，内心常会出现冲突，带来焦虑、抑郁、自卑、失落等消极的情绪体验。

一、焦虑情绪

焦虑是由紧张、焦急、忧虑、担心和恐惧等感受交织而成的一种复杂的情绪反应，与精神打击以及即将来临的、可能造成的威胁或危险相联系，主观上感到紧张、不愉快，甚至痛苦和难以自制，并伴有出汗、颤抖、心跳加快等植物性神经系统功能失调。从焦虑的来源来看，大学生常见的焦虑有体象焦虑、学习焦虑和情感焦虑。

（一）体象焦虑

体象焦虑是指大学生对自身的外貌(如青春痘、雀斑等)、体型(如身高、体重等)所采取的负向态度、情绪及行为方式，会对大学生的心理健康产生重要影响。这类焦虑的产生多与自我认知有关，需要大学生调整自我认知，重新接纳自我，建立新的自我形象。

(二) 学习焦虑

学习焦虑是大学生在学习生活中产生的焦虑之一，由于学习策略、学习方法等方面都面临新的情况，从而导致新问题的出现，使得大学生对学习产生或多或少的焦虑，给大学生身心健康带来不利的影响。

(三) 情感焦虑

由恋爱挫折而引发的情感焦虑在大学生群体中也较为常见。大学生的社会阅历不足，思想单纯，情绪波动大，心理承受能力差，在异性选择过程中的疏远与亲密、决裂与恢复、拒绝与接受，相爱双方感情发展历程中的变幻起伏及同性间的竞争与挑战，都会给恋爱中的大学生带来一系列的心理冲突。一旦遭遇感情失败，他们就会因难以承受而灰心丧气、一蹶不振，表现出情感上的焦虑。

此外，许多大学生在人际交往中存在着社交焦虑。大学生思想活跃、精力充沛，人际交往的需要极为强烈，渴望得到他人的认可和接纳，渴望与他人建立和谐的人际关系。然而，在实际生活中，一些大学生由于性格内向、缺少人际交往的生活体验、缺乏自信心等，一旦交往受挫，便容易逃避现实、自我封闭，难以自拔，产生焦虑心理。

二、抑郁情绪

抑郁是大学生常见的心理问题，作为一种心境异常低落、不愉快的负性情绪状态，抑郁对个人的生活及社会均有不良影响。大学生处于青年期，心理状态还不够成熟，且面临着生活环境、人际关系的巨大转变，学校适应和学业压力导致他们更容易处于抑郁状态，常表现为持续的情绪低落、思维迟缓，对很多事物缺乏兴趣，并渴望独处。

抑郁常伴随认知的改变，可能是注意力不集中、记忆力衰退，也可能是心境转变，如消极地看待世界、自我和未来，而且很难回忆起美好的过去，习惯性责备自己，一度出现自卑心理。

三、自卑情绪

自卑是指个人由于某些生理缺陷或心理缺陷及其他原因(如注意力、记忆力、判断力、气质、性格、技能等欠佳)而产生的轻视自己，认为自己在某个方面或某些方面不如他人的情感体验。大学生自卑有以下类型：

(1) 敏感性自卑。一部分大学生对周围的人和事极其敏感，在乎自己在他人心目中的位置，而且经常因为一些小事而受到伤害。一方面，他们自我意识强，通常有自负心理，并且担心他人瞧不起自己；另一方面，由于自身的敏感性，他们对自己要求较高，把外人对自身的评价看得异常重要。

(2) 封闭性自卑。这类大学生一般有孤独感的体验。因为自卑，他们对周围环境极其敏感，畏惧和外人交流沟通，更愿意把自己封闭起来，通过规避的形式逃避现实，活在自己的内心世界中。

(3) 泛化性自卑。外界特定的一些事物或人会引起这类大学生的自卑感，但如果他们长时间处于这种不良的心理状态之中，就很可能出现这样的现象：特定的事物或人在某些方面也可能造成他们的自卑感。

(4) 掩蔽性自卑。掩蔽性自卑是指一个人的尊重需要与自卑感的关系是非常微妙的。例如，有的大学生受自卑感影响，在现实生活中表现为自我欣赏、自我夸赞，通过自我表现来掩盖歪曲了的自卑。

(5) 虚荣性自卑。家庭经济贫富差距大，大学生的攀比之风盛行，当自己想要的结果达不到期望值，当外界满足不了自己的心理需求时，一部分虚荣心较强的大学生就会产生一些负面情绪。

四、失落情绪

被拒绝，尤其是由恋爱被拒绝引起的失落情绪在大学生群体中屡见不鲜。自进入大学以来，大学生对爱情的憧憬日趋强烈，大学生的校园恋爱已成为普遍现象。但有些大学生由于自我认知不完善，对两性关系的认知不足，在恋爱中常常出现盲目跟风、感情纠葛、失恋等问题。

在人类的所有情感中，男性与女性之间的爱恋情绪体验是最不可控的一种。不愿主动地结束恋爱关系的学生，失恋时往往会体验到更强烈的被拒绝情绪，经常困惑于"他(她)为什么不爱我？""他(她)为什么离开我？""我哪里不好？"等问题。盖伊·温奇博士指出，拒绝可以造成4种不同的情绪创伤，分别是挥之不去的内心疼痛、愤怒和攻击性冲动、对自尊的伤害、对归属感的伤害。在被拒绝的失落情绪中，大学生常表现为失恋的内部归因，认为自己不值得被爱，进而在学习过程中出现注意力不集中、逃课等问题，陷入失落情绪中无法自拔。

国内外的研究表明，大学生心理问题的发生率为10%~30%。心理障碍已成为大学生休学、退学、死亡的主要原因，心理健康问题成为大学生健康成长的主要障碍之一，而由于情绪情感问题导致的心理健康问题尤为突出。因此，当代大学生应当学会感知自身情绪，努力为自己营造健康的生活环境，解决心理问题，走向阳光。

第五节　大学生情绪管理

情绪管理是指能够以一种积极乐观的心态去面对生活中的冲突与矛盾，以一种幽默、诙谐的方式去化解和调节自身的负面情绪，使自身情绪掌控在良好的心理状态下。

第六章
情绪管理与心理健康

　　大学生作为现代社会的特殊群体，是社会未来的栋梁之材，是行业未来的精英人士。然而，屡见不鲜的大学生悲剧一次次引发社会舆论，长久的负面情绪和心理问题成为困扰大学生的顽疾，这也是导致悲剧的直接原因。大学生的情绪管理是指大学生要学会正确地认识自我、发展自我，调整负面情绪，释放心理困扰，建立良好的人际关系，营造和谐的校园氛围，以促进大学生身心健康发展。

一、接纳情绪，体验感受

　　正确处理好自身的情绪是大学生拥有健康心理的关键。大学生要对自身情绪状态有充分的认知，学会悦纳、体验积极情绪和消极情绪。

　　首先，大学生要欣然接纳积极情绪，在成功时体验喜悦，在欢乐时享受快乐，在幸福时品味幸福。当别人肯定自己时，表达开心；当别人夸奖自己时，表达感谢，接纳他人的表扬，不必掩饰内心的美好情感。

　　其次，大学生更应该学习接纳各种消极情绪，在悲伤难过时就勇敢地经历痛苦、体验痛苦。人们经常把人的情绪比作一个水面，外界的刺激就像扔进水面的石子，会激起波纹，而个体受到事件的刺激，就会产生情绪。正所谓"欲以一波消一波，千波万波相继起"。人们试图消灭痛苦，就好比试图用手去抚平水面已有的波纹，结果只会导致波纹越来越多，负面情绪也会像水面的波纹一样，越来越严重。如果能够遵循情绪情感发生和消失的规律，不强行对抗负面情绪，而是面对、承认它的存在，负面情绪会慢慢自然消解。

　　接纳情绪也可以通过作业法实现。通过个人的心情日记记录自己每日或者每个星期的情绪状态，提高自我对于情绪的觉察，分析自身积极情绪和消极情绪出现的原因与机制，进而提高自身管理情绪的能力。

拓展阅读 6-1

正念疗法

　　正念疗法被广泛应用于治疗和缓解焦虑、抑郁、强迫、冲动等情绪心理问题。正念疗法强调三个要点：一是有意识、有目的地觉察；二是专注于当下，即当前这一时刻的情况；三是在觉察和专注当下的过程中，不做价值判断，也就是不去分辨"好坏"和"对错"。人们可以运用正念疗法中的关键概念来实现情绪管理。人们在面对情绪时，要避免压抑或逃避的态度，应当接纳情绪、观察情绪、拆解情绪，深挖各种情绪的根源，并提供切实可行的技巧，以便更好地调节情绪、驾驭情绪。

二、珍爱平凡，感知美好

　　珍爱平凡是指大学生应努力做一个充满正能量的人，珍爱日常生活中的平凡事情，积极定义平凡事情，把平凡事情转变成积极情绪。珍爱平凡在大学生良好人际关系中的效果特别明显。其实，在人际交往中，珍爱平凡就是真正理解别人传递的善意，认真感知他人的体贴与关心，并心怀感激。当你用语言或行动表达你的感激时，不仅提高了自己的积极情绪，而且提高了他人的积极情绪，增强了彼此的善意，巩固了彼此的关系。如果一个人对他人的恶语相向不予计较，就可以避免一些不必要的烦恼。

感知美好的过程就是从好事中寻找更好的意义的过程，也是培养从坏事中寻找好的方面的能力，最终强化美好的、弱化(转化)不美好的。

三、发挥优势，增强信心

哲学家苏格拉底曾经说过："认识你自己。"每个人身上总是有这样或那样的缺点，大学生应当清楚地认识自己的优势，扬长避短，这样才能提升自信，获得健康心理。

大学生应学会对自己的优缺点进行量化管理，重点记录自身优点的主观评价，适当记录他人对自身优缺点的客观评价，以寻找自身的闪光点。在日常的学生和生活中，大学生只有不断地寻找发挥自身优势的方法与途径，持之以恒地发挥自身的优势，增加自己的积极感受，这样提升积极情绪的效果才能长久。

大学生可以运用作业法来帮助增强自信。具体方法是开始先做自己感兴趣的、自己能够胜任的、更容易出成果的事情和任务，完成后自己的信心会不断得到提升。在简单的事或任务没完成时，不建议做一些难度较大或者风险高的事，随着成功的积累，逐渐建立起强大的自信后，再挑战更大的难事。此外，补偿法也可以很好地帮助大学生提高自信。当大学生意识到自己在某一方面存在缺失或是短板，可以通过自身的努力在其他方面做出卓越的成绩，以此使自己得到补偿，通过这样的方式可以让自己不断前进，心理学把它叫作"代偿作用"。

四、升华情绪，培养高级情感

升华自身积极情绪，培养高级情感是培养健康情绪的重要环节。高级情感是个体在特定的社会条件之下，自身需要与社会需要相契合的结果，表现为理智感、道德感和美感，反映了人们对于真、善、美的追求以及对于假、丑、恶的憎恨。大学生要升华自身积极情绪，培养高级情感，以克服自身的心理情绪问题。

首先，正确厘清自己和社会的关系是大学生培养高级情感的关键一步。大学生只有对自己有较全面而深刻的认识并且厘清自己与社会的关系，才能发现自己要做什么，社会要求什么，进而得知二者是否和谐。

其次，积极参与社会活动，加强经验学习有助于培养大学生的高级情感。高素质的大学生一定要做到德才兼备，有独立思考、明辨是非的能力。

最后，优化自身人格品质是培养高级情感的重要内容。不同人格品质的人对于外部世界的感知是不同的，一个具有热情、心胸开阔、乐于助人的个性品质的大学生往往更容易做自己情绪的主人，而一个吝啬、心胸狭隘、斤斤计较的大学生更容易被不良情绪左右。

五、注意转移，改善体验

每个人的注意资源都是有限的，大学生可以尝试将自己的注意力用到自己感兴趣的活动中。大学生可以适度参加体育运动或者培养自己的兴趣爱好，如乐器、舞蹈、书画、个人创作等。这些活动不仅能够让自己心情愉悦，还能够体现出自身价值，提升积极的情绪体验。虽然这些活动占据了少量的学习时间，但换来的是更高效的学习。

不良情绪的存在是一件极为正常的事情，但长期存在不良情绪会导致大学生消极地面对学习和生活，不利于大学生身心健康发展。因此调节不良情绪对大学生而言意义重大，一方面，大学生自身要改变不良习惯，树立正确的理念；另一方面，教师和家长也应科学地采取一系列的正确策略，帮助大学生应对不良情绪，更加积极地享受多姿多彩的大学生活。

拓展阅读 6-2

生活就是战斗

张厚粲先生，国际著名心理学家、教育家，北京师范大学教授，博士生导师，生于 1927 年 4 月，2022 年 12 月逝世。张厚粲先生 1948 年毕业于辅仁大学心理学系并留校任教，1952 年进入北京师范大学工作至今。她一生教书育人、治学严谨、求实创新、胸襟坦荡，将毕生精力奉献于中国心理学事业和教育事业，是中国现代心理测量、考试研究、汉字认知与阅读研究的奠基者和开拓者，培养了大批优秀人才，践行了心理学服务国家发展的宗旨，引进了认知心理学，推动了中国与国际心理学的融合，为中国和国际心理学的发展做出了不可磨灭的贡献。

以下内容摘自访谈录《生活就是战斗——访张厚粲先生》(节选)。

"我很坦率"

行为准则：直来直去，没有其他的考虑，这是笔者对张厚粲先生的最初印象。她行事坦荡，乐于做真实的自己。"其实生活很简单，在既定的行为准则下，该怎么办就怎么办，不刻意去伪装自己，不在内心隐瞒什么，一切做得光明磊落就会心情开朗。"

"其实我对自己的爷爷张之洞并不了解。"

在"文化大革命"时期，她因为是张之洞的孙女而被批斗，她没有埋怨过什么，因为这是她的血统。

当然家庭对她的影响还是很大的，出身名门的她从小就接受了很正规的教育，形成了一种崇尚知识、注重学习的思想，这对她矢志不渝地探求知识是有帮助的。她说："她唯一受益的可能就是自己在这样的书香世家受到了很好的教育而已，其他的都是经过自己努力得到的。""人，不论好坏，那是自己的事，和家人没有关系……"

"我爱学习，也爱玩"

从针线织补到烹饪家务，从乐理乐器到体育运动，从天文地理到四书五经，张厚粲先生不仅通通学了，而且在各方面都有很好的表现。尽管每门功课学得都很好，但是她从来不在意自己的成绩如何、名次如何，她说学习的动力源于喜爱，而不是所谓的名次。当被问到小的时候就要学习这么多科目是否有压力时，她笑了笑说："我一向都觉得学习是一件很快乐的事，你喜欢就去做，这是很自然的……"

张厚粲先生很爱玩，她笑称自己就是"北京地图"，年轻时她基本把整个北京城都玩遍了。她也喜欢参加各种运动，如滑冰、游泳等。小时候，她家在中南海附近，经常到中南海游泳池中游泳，她甚至可以从颐和园的知春亭处游到石舫处。她还曾代表学校参加过运动会，并且在表演团体操的时候领操。她说："如果那时候有体校的话，我一定会去的……"张厚粲先生在上海求学时还学过芭蕾舞。

"我相信我没有错，所以挺过来了"

1958年，心理学被作为伪科学来批判，而当时的张厚粲先生作为心理学界的代表、作为讲课优秀的教师，首当其冲地遭到了批斗。"文化大革命"时期，张厚粲先生因为家庭出身等因素再次遭受了批斗。提到那些痛苦，张厚粲先生说她始终坚信自己没有错，她要活下去，这样以后才能证明自己是对的。对排斥文化的人，张厚粲先生认为无须和他们争辩什么，可最令她无法接受的是，他们因为她课讲得最好而批斗她。在她看来，一位教师课讲得不好才应该受批。"我从来没有伤害过任何人，只是想把中国的心理学搞好。同时，我有自信，我没有错，总会有清楚的一天。"

"当代大学生应该把眼光放高些"

张厚粲先生觉得现在很多学生的功利心太强，急于求成。人应该不断地充实自己，给自己充值，知识学得越多价值越大。同时，她谈到了人的内在素养，是自然流露出的气质，这个是学不来的，要经过长期的积累与磨炼。

谈到现代大学生人格缺失的问题时，张厚粲先生认为大学生把现实看得太重了，而且从小的生活也太优越了。做人应当可上可下，不要把学历看得过重。有些家长认为，他们在那个年代吃了太多的苦，所以不能让孩子再吃苦了，其实这反而是错误的，矫枉不能过正。她谈到诚信很重要，不论是做学术，还是做人做事！

（资料来源：李泊，李智芹. 生活就是战斗——访张厚粲先生[J]. 中国教师，2010(1)：28-29.）

思 考 题

1. 你认为自身在情绪管理方面存在哪些问题？请结合本章学习内容，根据自身情况，理论联系实际，进行回答。
2. 通过本章的学习，你认为应该怎样合理调控自己的情绪？

第七章
职业生涯规划与心理健康

医学专业职业生涯具有长期性、艰巨性和人文性的特点。医学专业知识繁杂、职业要求高,医学院校大学生如何做好职业生涯规划至关重要。本章主要介绍了职业生涯规划的概念和理论,学生在就业(创业)方面易产生的心理问题,以帮助医学院校大学生更好地认识到职业生涯规划的重要性,并总结了一些策略和方法,进而科学地进行职业生涯规划,增加求职自信和能力,以顺利就业。

【学习目标】
1. 认识职业生涯规划的概念及医学院校大学生职业生涯规划的特点。
2. 了解职业生涯规划的理论基础。
3. 了解医学院校大学生常见就业(创业)方面易产生的心理问题。
4. 掌握调适就业、创业心理问题的方法。

内容导读

1. 大学生做好职业生涯规划,有利于个人实现就业(创业)、高校实现人才培养的职能、缓解社会用人需求等。

2. 医学院校大学生在创业(就业)的过程中,既会呈现出各种心理状态,也会受到心理素质的影响。就业(创业)心理与其他心理现象关系密切,并受到地域、年级、专业等方面因素的影响,它的产生、变化和发展过程较为复杂。医学院校大学生的就业心理因此呈现出了显著差异性、多边复杂性和个体差异性等特点。

3. 医学院校大学生的就业(创业)心理问题与个人、家庭、学校、社会等四个方面的因素紧密相关,要处理好医学院校大学生就业(创业)心理问题,应多方联动、精准施策,引领医学院校大学生养成良好的就业(创业)心理。

案例导入

【案例7-1】

医疗人才需求上升，超九成医学毕业生实现对口就业

新冠疫情暴发后，医院作为抗疫主力军，纷纷投入到抗疫阻击战中。

在新冠疫情抗疫期间，医务人员奋战在一线，许多年轻学子树立了学医报国的志向。社会生活水平不断提高使得医疗行业日益受到重视，行业发展对医学毕业生的需求也在上升。根据麦可思公司数据，应届本科生进入医疗和社会护理服务业的比例增长，从2016届的5.1%上升至2020届的5.9%。在本科毕业生就业量最大的前50位行业中，"综合医院"近年来一直排名靠前，2020届比例为2.9%，相比2016届(2.2%)增长了0.7个百分点。不仅医疗行业吸纳本科生比例在增加，医疗相关职业从业比例也在增长。麦可思公司研究发现，2020届本科生从事"医疗保健/紧急救助"职业比例为5.0%，相比2016届提高了0.8个百分点。

伴随行业发展，医疗行业从业人员收入也在稳步增长。数据显示，2020届本科生毕业半年后在"医疗和社会护理服务业"就职的月收入为4955元，在过去的5年间增长了1018元；从事"医疗保健/紧急救助"本科生群体月收入从2016届的3838元提升至2020届的4925元。在本科毕业5年后，医学院校大学生在收入方面会有一个相对更大的提升。2015届医学门类本科生毕业5年后收入(9236元)较同届毕业半年后收入(3462元)增长了167%；临床医学类专业毕业5年后的收入涨幅可达179%。

麦可思公司指出，随着近年来多所重点大学纷纷开设医学院，大量医学院校大学生涌入就业市场，医疗机构对人才能力的要求也在逐步提高。考研、考博也就成为很多医学院校大学生突出重围的必经之路。即便有些学校的医学专业实行"5+3"一体化，即本硕连读，或8年制本博连读，免去了考研、考博过程，但仍意味着选择走上医学道路的学生需要做好在专业领域不断学习、钻研的准备。

（资料来源：调查：医疗行业对人才需求上升，超九成医学毕业生实现对口就业，https://new.qq.com/rain/a/20210818A0BF7H00，本书有删减）

【问题聚焦】 近年医疗行业人才需求上升，大部分医学院校大学生都能实现对口就业，且未来的收入十分可观，可见医疗行业就业前景良好。但医疗行业对人才要求也逐渐提高，医学院校大学生涯较长，医学院校大学生如何做好职业生涯规划仍是一个重要话题。

第一节 职业生涯规划概述

职业生涯规划是个体对自己未来职业的发展、目标所制订的计划。医学院校大学生职业生涯具有长期性、艰巨性和人文性的特点。做好职业生涯规划，了解影响职业生涯规划的因素，有利于医学院校大学生实现职业目标，更好地完成从学生到员工的角色转变。

一、职业和职业生涯的含义

要想了解职业生涯规划的含义,首先就需要明白职业是什么。随着社会分工的发展,便出现了"职业"这一概念。职业是指人们从事相对稳定的、能够获得收入、分门别类的工作,是一个极为重要的社会角色。在我国,《中华人民共和国职业分类大典(2007增补本)》把职业定义为在特定的社会生活环境中,从业人员和其他社会成员相互关联、相互服务的社会活动。

虽然职业生涯和生涯在英文中都可以用"career"表示,但它们的含义并不相同。职业生涯是职业的发展过程,是发展的、动态性的。职业生涯的含义可以分为广义和狭义两种。广义的职业生涯既包括个体的职业选择和发展,也包括非职业性或休闲活动的选择和追求,以及参与社交生活的满足感。它包括了人一生中的各种职业和生活角色,是生活中各种事件的发展方向和历程。狭义的职业生涯是指个体一生中与职业相关的活动、行为、经历和体验的顺序。大部分时候,我们所说的职业生涯是指其狭义的概念。简单地说,职业生涯是一个人生命中与工作相关的过程以及在这个过程中的主观感受。

职业生涯可以分为内职业生涯和外职业生涯。内职业生涯是个人层面的,指从事职业时个人的经验、心理素质、认知等因素的组合及其变化过程,更重视个人的想法,反映了个人对职业的真实感受,每一次的工作经验给个人带来的经验、能力提升等是由个人获得的、归属于个人的,不会被替代或夺取。外职业生涯是职场层面的,指个人从事职业时的地点、时间、环境、工资等因素的组合及其变化过程,更重视企业、组织,是企业为员工提供的一种职业道路,包括招聘、提拔、退休等,这些因素由他人决定,容易被他人剥夺。内职业生涯的发展是外职业生涯发展的前提。肖艳平提出,还有一种内外兼顾的职业生涯,既关注个人,也关注组织,认为职业生涯是以外职业生涯因素的变化为标志、以满足内职业生涯因素为目标的过程。

二、职业生涯的特点

(1) 发展性。职业生涯是发展的、动态性的,它包括人们从事每个岗位的完整经历,会随着人们的工作经历的丰富而丰富。

(2) 社会性。职业生涯是个体的社会属性。人是社会的人,据统计,人的 70%~90% 的可利用社会时间都被职业生涯占据了。

(3) 内外性。职业生涯既包括外显性的行为,也包括内隐性的态度和价值等。

(4) 独特性。每个人的职业生涯都是独一无二的。每个人所从事的职业、时间、地点等客观因素不一样,在从事每段职业期间所产生的态度、经验等因人而异。

(5) 不确定性。有的人可能一生只有一份工作,而有的人可能频繁地更换不同的工作。因此,职业生涯存在不确定性。

三、医学院校大学生职业生涯的特点

除了拥有以上较为广泛的职业生涯的特点外,由于医学专业知识繁杂、职业要求高等,医学专业职业生涯还有着与其他专业不一样的特点,主要可以概括为长期性、艰巨性和人文性。

(一)长期性

医学是一门体系庞大的学科,因此医学类专业普遍比其他专业学制更长。我国医学本科都是5年的学制。《中国医学教育改革和发展纲要》提出要在保持现有学制的基础上逐渐扩大"长学制教育"。但医疗单位招聘名额不足导致学历门槛越来越高,本科对于一名医学从业者来说是远远不够的,大多数医学院校大学生都会选择读研、读博,在我国,医学毕业生考研率多年来都是高居首位。

除了在学校中、书本上学习理论知识之外,医学院校大学生还需要拥有过硬的实践操作技能。因此,从一名毕业生成长为行业的"熟练工",医学类专业的学生需要比其他专业的学生付出更多的时间。一项对诺贝尔奖获得者的调查发现,诺贝尔生理学或医学奖拥有更多年龄较高的获奖者。2013年,国家卫生计生委等七个部门联合颁布了《关于建立住院医师的规范化培训制度的指导意见》,要求从2015年起,我国全面启动住院医师规范化培训,2020年要基本建立起住院医师规范化培训制度。这就意味着,医学院校大学生在5年本科学习后,还要在培训基地进行3年规范化培训。

当今世界科技日新月异,医学设备、技术等不断升级,许多医院也逐渐开始采用更科学的医疗信息系统,各学科的知识不断交叉融合,观念和知识不断更新。这要求医学从业者在工作中不断学习,保持自身的时代竞争力,获取最前沿的医学知识,学习最新的医疗技术。

(二)艰巨性

医疗行业人才准入制度非常严格,只有受过医学教育并通过执业资格考试的人才能从事。医疗行业的工作精细,要求从业者有较高的素质,要诊断、治疗、护理、写记录,有时候上一台手术就是几个小时,并要在那几个小时内保持高度的精神集中。医学工作事关人命,马虎不得,医务人员每天都要面对患者的苦痛甚至是生离死别,心理上会产生一定的负担,日积月累,自身精神状态也会受到影响。此外,医务人员还要学会处理好医患关系。近年来,医患纠纷频频发生,甚至出现了伤医事件,如北京眼科医生陶某被患者家属刺伤、某乡村医生亲属被患者家属杀害等,这给医学院校大学生涯增加了很大的风险性。面对感染性的疾病,医务人员也需要坚守一线,如2019年末暴发的新冠疫情,千千万万医务人员冒着自身被感染的风险为被感染者治疗。一些经验丰富的医务人员还需要给医学院校大学生或规培生上课、指导。总的来说,医务人员的工作繁多、复杂、任务重、风险高,对医务人员的要求非常高。

此外,虽然现代医学已经十分发达,但是仍有许多未解之谜等待人们去探索。患者都希望能够药到病除,但有些疾病,如癌症、肿瘤等,医生很难保证能够治愈。由于个体差异,同一种病在不同的患者身上也会呈现出不同病症,同一种药治疗同一种病,在不同患者身上也会产生疗效差异。因此,在治疗时,医务人员需要仔细诊治每位患者,为其量身定制治疗方案,而不是套一个模板,这大大增加了医疗工作的复杂性和不确定性。

(三) 人文性

医学是通过预防、治疗各种疾病,使患者保持、恢复健康的一门学科。医学运用到许多科学和技术,也具有非常浓厚的人文色彩。首先,在医学院校大学生的职业生涯中,他们需要树立自己的治疗理念、价值观等,这是因为如何分配医疗资源、要不要做流产手术等两难的问题在医学院校大学生职业生涯中比比皆是,时刻考验着他们的价值观、道德观。医学院校大学生必须遵守医学伦理,要有人文精神,一切以人为本,治疗中要体现人文关怀,对患者保持应有的尊重,对生命保持敬畏,是"治人"而不是"治病"。另外,面对不是那么了解医学的患者及其家属,与他们进行沟通,这其中运用到的沟通艺术也体现了医学院校大学生职业生涯的人文性。因此,医学院校大学生要注意加强对患者的整体关怀,与患者和家属换位思考,树立"人民至上,生命至上"的价值理念和"救死扶伤、敬佑生命、甘于奉献、大爱无疆"的职业精神。

了解了医学职业生涯的上述三个特性后,医学院校大学生对如何做好职业生涯规划就"有据可依"了。

四、职业生涯规划的含义

职业生涯规划最早起源于1908年。当时美国刚刚经历了1907年的经济大恐慌,失业人数暴增。为了帮助失业者,美国的弗兰克·帕森斯成立了波士顿地方就业局,这就是世界上第一个职业咨询机构。"职业咨询"这一概念也应运而生,职业指导开始走向系统化,弗兰克·帕森斯也被世人称为"职业指导之父"。

职业生涯规划(career planning),又叫作职业生涯设计,从个人层面来看,它是指个体根据个人条件和外界因素,对各种职业机遇和教育环境资料进行评估,确定职业目标,为实现职业目标所做出的努力。Haywood 认为,个人的职业是在组织中完成的,组织会影响个人职业生涯规划,首次提出了"组织的职业生涯规划"的概念,其含义是组织帮个体检视职业生涯和评估所需要的培训,制订计划帮助个体增强工作技能,并评估工作技能是否适合岗位和当下的环境。大学生职业生涯规划主要是从个人层面出发的。

按时间、内容的不同分类,个人职业生涯规划又分为择业规划和调整职业规划两个阶段。其中,择业规划是指人首次择业的行为,调整职业规划是经过一定社会经历后的行为。大学生的职业生涯规划侧重于择业规划,这有助于大学生在大学期间更好地了解自己的职业目标,并制订计划,在毕业后能够顺利就业。

关于职业生涯规划的内涵,国内外不同学者进行了不同的划分。Stumpf 等人和 Noe 都认为，职业生涯规划包括三个部分，即职业探索、职业目标确定和职业实施的策略。也有国内学者将职业生涯规划分为生涯行动、生涯探索、评估调整和生涯决定四个维度。

五、职业生涯规划的意义

为什么要进行职业生涯规划呢？职业生涯规划有什么意义？

要回答这个问题，可以把职业生涯想象成一次旅行，如果在旅行前可以做好路线规划、确定去哪些景点，了解景点的开门时间、附近有什么美食，那么这趟旅行一定会收获满满、充实、快乐。

现在还可以来做一个小实验，请你闭上双眼，思考一下身边有什么粉色的东西。

你可能会发现，好像不记得有几个粉色的东西。

再睁开眼，看看周围有没有被你遗漏的？

生活中也有很多这样的例子。例如，你的室友带你认识了一个新同学，在接下来的几天你可能会发现，很多人跟你提起他，或是很容易在学校里碰见他。又如，如果你买了一双可触屏手套，你会发现，身边很多人都买了类似的手套。再如，有一天你在课堂上昏昏欲睡，老师突然叫你名字的时候，你却能迅速清醒过来。这些现象就是心理学中的"选择性注意"。

所以，如果能做好职业生涯规划，就相当于为"选择性注意"提供了一个筛选目标，大学生就能更好地发现身边那些有益于就业的资源，更容易集中精力去实现这个目标。

总的来说，大学生职业生涯规划的意义可以从大学生个人、学校和社会三个层面来分析。

(一) 大学生个人

大学生职业生涯规划的一个重要步骤就是"知己"，该步骤可以让大学生在自我分析的过程中，对自己有一个全面的认识，包括性格爱好、知识能力、思维方式等，有利于大学生更好地扬长避短，发挥自己的潜能，实现目标。在职业生涯规划的过程中，大学生可能会发现自己以前从未觉察到的优点，这有益于提升幸福感和自信；也可能会发现自己在哪方面还有不足，这不仅有助于大学生更好地完善、定位自己，选择更适合自己的职业，还有助于锻炼大学生的各项能力(如学习能力、自控力、社交能力等)，提升求职的竞争力。

(二) 学校

人才培养是高校的五大职能之一。学生的能力和成就在一定程度上代表了学校的办学质量。就业率和就业质量对学校的招生及名气有着重要影响。做好大学生职业规划，可以提高毕业生就业率和就业质量，展现学校培养人才的实力，提高学校的知名度和办学水平。

(三) 社会

大学毕业生是社会发展的主力军。如果毕业生的就业问题没有解决，很多产业没有新鲜血液的注入，会影响经济发展，激化社会矛盾。做好大学生职业生涯规划，帮助大学生快速确定职业、走入社会，可以推动社会用人需求结构合理化，有利于社会稳定和发展。

在结合医学职业生涯独有的特点及职业生涯规划本身的意义后，医学院校大学生做好职业生涯规划显得尤为重要。作为新时代的医学人才，要传承中华优秀传统文化，如古时神农尝百草、当代国医大师伍炳彩一般，树立正确的世界观、人生观和价值观，在理论学习中树立理想信念、在文化传承中坚定文化自信、在实践中勇担时代使命，努力成长为品德高尚、本领过硬、医者仁心的大国良医。

六、医学院校大学生职业生涯规划影响因素

医学院校大学生职业生涯规划的影响因素既有和其他专业共有的影响因素，也有医学专业特有的影响因素。

(一) 个人因素

从个人角度来看，年龄、兴趣、气质、健康状况、个人能力、自我效能感等因素会影响职业生涯规划。下面我们着重来看年龄和兴趣因素的影响。

年龄对职业生涯规划有一定影响，但产生怎样的影响还不确定。部分研究发现，医学院校大学生在大一时做职业生涯规划最好，大四、大五时做职业生涯规划效果反而更差。这可能是因为大一学生刚进入大学，开始崭新的生活，对未来充满期望，踌躇满志，而且在高考填报志愿时，对职业生涯规划已经有所考虑。大二、大三的学生则已经慢慢适应了大学生活，脱离了高中紧张的学习生活，略有懈怠。大四、大五的学生渐渐面临实习、毕业求职的实际情况，不得不开始思考职业生涯规划，所以得分略有提升。

兴趣是人们对事物探索的积极认识倾向，能为职业生涯规划提供有效信息，是其重要依据，是对职业生涯规划影响很大的一个主观因素。如果一个人对某项职业充满兴趣，他在工作中会更加有动力，更愿意付出精力去奋斗，更容易做出一番成就。医学毕业生求学过程较为艰苦，如果学生对医学没有兴趣，那么他可能很难坚持学习，难以从事医学职业。另外，兴趣也可能对职业生涯规划起到反作用。如果一个学生对什么都有兴趣，那么他的精力可能容易分散，无法形成自己的特点和优势，反而无法专心做好一项工作。

医学职业对医学院校大学生的健康状况比起其他专业有更高的要求，气质、性格、能力和健康状况对医学院校大学生职业生涯规划的影响也非常重要。医务人员拥有健康的身体，才有精力照顾病人，在医院工作时也不容易被感染。

(二) 家庭因素

从家庭角度来看，家庭经济地位、父母期望、父母职业、父母文化程度等都会对大学生职业生涯规划有影响。家庭经济地位越高，大学生职业生涯规划水平越高。这可能是因为家庭经济地位较高的父母会更积极地看待子女教育和鼓励子女选择更好的职业，也能给子女提供更好的教育环境和职业生涯规划建议。父母对子女未来职业的期望也会影响子女的职业发展和生涯信念。

父母职业对医学院校大学生职业生涯规划有影响。有研究发现，父亲文化程度不同的护理专业学生在经济报酬、工作环境等职业价值取向上有显著差异，而母亲文化程度对变动性、工作环境、利他主义等职业价值取向有影响。

（三）学校因素

从学校角度来看，学校类型、可获得的资源、职业指导等对大学生职业生涯规划有影响。其中，学校类型对职业生涯规划的影响体现在多个方面。重点学校的毕业生倾向于选择经济发达的地区，期望月薪也更高。非师范类大学生的生涯成熟度、生涯感受、生涯信念和生涯态度四个子维度均显著高于师范类大学生，理工科大学生在这四个子维度也均高于文科大学生。可获得的资源是指学校的教学资源、实习基地等各种软硬件设施，这是学校因素中学生认为对职业生涯规划最重要的一点。学校就业机构是大学生获取择业信息的主要渠道，如果学校能给学生提供更多可获得的资源，学生就可以得到更完善的培养，也更容易获得关于求职的知识和最新信息。接受过职业指导的学生职业成熟度更高，且职业指导课程能够有效提高医学院校大学生的职业生涯规划能力、就业能力和创业能力。

（四）社会因素

从社会角度来看，政府政策导向、经济发展、社会需求等对大学生职业生涯规划有一定影响。近年来，我国陆续发布了多项就业相关政策。例如，《国务院办公厅转发卫生部等部门关于进一步做好新型农村合作医疗试点工作指导意见的通知》，引导医学毕业生积极投身基层医疗机构，推出"三支一扶""大学生村官""特岗教师"等面向大学生的基层岗位等。基层就业政策的政策知晓度、吸引力和影响力均对大学生的基层就业起到了积极作用。社会经济的发展会带动不同行业的发展或没落，从而影响到大学生的职业选择。比如，近年来兴起的人工智能、新媒体产业，由于行业发展前景较好，大学生在日常生活中也能经常接触到，许多大学生在制定职业生涯规划时会将其定为理想职业。经济发展的地域性不平衡也会影响大学生的职业规划，东部沿海地区由于地理位置和政策优势，经济发展速度领先，就业岗位需求多，生活条件优越。一项调查显示，超过80%的毕业生都表示自己有意愿去东部地区发展。社会需求也会对学生的职业生涯规划产生重要影响。研究发现，医学院校大学生认为专业发展前景、社会认可等对其职业生涯规划较为重要，男性护理专业的学生认为社会偏见及传统观念是影响其职业生涯发展最重要的因素。

第二节　职业生涯规划相关理论

我国历史源远流长，涌现出了许多优秀学者，他们不仅学识渊博，还会为自己规划职业生涯，让自己仕途顺利，同时运用他们的雄才大略为帝王提供职业规划，帮助国家兴盛发达。例如，姜子牙为周武王出谋划策，讨伐商朝，建立西周，可谓中国古代职业生涯规划的第一人。姜子牙曾说"先谋后事者昌，先事后谋者亡"，意思是谋划好了再做事会昌盛，做了事再谋划则会衰亡。这句话说明姜子牙已经深刻认识到好前途是谋划出来的。时至今日，这句话仍在职业生涯规划领域被广泛提及。

经过多年发展，职业生涯规划出现了多种流派的理论，众多理论可分为前职业生涯理论、后职业生涯理论和整合职业生涯理论三类。前职业生涯理论更关注预测个体适合什么样的职业，其代表理论有特质因素论、类型论和职业锚论；后职业生涯理论更关注个体工作后的职业发展，其代表理论有生涯发展理论；整合职业生涯理论则结合了前职业生涯理论和后职业生涯理论的优点，其代表理论有社会认知职业理论。

一、前职业生涯理论

（一）特质因素论

特质因素论是最早的职业生涯理论，1909年由帕森斯在他的著作《选择职业》中提出。特质是指个人的人格特征，包括人格、能力、成就、兴趣、价值观等。因素是指在职业上取得成功的必备条件、报酬、发展机会等。特质因素论的基本假设是每个人都有独特的一系列特征，并可以通过一定的工具测量出来，将个人特质和职位因素相匹配，就可以找到理想的职业。个人特质和职位因素越匹配，个人在这项职业上成功的可能性就越大。帕森斯认为，选择职业有三个条件：一是了解自己的特质，二是了解各种职业的因素，三是前两者的协调平衡。

（二）类型论

类型论，又称为职业兴趣理论，1959年由美国心理学家霍兰德(Holland)提出，是在特质因素论和其他前人研究的基础上发展而来的，后经过多次修改得到完善。类型论认为：

(1) 职业选择是人格的一种表现。

(2) 人的兴趣类型和职业都可以被分成六大类：实际型(realistic，R)、研究型(investigate，I)、艺术型(artisitc，A)、社会型(social，S)、企业型(enterprising，E)、事务型(conventional，C)，不同的类型代表了不同的特点，具体见表7-1。一般会用得分前三的类型首字母来表示这个人的职业兴趣或某种职业，这就是"霍兰德代码"。比如，某个人职业兴趣得分最高的三类分别为实际型(R)、研究型(I)和企业型(E)，那他的职业兴趣就可以用"RIE"来表示。

表7-1 霍兰德类型论兴趣类型和职业匹配表

兴趣类型	人格倾向	典型职业
实际型(R)	顺从、谦虚、建议、稳健、有耐心；喜欢从事有具体事务的操作性工作，动手能力强，不善言辞，缺乏社交能力；不喜欢在办公室工作	技术性职业：摄影师、机械装配工、计算机硬件师等。技能性职业：厨师、木匠、园艺师等

(续表)

兴趣类型	人格倾向	典型职业
研究型(I)	独立、聪明、谨慎、理性；重视科学，讲究证据；求知欲强，抽象思维能力强，喜欢思考问题，不善于领导他人	工程师、科学研究人员、程序员等
艺术型(A)	直觉敏锐、创造力强、不顺从；渴望自由，追求表达个性化；做事理想化，追求完美	作家、演员、音乐家、诗人、雕刻家等
社会型(S)	友善、负责、善解人意、乐于助人；喜欢与他人一起工作、交往；重视道德伦理，缺乏机械与科学的能力	教师、心理咨询师、教育行政人员等
企业型(E)	有野心、冒险精神、乐观、自信、易冲动；善于社交，做事目的性强，喜欢领导他人；为了达到目的而善于说服他人，渴望成就一番事业	项目经理、营销人员、投资商等
事务型(C)	顺从、稳重、细心、认真、有效率、谨慎、保守；善于处理细节，喜欢规律的工作，接受领导指令；有自我牺牲精神，缺乏想象力，不喜欢冒险	秘书、会计、出纳、图书馆管理员等

(3) 人总是会倾向于找和自己兴趣类型相匹配的职业。

(4) 人格和职业环境的交互作用决定了一个人的行为。

(三) 职业锚理论

职业锚理论，又称为职业定位理论，由美国行为学家埃德加·施恩(Edger H. Schein)和他的研究小组提出。职业锚是指人们选择和发展自己职业时的中心，是价值观或职业中十分重要的东西，即使面临不得不取舍的情况时，也永远不会放弃。职业锚理论认为：

(1) 职业锚发生在早期职业阶段，其基础是员工实际的工作经验，而不是个人的潜在的才能或动机。

(2) 职业锚不能通过各种测量预测。

(3) 职业锚是员工在实际工作一段时间后，对自身重新进行评估，整合自身需要、动机、能力和价值观等，找到适合自己的职业定位。

(4) 职业锚是随着个人不断的探索而变化的动态结果。虽然职业锚是稳定的个人职业成长区和贡献区，但个人会在这个职业上不断发展成长，也可能会根据情况变化重新选一个职业锚。随着年龄的增长，工作经验更丰富，个人的职业锚渐渐趋于稳定。

施恩最初提出了五种职业锚，但随着研究的丰富，在20世纪90年代，学者们又总结出了三种，于是施恩也将职业锚类型更新为八种，具体见表7-2。

表7-2 施恩职业锚理论不同类型及表现

职业锚类型	表现
技术(职能)型	追求在技术(职能)专业领域的成长，把握机遇。自我认可的标准是领域内的专业水平，喜欢主动面对、解决专业领域的挑战，不喜欢从事一般的管理工作，因为这将意味着他们放弃在技术(职能)专业领域的成就

(续表)

职业锚类型	表现
管理型	追求职位晋升，认为岗位的高低是成功与否的标志；责任意识强，具备管理能力，可以进行人际部门沟通、处理突发事件等，虽然也认为要掌握专业知识和技能，但只是通向更高、更全面管理层的必经之路
创造型	喜欢创造完全属于自己的公司或产品，并且愿意为此冒险、克服困难，不满足于现状，意志坚定
自主型	希望能找到让自己施展个人才能的工作环境，保持自己的工作节奏，不喜欢受约束，为了保持自主性，甚至愿意放弃晋升或工作
安全型	追求稳定，如工作的稳定性、足够让生活稳定的工资、福利保障等；忠诚、负责，习惯按照领导的安排工作，做决定较谨慎。具备一定能力时，也可以晋升为管理职位，但要在保证稳定性的前提下进行
服务型	具有奉献精神，喜欢助人为乐、为他人服务，重视工作的意义，希望能通过自己的工作给社会和他人带来幸福感，自己也能从中获得幸福，认为这实现了自身价值
挑战型	征服欲强，喜欢主动迎接挑战、寻找对手、克服困难，并从中体会到成就感，厌倦单调的工作
生活型	选择工作时优先考虑家庭的需要，认为工作只是生活中的一部分，注重个人、家庭、工作的平衡，希望工作安排有弹性，不会影响家庭生活

二、后职业生涯理论

1953 年，舒伯(Super)在《美国心理学家》一书中提出"生涯"的概念，他把人的一生都看作职业选择和适应的过程。他根据 Havighurst 的观点，将人的生涯分为成长、探索、建立、维持和下降五个阶段，每个阶段都有不同的特征和发展任务，如果能够完成所处阶段的任务，就代表职业发展成熟(见表 7-3)。

表7-3 舒伯生涯发展阶段和任务

阶段	年龄	任务
成长阶段	<15 岁	发展自我概念和对工作世界的正确态度，开始了解工作的意义
探索阶段	15~24 岁	职业偏好具体化、特定化，探索适合自己的职业，发展一个符合现实的自我概念
确立阶段	25~44 岁	在一个稳固的职业上安定地发展，寻求专业的扎实和精进，学会和他人建立关系
维持阶段	45~60 岁	接纳自身的不足，稳固现有的成就和地位，更新专业知识
下降阶段	65~70 岁	减少工作投入，开始考虑退休

生涯发展阶段理论是舒伯理论中的一个重要概念,指的是个体对自己各方面的认识,包括能力、兴趣、价值观等。他认为,职业发展是自我概念在职业上的形成,不同的阶段有不同的自我概念。舒伯把这五个阶段称为生活广度,而在同一阶段个人扮演的各种角色实际上就是自我概念的具体表现。舒伯认为,每个人一生都会扮演9种主要角色,分别为子女、学生、休闲者、公民、工作者、配偶、持家者、父母和退休者。用心做好一个角色,可以为其他角色打下基础,但如果对某个角色投入过多,生活的其他方面就会失衡。

根据舒伯的生涯发展阶段理论,大学生正处于探索阶段,需要结合自己的职业偏好,对在校期间的学习和生活做出合理规划,可以多尝试兼职,增进对自我的了解,探索适合自己的职业。

三、整合职业生涯理论

1994年,Lent等人以班杜拉的社会认知理论为基础,提出了社会认知职业理论(social cognitive career theor, SCCT),认为职业选择和发展来自认知变量、个人因素和背景因素的影响。

SCCT有三个重要概念,即自我效能、结果预期和个人目标,这三者相互影响。其中,自我效能是指人们对自己能否成功完成某个行为的信念,这种信念受到过去的经验、观察学习、劝说、自身生理和情绪状态的影响,如"我可以做出卷子上最后一道难题"。结果预期是指人们做了某件事之后,对行为结果的预期,如"如果我认真复习,期末考试的分数会比较高"。个人目标是指个人完成某件事的目的和意图。

SCCT包括三个互相联系的子模式,即职业兴趣模式、职业选择模式和工作绩效模式。在每个子模式中,三个重要概念和其他因素(如环境、个人特点等)共同影响着职业选择和发展。

(一) 职业兴趣模式

职业兴趣由自我效能和结果预期决定。如果个体认为自己能做好某职业,并预感从事该职业前景可期,就会形成对该职业的兴趣,进而产生个人目标。目标将促使人行动并取得一定的成就,成就又可以加强自我效能、验证预期结果,进而形成了一个循环通路。

(二) 职业选择模式

在职业选择过程中,除了职业兴趣、自我效能和结果预期外,还有两种环境因素会影响职业选择:一种是"之前的背景因素",如个人的能力、民族、性别等,这些因素会影响个人的学习经验;另一种是"当前的环境因素",如工作机会、工作中的歧视、父母的支持等。

(三) 工作绩效模式

工作绩效指工作成就和从事某职业的坚定程度,受个人能力、自我效能、结果预期和个人目标之间的交互作用的影响。工作绩效又会反过来对自我效能和结果预期产生影响。

第三节 就业心理与创业心理

大学生职业生涯规划既可以通过进入公司、医院等就业实现,也可以通过自主创业实现。在就业和创业过程中产生的各种心理现象,即就业心理与创业心理。

一、就业心理

(一)医学院校大学生就业现状

就业是指在法定年龄内的劳动者所从事的为获取报酬进行的务工劳动。党的十九大报告提出,就业是最大的民生,要坚持就业优先战略和积极就业政策,实现更高质量和更充分就业。大学生就业,是高校培养人才的目标,与我国全面建成小康社会、实现社会主义现代化强国的目标息息相关。作为掌握重要领域专业知识的群体,医学院校大学生能否顺利就业,对维护社会稳定、改善民生和经济发展起着不可忽视的作用。

近年来,我国经济发展进入新常态,呈现了总体平稳、稳中向好的态势,党中央提出"六稳""六保",以稳就业、保就业为工作重点,增加就业机会,营造出了较好的就业环境。但与此同时,高校也在不断扩招。自1999年教育部出台《面向21世纪教育振兴行动计划》起,我国高校的招生规模就逐年增大。2019年,我国高等教育毛入学率超过50%,进入了高等教育普及化阶段。据教育部统计,2020年高校毕业生达到了874万人,再创历史新高。高校毕业生的快速增长使得就业形势更加严峻。而其中医学院校大学生由于专业的特殊性,就业、实习面临着更大的难题。

据国家卫生健康委员会年鉴数据统计,2006—2016年,医学专业本、专科毕业生人数累计增长122.8%,研究生毕业人数累计增长137%。据2018年中国教育统计年鉴,2018年我国医学学科普通本科毕业生数达到262 507人,研究生毕业生数为70 708人。2021年,医学本科生302 039人,研究生89 257人。虽然医学院校大学生数量的增加在一定程度上满足了医院、社会对医学人才的需求,但医学院校大学生似乎还存在就业难的问题。

一方面,城市医院尤其是三甲医院大多处于饱和或超编的状态,招聘名额有限,进而导致门槛提高,应届本科生很难进入;另一方面,我国正大力发展基层医疗机构,需要大量的人才,但基层生活条件较差,较少的医学院校大学生愿意选择中小医院和偏远地区。在一个数据调查中,72%的医学院校大学生表明他们不愿意在社区或农村的医院工作。此外,不同的医学专业之间似乎也存在就业差异,有研究曾发现预防医学、医学影像学等专业的就业率略高于临床医学等专业。面对错综复杂的就业现状,医学院校大学生容易产生相应的心理问题,正确处理就业心理、实习心理问题,缓解压力、焦虑,已经成为医学院校的重要议题之一。

(二)就业心理含义及构成

就业心理是个体在择业过程中因就业问题而产生的各种心理现象。这个过程既包括求职过程，也包括个体考虑就业和为顺利就业做准备的过程。对于医学院校大学生来说，很多人在高考结束、填报志愿选择医学专业时，就已经考虑到将来要从事的是医学相关的职业了。很多大学生也会为了将来能顺利就业而努力，如上课认真听讲、假期打工、选修双学位等。所以，就业心理可以说是存在于大学生整个大学生活的一种心理现象。

就业心理由就业心理倾向、就业心理素质和就业心态三个部分构成。其中，就业心理倾向是指对就业起推动和指向作用的心理动力性因素，包括职业动机、需要和兴趣等。就业心理倾向的核心是职业价值观，它决定了个体对就业这个行为的整体认知，并对就业有着重要影响。就业心理素质是指影响就业的心理能力、活动水平和人格特点，它是个体在生活中受各种实践活动的影响所形成的，较为稳定。它涉及内容广泛，可以大致划分为业务能力、职业成熟度和就业人格特点三个方面。就业心理素质是就业心态形成的重要基础。就业心态是指在择业过程中形成的具体心理状态，如自信、焦虑、紧张等，通过呈现出的就业心态可以了解个体的就业心理倾向和就业心理素质。就业心态既受到个体主观的心理素质的影响，也受客观环境因素的影响；既有当前时代影响下所共有的特点，也有因地域、专业影响所特有的特点。许多就业心理问题往往就是通过异常就业心态所呈现出来的。

（三）就业心理的特点

就业心理与其他心理现象有着密切的联系，并受到地域、年级、专业等的影响，其产生、变化和发展过程较为复杂。

当代大学生就业心理的特征可以归纳为显著差异性、复杂多变性和个体矛盾性。显著差异性是指每个大学生的就业心理都不一样，就像每个人的性格、家庭背景、生活经历也都是不一样的，大学生的就业心理各有差异。比如，不同性别的就业心理存在差异。男生对找工作比女生更加自信，而女生更积极地说服自己应克服压力，男生更倾向于创业，而女生更倾向于追求稳定的工作。复杂多变性是指大学生的就业心理不稳定，容易发生变化。大学毕业正是心理容易产生变化的年龄阶段，加上要面对从学校到社会的环境变化、从学生到员工的角色转换，很多大学生会产生各种复杂的就业心理，而且容易随着环境的变化而变化。个体矛盾性是指大学生对求职的美好理想与实际求职中的能力不足相矛盾。大学毕业生往往对未来充满了梦想，觉得自己在大学期间学到了许多专业知识，锻炼了各项能力，认为自己可以顺利求职，在岗位上干出一番事业。但大学生毕业时还是缺少历练，对事情的看法过于片面简单，在求职中很容易产生理想与现实的矛盾。

此外，还可以从以下三个方面分析大学生就业心理的特点：

(1) 就业心理倾向特点。大学生的就业心理倾向具有多元性、一致性、务实性、变化性等特征。多元性是指多元的择业标准涌现，并得到社会、大学生的认可和接纳；一致性是指在同专业、地区、性别中，大学生的择业标准呈现出一定的一致性；务实性是指大学生在考虑职业时，更加看重实际的收入、个人发展等因素，而不是名声等比较虚无的东西；变化性是指大学生的择业标准会不断变化。

(2) 就业心理素质特点。大学生的就业心理素质特点体现为：①业务能力相对较好，但知识结构不够合理、专业知识不够扎实；②具有一定的职业成熟度，但有时自我评价不够准确；③获取职业信息和筛选职业目标的能力不够强，比较依赖家长和教师，存在依赖心理；④自信心、竞争心较强，合作性、进取心和冒险性较差，人际沟通能力一般。

(3) 就业心态特点。大学生的就业心态特点体现为：①专业满意度不高，但大多数大学生仍以寻找专业对口的职业为目标；②就业压力和就业焦虑较为普遍，并呈上升趋势。

二、创业心理

创业，通俗地说就是创办自己的事业。自 2014 年李克强首次提出"大众创业、人人创新"以来，我国对创新创业越来越重视。2019 年，发布《教育部关于做好 2019 届全国普通高等学校毕业生就业(创业)工作的通知》，多项并举，大力扶持、鼓励大学生创新创业。在这样的形势下，高校毕业生的创新创业热情高涨。据麦可思公司跟踪撰写的《中国大学生就业报告》，2015—2017 届大学生自主创业的比例稳定在 2.9%~3.0%，从 2018 届开始，应届大学毕业生的创业率每年下降 0.2 个百分点，但毕业三年内创业的比率逐年上升，2020年上升至 8.1%。大学生创新创业已经是当今社会发展的必然要求和不可忽视的趋势，在培养大学生创新创业能力的同时，也要关注其是否具备良好的创业心理。

大学生创业心理是指大学生在创业过程中表现出来的心理状态，对创业行为有调节、支配的作用。创业心理可以分为两个方面：一方面是在创业过程中的心理活动，另一方面是对创业有影响的心理素质。

创业过程中的心理活动有人际交往、压力管理、团队建设等。在创业过程中，大学生难免要与各行各业的人打交道，能否处理好和顾客、供应商、同行、管理部门人员的人际关系，对创业的成功至关重要。创业过程中也充满了困难艰辛，如做不出满意的产品、找不到销售渠道等，创业者会承受巨大的心理压力，进而出现各种创业心理问题，因此创业者需要对自己进行压力管理。创业不是仅靠一个人就能成功的，成功的创业必然离不开一个团队的共同努力，大学生作为初出茅庐的社会人，要做到服众、协调好团队的分工、营造积极的团队氛围等，就需要了解如何进行团队建设。

创业心理素质是大学生在环境、教育和自身特质的交互影响下形成的一种较为稳定的心理特征，是能否成功创业的基础。创业心理素质能够影响创业，而创业的行为过程反过来又对创业心理素质起到一定的塑造作用。关于创业心理素质的内涵，学者们展开了广泛探讨(见表 7-4)。

表7-4　创业心理素质的内涵

学者	年份	内涵
韩力争	2004	创业动机、人格特质、创业能力和创业知识
李军红等	2005	创业动机、创业观念和创业品质
车丽萍、李守成	2011	创业成就动机、创业思维、创业意志、创业个性特征
姚德明、彭晶	2011	创业动机、创业能力、创业人格、创业知识和技能

(续表)

学者	年份	内涵
高振禄	2017	创业意识、创业意志、创业能力和创业个性
杨帆	2019	创业动机、创业情感、创业信心和创业意志
白琴	2019	创业驱动力、创业意志力、创业行动力、创业自控力

由表 7-4 可以看出，虽然许多学者给出了创业心理素质的内涵，但并没有达成统一的说法和体系。本书将结合众学者的观点，对被多次提及的几个概念进行解释。

（一）创业动机

创业动机是推动大学生进行创业的内部动因，具有较强的倾向性、选择性和主观能动性等特征，是创业的前提。创业动机是在后天影响下形成的，包含开拓精神、责任心、创新性和敢于挑战等方面。

（二）创业意志

创业意志是大学生为了实现创业目标而调整创业活动、解决各种困难以及调节自己的心态和行为形成的一种心理状态，具有坚毅性、自觉性、果断性等特征。

（三）创业人格（创业个性）

创业人格（创业个性）是指在创业过程中创业者所表现出来的个人性格和气质，指向和影响创业的心理特征，有冒险精神、创新精神、责任感、独立精神、合作精神、自信等。其中，自信是被提及最多的一种，也有学者将自信单独列为创业心理素质的一种，称为创业信心。

第四节　医学院校大学生就业（创业）心理问题及调适

就业（创业）并不是一件简单的事，医学院校大学生就业（创业）过程中可能会产生各种各样的心理问题。了解这些心理问题是什么，学会分析问题产生的原因，再针对产生的原因，采取适当的心理调适方法，可以帮助医学院校大学生减轻心理问题带来的苦恼，自信、开心地实现就业（创业）目标。

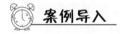
案例导入

【案例 7-2】

迷茫的创业梦

小魏，女，23 岁，学习成绩中上，家庭条件小康，父母都是公务员。小魏大二在学校创业园申请过一个项目，反响不错，于是打算本科毕业后自己创业，继续做那个项目，却遭到了父母的强烈反对。父母觉得一个女孩子创什么业，考个编制内的工作才是正经事，每次通话都吵架。小魏觉得很委屈，自己的能力没有被肯定，父母不尊重自己的意愿，近几周都精神紧绷，和父母吵完架就一个人流泪，不知如何是好。

【案例分析】小魏遇到了父母不支持她创业的问题，可能是因为和父母的沟通方式不当，平时交流不多，父母不够了解她创业的情况和能力。

【建议】首先，小魏可以做一些放松活动，调节好当前的负面情绪；其次，小魏可以对自己创业的可行性再进行一个全面的评估，既可以给父母看，也可以让自己对创业更加了解，确定是不是真的可以创业；最后，小魏要注意和父母沟通的方式，理解父母希望自己未来生活安定的一片苦心，给父母详细说说自己为什么想创业，让父母看到自己创业的决心，了解自己之前的成功创业经历，父母说不定就能同意了。

一、医学院校大学生常见就业(创业)心理问题

就业(创业)心理问题是指个体由于社会或心理原因，在就业(创业)相关过程中表现出的各种异常心理和行为。也有学者提出了"创业心理障碍"的概念，强调创业心理障碍是由于个体有强烈的创业意愿，但因为受到各种因素的影响而在创业过程中产生的不良心理状态。由于创业和就业都属于大学生离开学校进入社会的一项活动，两者易产生的心理问题有类似之处，因此下文将结合两者，对医学院校大学生常见的就业(创业)心理问题进行介绍。

医学院校大学生常见的就业(创业)心理问题有自卑和自负心理、过度焦虑和懒散心理、嫉妒和攀比盲从心理、依赖和逆反心理、侥幸心理、抑郁等。

(一) 自卑和自负心理

自卑心理是指个人对自己有过低的评价，缺乏自信，觉得自己不如别人。有过度自卑心理的医学院校大学生，在求职中可能会产生"消极退缩"，不敢去投合适的岗位，或者在面试过程中因为自卑而没有展示出自己真实的能力和水平。有调查显示，64.85%的大学生有"消极退缩"的求职心态，只有17.17%的大学生认为自己的就业竞争力很好。

自负心理是指个人对自己的认知不准确，对自己有过高的评价。虽然自信是值得肯定的，但不能脱离实际。有些医学院校大学生自我感觉良好，对自己的能力过于高估，选择自己不合适的职位，很容易造成求职失败或在工作中遇到无法解决的困难，或者是觉得自己已经足够优秀，不需要为了面试准备什么，结果遗憾地与自己心仪的岗位失之交臂。久而久之，他们心里那个优秀的自己，也会因为这些现实中的失败而破碎，由自负转变为自责、自卑。

(二) 过度焦虑和懒散心理

很多医学院校大学生毕业前都会产生焦虑，焦虑是一种紧张不安的心理状态，它与危机情况、难以应对的事或是无法预测的事有关，如该考研还是找工作、能不能进好医院、能不能考上编制……焦虑可以分为状态焦虑和特质焦虑两种。状态焦虑是短时间内产生的

焦虑情绪，而特质焦虑是一种相对稳定的人格特质。一般认为，就业焦虑是一种状态焦虑，往往是由一定现实的原因而引起的消极心理状态，同时会引起认知、生理、行为上的变化。医学院校大学生的就业焦虑就是他们难以解决好求职这件事或无法预测求职的结果而产生的。就业焦虑的程度取决于这件事对自己就业的影响程度，较少出现精神运动不安。求职是一项重要的人生大事，确实可能会产生一定的焦虑情绪，这说明医学院校大学生重视就业问题。适度焦虑有一定的积极作用，可以促使他们收集就业信息、激发潜能等，但过度焦虑则会让人精神紧张烦躁、手忙脚乱、反应迟钝等，对医学院校大学生就业造成消极影响，如太焦虑导致寝食不安，面试发挥失常；为了能尽快找到工作匆匆签约，结果发现岗位不适合自己，等等。

懒散心理则是对就业完全没有焦虑感。有些医学院校大学生很早就确定了工作单位，于是就产生了懒散心理，学习不认真，甚至出现旷课等情况，导致他们最后一年的知识学得不扎实，还有的学生因此受到处分，找好的工作也丢了。

(三) 嫉妒和攀比盲从心理

嫉妒心理是认为别人拥有的会威胁到自己，是极端个人主义的体现。大学生就业中产生的嫉妒心理就是对其他找到工作或是比自己更优秀的同学有恐惧、愤怒、敌视心理。产生嫉妒心理的人往往会通过贬低甚至报复他人来寻求心理补偿。

医学院校大学生就业中还可能会产生攀比的盲从心理。听到同学吹嘘炫耀自己的工作有多好，有些学生不去了解实际情况，不根据自己的实际能力和岗位匹配度进行判断，觉得"他能去，那我也行"，就盲目地跟着同学改变自己的求职标准。

(四) 依赖和逆反心理

依赖心理是指有的大学生在求职时不能独立进行就业相关的活动、行为，如不知道该怎么准备求职信息，都靠老师、家长提供，完全听家长安排就业。现在很多大学生都是独生子女，从小受到父母的悉心照顾，养尊处优，嫌工作难、累、工资少，导致工作机会大大减少，有的甚至干脆在家里做起了"啃老族"。有57.33%的应届毕业生的求职方式是"社会关系"或"家庭"。

逆反心理是指在某些特定教育情境下，被教育对象因为自身思维模式和认知信息、要求相对立而产生的对立情绪，进而会影响行为意向。有些大学生在求职时存在这种逆反心理，不相信长辈、教师给的意见和求职信息，偏要对着干。

(五) 侥幸心理

有些医学院校大学生在求职时存在侥幸心理，觉得招聘单位不可能去查每个人的应聘材料真实与否，乱造材料，把和自己毫无关系的荣誉证书、科研成果放进自己的材料里，明明没当过学生会干部、没有实践经历，也胡编乱造，找家里关系伪造一个实践证明。结果在面试实操或实习期暴露了自身能力的不足，被辞退甚至是通报其他医院单位的人事，自毁前程。

(六) 抑郁

抑郁是一种以情绪低沉、兴趣缺乏、乐趣丧失为核心表现的精神状态。就业抑郁是指大学生因求职相关的原因产生了上述精神状态，一般是指短暂的抑郁状态而非抑郁症。现在就业竞争压力大，医学院校大学生在就业时可能不太顺利，如被心仪的单位拒绝，导致产生抑郁情绪，严重的还会影响正常的学习和生活，出现失眠、食欲下降等行为反应，进而影响求职，形成恶性循环。

二、医学院校大学生就业(创业)心理问题产生的原因

医学院校大学生就业(创业)心理问题产生的原因可分为四个方面，即个人因素、家庭因素、学校因素和社会因素。

(一) 个人因素

1. 抗挫折能力较差

挫折是个体在适应环境的过程中不可避免的问题。一些大学生抗挫折能力差，遇到一点挫折就无法承受，一遇到挫折就一蹶不振，陷入负面情绪无法自拔，也不能进行自我心理调适，或是从求职失败中吸取教训，努力提升自己。

2. 综合认知能力不足

美国心理学家帕瑞认为大学生的思维正处在一个由"只有绝对的对错"发展到能接受不同的观点的阶段，容易将自己的观点视为完全正确的，认为自己学到的知识就是绝对有用的，不能对自己的能力和就业的困难进行准确的认知。

3. 就业观念滞后

目前大学生就业观念与社会需要存在错位现象。很多大学生存在滞后的就业观念，如只想着到大城市就业，找到一个"铁饭碗"就一劳永逸了；只愿意在工作环境好的单位就业；只想到报酬高、轻松、有权力的岗位工作；等等。

(二) 家庭因素

1. 家长期望过高

现在很多家长都有"望子成龙""望女成凤"的想法，觉得自己给孩子创造了这么好的学习条件，他必须出人头地，他就是全家的希望，却没有想到过高的期待会给孩子带来巨大的压力。另外，有的家长比较固执，要求孩子必须从事他所选择的行业，期望孩子能完成自己没完成的梦想等，不考虑孩子自己的想法，不尊重孩子作为一个独立的成年人的权利，不利于孩子的健全成长。

2. 过度溺爱和保护

大学生的性格和家庭教育密切相关，大学生的就业心理问题也与父母的溺爱教育分不开。随着我国经济水平稳中求进的发展，许多家庭都实现小康。很多父母对孩子过分溺爱，有求必应，什么都给孩子准备好，这其实是"甜蜜的陷阱"。不仅让孩子失去了独立思考和自理的能力，还让他们对挫折的承受力过低，就业(创业)时遇到一点困难就觉得是天大的事情，痛苦不已。

3. 家庭背景

家庭背景指的是家庭经济水平、父母教养方式和文化程度等。家庭经济水平可以决定学生从小的学习生活条件。家庭经济水平高的学生可能被送去接受更优秀的教育，甚至是出国游学等，增加了学生就业(创业)的能力和成功性。父母教养方式是父母的教养行为、观念和对孩子情感表现的一种组合，具有稳定性，对大学生的职业倾向、择业效能感、就业焦虑都有着重要影响。父母的教养方式可以分为三个因素，即关爱、鼓励自主和控制。关爱是指父母对待孩子的态度温和、理解、支持；鼓励自主是指父母鼓励孩子自主、独立；控制是指父母控制孩子的生活，过分干涉其成长，限制其自由。父母的文化程度会在一定程度上影响其教养方式，文化程度为大学以上的父母对孩子的关爱更高。

（三）学校因素

1. 就业(创业)指导机制

现在许多大学对就业(创业)指导的认识不够到位，就业(创业)指导课只面向毕业班学生，而教师多为就业中心的工作人员，缺乏针对不同专业就业(创业)的特色指导。有的高校甚至没有专门的就业(创业)指导机构，不能专人专事。对学生的就业(创业)指导知识面覆盖不够广，缺少对就业(创业)心理的培养。

2. 专业培养设置

现在有些医学院校对专业的设置不够合理，为了迎合市场需求，设置了许多非医学类专业，减少了医学专业的特色优势。有些医学院校过于注重理论知识的传授，使大学生在实际的就业(创业)中动手能力较差、综合素质能力不佳。

（四）社会因素

1. 医学院校大学生创业面窄

在传统的想法里，医学院校大学生毕业就是进医院工作的，所以很多医学院校大学生、家长甚至教师都没有意识到医学院校大学生也可以进行创业。而医学院校大学生创业可选择的行业较少，主要集中在医药卫生行业，但其行业准入门槛较高，所有的资格证书必须在毕业后才能考取，大大限制了医学院校大学生的创业。

2. 经济发展不平衡

我国东部地区的经济发展水平较高，优越的条件吸引着大批毕业生前往东部地区就业(创业)。然而市场再大也是有限的，东部地区一部分职业一度出现了人才饱和的情况，毕业生刚刚创立的小公司在竞争激烈的大城市很难站住脚，这使大学生极其容易产生就业(创业)心理问题。

3. 社会保障体系不完善

虽然我国有《中华人民共和国劳动法》(2018修正)、《中华人民共和国就业促进法》(2015修正)，但对大学毕业生没有具体条款，责任划分不明确，大学生在就业(创业)中遭遇不公平对待时难以用法律武器保护自己。我国整体的社会保障体系不够完善，一些小型企业不为员工提供"五险一金"，使得毕业生更倾向于选择有保障的国企、大型企业等，造成了就业竞争。

三、医学院校大学生就业(创业)心理问题调适

针对医学院校大学生就业(创业)心理问题产生的原因，调适这些心理问题也可以从个人、家庭、学校、社会四个层面来入手。

(一) 个人层面

1. 学会自我心理调适

自我心理调适是指在产生负面心理时采取一定的心理学方法，调节心理活动的强度，改变心理状态。心理学上有许多可以进行自我心理调适的方法。比如，宣泄法，在就业(创业)过程中产生负面心理时，不要压抑在心中，可以试着释放出来，如喊叫、写日记、运动等；也可以找朋友、家人、老师等倾诉，不仅可以释放压力，还可以听听他们看待问题的角度。也可以采用自我激励法，多回忆自己以前的成功经历，从中获得经验和力量，发现自己的闪光点，告诉自己乌云总会过去的。此外，还有冥想法、深呼吸法、肌肉放松法等，这些方法都可以帮助放松、舒缓心情。

2. 提升综合能力

自身的能力才是硬实力，医学院校大学生只有认真学习，努力提高自己的理论水平和实践能力，才能够在就业(创业)中获得成功。医学院校大学生要尽早开始做职业生涯规划，树立职业目标，并向着目标努力。课余时间可以多参加社会实践活动，提升自己的社交能力，增强团队意识，加深对社会工作的了解。在求职面试前，医学院校大学生要多做准备，尽可能多地了解用人单位和应聘岗位的信息，多练习自我介绍和面试可能会问到的问题。

3. 树立正确的就业观

医学院校大学生应树立自主就业观，主动求职、收集岗位信息，而不是依赖父母、老师。首先，医学院校大学生要拓展思路，丰富就业渠道，除了关注大城市、大医院，也可

以去创业。其次,医学院校大学生要树立公平就业观,理智看待自身不足,不过分攀比,和他人公平竞争。最后,医学院校大学生要树立竞争的就业观,要有竞争意识,不断提升自己的能力,敢于面对竞争、公平竞争。

(二)家庭层面

1. 尊重医学院校大学生自身意愿

作为一名大学生,已经是一个有独立思考能力的成人了,每个人的理想都不同。家长应放下自己对孩子的控制执念,尊重孩子自己的职业选择,放手让孩子去闯。

2. 适度提供支持

正如上文所说,父母对孩子的择业有重要影响。因此,在医学院校大学生择业时,家长应多支持、理解他们,提供一个可以歇息的温馨港湾,在适当的时候对医学院校大学生的就业(创业)进行指导,分享自己的经验。但也不能过度溺爱,无限度地提供支持,这样容易养成医学院校大学生的依赖性和惰性,使其难以面对就业(创业)中的挫折。

(三)学校层面

1. 完善就业(创业)指导体系

首先,高校可以设立专门、独立的就业(创业)指导部门,引进专业的就业(创业)指导教师。其次,建立从大一开始的职业生涯规划指导机制,由指导部门的教师配合各专业教师,专业地、有针对性地进行就业(创业)规划指导。最后,丰富就业(创业)指导形式,如模拟面试、创业大赛等,让学生在实践活动中锻炼,提高学生的兴趣和参与积极性,切实提高学生的就业(创业)能力。

2. 合理设置专业培养方案

高校要根据市场需求,及时更新专业培养方案,督促专业教师提升教学水平,理论和实践课程相结合,加强社会合作,打通校企壁垒,为学生提供实习、就业(创业)的渠道。

(四)社会层面

1. 促进经济发展

经济水平的提升可优化整体就业环境,扩大就业市场;推进中西部地区发展规划,努力解决区域发展不平衡问题,从根本上消除大学生就业(创业)的地区歧视;继续鼓励扶持中小型企业发展,这样既可以创造更多的就业机会,还可以为医学院校大学生就业(创业)提供良好的环境。

2. 完善法律法规和社会保障

政府可对大学生就业(创业)的相关法律法规进行完善,细化条款,扩大覆盖面,设置专门的部门,走进大学,指导、帮助解决大学生就业(创业)维权问题,并加强相关法律知识的普法教育,增强大学生就业(创业)的法律意识,提高大学生的自保能力。此外,还应为大学生就业(创业)提供完善的社会保障,建立大学生资源库,了解毕业生的就业情况,落实"失业登记"制度,为大学生就业(创业)提供坚强的后盾。

3. 加强政策引领

根据我国当前经济发展水平和就业形势,制定推进各项大学生就业(创业)的优惠政策,鼓励大学生前往中西部地区,特别是基层、贫困地区、农村工作,落实"三支一扶""大学生村官"等政策,保障大学毕业生在这些地区的待遇,改善基层工作条件,真正留住大学生。对于自主创业的医学院校大学生要给予大力支持,可提供税费减免或提供小额贷款等优惠,提供创业指导,降低对创业的政策门槛限制。加强市场监管,杜绝各种不公平现象,规范就业(创业)程序,做好"放管服",营造良好、公平的就业市场环境。

拓展阅读 7-1

95 后医学女生的创业梦

中药做的小口罩,不仅防雾霾,还能预防鼻炎……这样脑洞大开的创意,在安徽中医药大学 2013 级中医学专业学生肖淑雅的身上变为实实在在的专利产品,还开启了她的 95 后中医创业人之路,斩获了 2017 年自主创业类"安徽省优秀大学生"称号。她,成了小有名气的"口罩西施"。

"谁说学医一定要当医生?"在安徽中医药大学中医学专业学习的时间里,虽然她折服于中医的魅力,但在全国"大众创业,万众创新"的热潮下,在校园大学生创新创业的浓厚氛围中,她也积极参与各种社会实践、大学生创业培训和比赛等活动,一有发明创造的想法就会跟好朋友们讨论。她认为,"中医还有很大的发展空间,我们新一代中医人还有很多事情要做"。

在查阅文献、口罩市场调研后,她发现,由于空气污染严重、亚健康人群增多等问题,中国的鼻炎患者人数也越来越多,市场上还没有一款类似的口罩,既可以抵御空气污染,又可以治疗呼吸道疾病。肖淑雅意识到,"搞事情"的好机会来了。

查资料、收集数据、申请专利、联系工厂……她找到 4 个志同道合的大学好友——研发人员肖书毓、市场专员靳晨晨、新媒体运营宣传推广人员秦雨松、细致负责的外勤人员彭超,肖淑雅则负责项目规划和管理,再加上财务外包给会计专业的同学,"凑"了一个中医创业小团队。她在大学生创新创业比赛过程中积累的人脉、学到的实战知识,都为项目的成长和发展打下了坚实的基础。

2017 年 3 月 3 日,注册成立公司并开始有条不紊地运转起来。不仅如此,产品深受前期用户的喜爱与支持,回购率达到 70%,淘宝店的好评率更是达到了 100%,目前已经达到三颗星等级。

创业的路上确实遇到了许多棘手的问题,最令肖淑雅难以忘记的一段经历,是寻找口罩的生产企业。"目前国内有资质的企业非常少,制造口罩的利润又很低,愿意和我们合作的企业就更少了。当时我们跑遍了合肥及周边几个城市,先找到工厂,然后和经理面谈,最后努力去说服对方生产我们的产品,这个过程真的很辛苦。"肖淑雅回忆道。

巨大挑战摆在面前,肖淑雅从未想过放弃,而是始终和团队在一起。"一根筷子容易折,众人拾柴火焰高,我非常重视团队的力量,它比个人能力水平要重要得多。"

(资料来源:叶兰兰,姚倩敏,郭志远,等. 95后医学女生的创业梦[EB/OL][2023-03-15]. http://edu.youth.cn/Figure/qnlx/201805/t20180503_11611769.htm,有删减)

思 考 题

1. 请思考你对未来的职业生涯规划,以及如何实现这个规划。
2. 在实现职业生涯规划的过程中,你可能会遇到什么样的困难?
3. 通过本章学习,遇到就业(创业)时,你将如何调适好自己的心理?

第八章
人格发展与心理健康

　　大学生是人才强国的根本,可以为中国式现代化、全面推进中华民族伟大复兴提供强大的人才支撑,而一个健全且稳定的人格塑造对大学生人才培养及其个人的发展至关重要。人格是个人相对稳定且独有的心理特征及组织结构,对大学生的思想、情感和行为产生影响。人格影响大学生的心理健康,心理健康外显表现又反映一个人的人格。两者关系密切,相辅相成,不可分割。因此,保持心理健康的状态有利于塑造美好人格,同样,美好人格的塑造对于心理健康的促进也起着重要作用。

【学习目标】

　　1. 本章概述部分主要介绍人格的基本概念,熟知大学生健康人格的标准和特点,了解大学生常见的人格缺陷。
　　2. 通过了解情商及逆商,并认识其对自身发展的重要性,学会培养情商和逆商的策略。

内容导读

　　1. 人格是由各种元素组成的一个相对稳定的综合系统,这些元素从不同侧面反映了大学生个体之间存在的差异。
　　2. 人格是人的心理面貌的集中反映,是大学生心理行为的基础,大学生能否健康幸福地生活与自身的人格健康状况有着紧密的联系。
　　3. 人格健全发展对大学生整体素质发展与提高有着重要的促进作用。因此,寻求一条通往健全人格的道路,塑造一个健全的人格,成为当前高校学生的一项主要的任务和目标。

案例导入

【案例8-1】

隐形的翅膀

　　《隐形的翅膀》这部电影真实地反映了李智华奋斗的经历,李智华没有双手,如同没了翅膀,但她勇敢地面对人生,靠驾驭一双脚,照样在生活中飞翔。

1984年2月14日，李智华出生在内蒙古扎鲁特旗伊和背乡赵家堡村的一户农家。1984年5月23日，无情的大火改变了她的一生。经过抢救，李智华保住了生命，却永远失去了双手。家境贫寒的李智华失去了双手，是顺从命运的安排还是与命运抗争？她选择了后者。她渐渐地学会了用脚趾夹着铅笔写字，刚开始时铅笔头怎么也夹不紧，她就用绳子把铅笔和脚趾捆在一起，绳子松了，就使劲勒紧。为了能写好一个简单的"0"，她竟整整练了1天，她相信自己能够通过奋斗做到和常人一样。哥哥姐姐去上学，李智华总是悄悄地跟在后面，校园里的欢声笑语让她感到一切是那么新奇。内蒙古的冬天特别冷，由于不能穿袜子，李智华的双脚长满了冻疮，但她却从不哼一声。她没上过高中，但通过顽强学习，考上了大专，后来又专升本。2004年，她被中国逻辑与语言函授大学评为"十佳学习之星"。同年，她又在陕西省大学生书法大赛中一举夺冠。2005年4月初，教育部、中国残联、团中央、全国妇联联合发出通知，号召全国青少年向身残志坚的李智华学习。2006年7月，大专毕业的李智华被一家单位聘用，单位发给她1000元的月工资。在得知13岁少女马依曼患白血病时，李智华将自己的首月工资全部打入医院账户，作为马依曼的治疗费用。多年来，李智华还一直给农民工子女做书画辅导。2014年获"身边的陕西好青年"（自强类）等荣誉称号。2015年3月，她被共青团中央常委推选为全国"向上向善好青年"。

(资料来源：https://mbd.baidu.com/ma/s/8s2WYSoI)

　　【问题聚焦】：什么是人格？身体残缺等于人格残缺吗？人格与心理健康有何关系？大学阶段常见的人格问题有哪些？

第一节　人格特质及其塑造

　　早在春秋战国时期，中国古代思想家们就已经开始从多方面对人格进行探讨。墨子、荀子等人认为人格是在各种因素的"熏渍陶染""潜移默化"的作用下逐渐积累而形成的。孔子从德行、智能和气禀三个方面对人格进行分类。现代心理学中"人格"一词源于希腊语persona，原指戏剧舞台上演员所戴的面具，类似于中国京剧中的脸谱。后来心理学借用了这个术语，现"人格"一词是指个体在对人、对事、对己等方面的社会适应中行为上的内部倾向性和心理特征的总和，可从一个人的能力、气质、性格、需要、动机、兴趣、理想、价值观和体质等方面整体表现出来。因此，人格影响一个人的心理健康，同时，一个人的心理健康外显表现又反映了人格，两者密不可分。

一、人格的定义

　　人格是相对比较抽象的概念，在中国古代汉语中有非常多蕴含"人格"含义的词汇，如"人性""品品""品格"等。在心理学上，人格的定义颇多，不同的学者对人格的理解不同。但一般认为，人格是一个结构，我们看不见，但可对此做出测评，并对个体的动机和行为做出一定的推论。人格是指一个人与社会环境相互作用表现出的一种独特且稳定的个性心理特征的总和。人与人之间最显著的差异就在于个性心理，也就是我们所说的人格。

二、人格的基本特征

人格具有四大基本特征，即独特性、稳定性、统合性、功能性。

人格的独特性是指个体在先天遗传和后天因素(如环境、教育等)的相互作用和影响下形成与发展的独特的个性、心理和行为特征。大千世界中，我们每一个人都有自己独特的人格，我们常说的"人心不同，各如其面"就是指的这个意思，如有的人活泼好动，有的人内向害羞，有的人豪爽大方，有的人小心谨慎，等等。当然，人格的独特性并不排除人与人之间的共同性。因为文化环境的影响，同一民族、同一阶级、同一群体在心理和行为等人格特征方面会表现出一定的相似性。例如，我国跟韩国和日本都是亚洲国家，国与国从风土人情到节庆日都有一定的相似性；同时，都深受儒家文化的影响，所以中国人、韩国人、日本人有很多相同的人格特征。可以说，人格就是共性和差异性的统一体，但是我们更加重视人格的独特性。

人格的稳定性是指一个人经常表现出来的特点，是一贯的行为方式的总和。每个人的人格特征一旦形成就具有跨时间和情境的稳定性，想要改变是很难的。正如我们常说的"江山易改，本性难移"。例如，一个活泼开朗的大学生不仅在学校里善于交朋友，喜欢交际，积极参加各类活动，在校外活动中也会善于交际，积极开朗。同时，他们不仅在大学时期表现如此，多数在小学、中学时期也是如此，即使以后毕业了进入社会，这样的特质也依旧不变。当然，人格的稳定性不排除一些偶发性的心理和行为表现。一个活泼外向的人偶尔也会有沮丧和不想说话的时候。同时，人格具有可塑性，会随着环境的变化、年龄增长而有相应变化。

人格的统合性是指人格是由多种成分和特质所构成的有机的统一整体。人格就像一个动力系统，由能力、气质、性格、情感、意志、认知、需要、动机、态度、价值观、行为等共同组成。它们不是单独存在，而是紧密联系，受自我意识调控，使人格结构的各方面彼此和谐，保持人格内在结构的一致的统合性，使人们呈现出健康的人格特征，否则一旦人格内在统合性被打破，就会出现各种心理冲突，导致"人格分裂"。

人格的功能性是指人格在个体的生活、工作、人际交往等方面有着适应调试的作用。一个人的人格或性格往往会影响个体在社会环境中选择用怎样的生活方式，从而影响一个人的命运以及决定一个人的事业成败。正如人们常说的"性格决定命运"。所以，大学生了解自己的人格特质和性格特征，有助于扬长避短，更好地适应生活。

三、人格结构

心理学认为，人格不是各种特性的单纯结合，而是以基本特性为中心体系化的结构。人格结构是用来解释个别差异和理解人内在的心理内涵的。

不同的学者对于人格结构的解释不尽相同。精神分析学认为，人格是本我、自我、超我相互影响制约的一个动态整体，以促使人格内部协调并保证与外界交往活动顺利进行，不平衡时则会产生心理异常。行为主义认为，人格是复杂的刺激反应联系，是强化基础上形成的行为习惯系统，受到外部环境的影响。特质学派认为，人格是无数特质按重要程度和等级顺序构成的有机整体，用这些特质及类型来解释稳定的个体差异。20 世纪 80 年代以来，心理学界在人格结构描述模式上达成了共识的是人格五因素模式，被称为"大五人格"。当代人也强调人格结构的五大特质，即开放性、尽责性、外倾性、随和性、神经质性。

(一) 定义

究竟什么是人格结构呢？它包含哪些部分呢？总的来说，人格结构是一个由不同层次、不同侧面心理成分相互结合构成的有机整体。作为一个复杂的结构系统，人格主要包括人格倾向性和人格心理特征两部分。

人格倾向性是决定人对客观事物的态度和行为的基本动力，是人格结构中最活跃的因素，它也决定着人对认知活动的对象的趋向和选择。人格倾向性主要是在后天社会化过程中形成的，包括需要、动机、兴趣、爱好、理想、世界观、人生观、价值观等，其各个成分之间相互影响、相互制约。

人格心理特征是个体心理活动中经常表现出的比较稳定的心理特点，它集中反映了人的心理活动的独特性，主要包括气质性格。

人格倾向性和人格心理特征不是彼此孤立的，而是互相渗透、相互影响、错综复杂地交织在一起的。人格心理特征受人格倾向性调节，人格心理特征的变化也会在一定程度上影响人格倾向性。

(二) 气质和性格

1. 气质

气质是指个体表现在心理活动的强度、速度、灵活性与指向性上的一种稳定的心理特征，如我们常说的脾气、秉性、性情。气质是先天形成的、与生俱来的，是人一出生最先表现出来的个体差异，并无好坏之分。

起源于《尚书·洪范》的五行论就是一种典型人格气质学说。其认为水、火、木、金、土是五种基本物质，它们有各自的属性和功能。在此基础上，《黄帝内经》将五行学说与生、心、病理联系在一起，把人的气质划分为五种类型，即水形之人、火形之人、木形之人、金形之人、土形之人，又与五声音阶(宫、商、角、徵、羽)结合，构成 25 种气质类型。

古希腊医生希波克拉底提出，人体内有 4 种液体，即血液、黏液、黄胆汁和黑胆汁，这 4 种液体的配合比例不同，形成 4 种不同的形态。格林(盖伦)(Galen，130—200)是欧洲古代医学的集大成者，也是罗马帝国时期著名的生物学家和心理学家。他从希波克拉底的体液说出发，创立了气质学说。他认为气质是物质(汁液)的不同性质的组合。当时他所说的气质共有13种。在此基础上,气质说继续发展,成为经典的四种气质。

(1) 多血质。多血质的人灵活性比较高,社会生活环境适应力强,善于人际交往,在工作、学习中精力充沛而且效率高,感情丰富外露,独立稳定,思维敏捷,但不求甚解,活泼好动,热情大方,行动敏捷,适应力强。缺乏耐心和毅力,受不了一成不变的生活;对什么都感兴趣,但兴趣易于变化,容易出现三分钟热度的情况;有些投机取巧,易骄傲。多血质的人切记防止粗枝大叶、虎头蛇尾,培养坚持性。代表人物有韦小宝、孙悟空、王熙凤等。多血质的人比较适合的工作有医生、律师、新闻记者、演员、警察、驾驶员、服务员、外交工作、管理工作、运动员等。

(2) 胆汁质。胆汁质的人易兴奋、易激动,反应迅速,行动敏捷,暴躁而有力;性急,有一种强烈而迅速燃烧的热情,不能自制;在克服困难上有坚韧不拔的劲头,但不善于考虑能否做到,工作有明显的周期性,能以极大的热情投身于事业,也准备克服且正在克服通向目标的重重困难和障碍,但当精力消耗殆尽时便失去信心,情绪顿时转为沮丧而一事无成。胆汁质的人要防止任性、粗暴,以柔克刚。代表人物有张飞、李逵、晴雯等。比较适合从事节目主持人、导游、监督员、推销员、外事接待人员、野外勘探、外交、公安等工作。

(3) 抑郁质。抑郁质的人有高度的情绪易感性,主观上把很弱的刺激当作强作用来感受,常为微不足道的原因而动感情,且有力持久,做事认真细致、自制力强、持久专注;行动表现上迟缓,有些孤僻;遇到困难时优柔寡断,面临危险时极度恐惧。抑郁质的人要多注意防止孤僻、多鼓励、关注自尊心、培养自信。代表人物有林黛玉等。抑郁质的人比较适合从事编辑、排版、打字、校对、检验、机要人员、保管、雕刻等工作。

(4) 黏液质。黏液质的人反应比较缓慢,坚持、稳健辛勤地工作;动作缓慢而沉着,能克制冲动,严格恪守既定的工作制度和生活秩序;情绪不易激动,也不易流露感情;自制力强,不爱显露自己的才能;对工作考虑得非常细致周到,能够不折不扣地、坚定地执行自己已经做出的决定;固定性有余而灵活性不足。黏液质的人要多注意防止墨守成规、谨小慎微、执拗。代表人物有鲁迅、薛宝钗等。黏液质的人适合从事法官、医生、管理人员、保管员、出纳员、会计、播音员、话务员等工作。

需注意的是,气质并无好坏之分,每种气质都有积极和消极的方面,气质给人的个性行为添上了色彩,但不决定一个人发展的方向。不能用气质类型去判断人的行为和社会价值。

2. 性格

性格是一个人对现实的稳定的态度,以及与这种态度相应的、习惯化了的行为方式中表现出来的人格心理特征,是人的核心,是个体在后天环境影响下形成的,具有可复性。性格一经形成便比较稳定,不是一成不变的,而是具有可塑性的。性格表现的是一个人的品性,受人的世界观、人生观、价值观的影响,有好坏之分。

对于性格的研究有很多种。首先,从心理倾向理论来看,可将性格分为外倾型性格和内倾型性格。外倾型的人在认知世界时,以外在客观事物为核心。这种人容易与外部世界和谐相处,但这种和谐有限,即止于迷失自我,因为外倾型性格的人很容易忽略内在的自我。内倾型性格的人在认知世界时,以内在的自我感受为核心,倾向于将内在的感觉和观念投射到外部环境中去。这种性格的人面临的最大难题是观念与现实的冲突。其次,从个体独立性程度划分,可将性格分为独立型性格、顺从型性格。独立型性格的人不易受外界的干扰,具有坚定的信念,能独立判断事物,发现并解决问题;在紧急和困难的情况下,表现镇定,容易发挥自己的力量,但有时会把自己的意志强加于人,显得固执不合群。顺从型性格的人谦虚、容易合作,但是独立性很差,容易受暗示,容易接受别人的意见,在紧急情况下容易惊慌失措。独立型和顺从型没有好坏之分,任何一个团队中都既有独立型性格的人,又有顺从型性格的人。最后,从性格的特质理论来看,特质是指个人遗传与环境相互作用而形成的对刺激发生反应的一种内在倾向。美国心理学家奥尔波特认为性格是由许多特质所组成的,特质是一种神经心理结构。特质使反应具有一致性,即不同刺激能导致相似的行为。奥尔波特将特质分为共同特质和个人特质。共同特质是指同一文化形态下的群体都具有的特质,它是在共同的生活方式下所形成的,并普遍地反映在每一个人身上。个人特质为个人所独有,代表个人的性格倾向。心理学家卡特尔采用因素分析的研究方法,提出了基于人格特质理论的一个理论模型。模型分成四层,即个别特质和共同特质,表面特质和根源特质,体质特质和环境特质,动力特质、能力特质和气质特质。其中,根源特质是一个人整体人格的根本特质。卡特尔经过长期研究,确定了16种根源特质。

3. 气质和性格既有区别又紧密联系

(1) 二者的区别:气质是个体与生俱来的心理活动特征,是以高级神经活动类型为其生理基础的,因而气质主要是受遗传影响,具有稳定性,较难改变。性格是人对现实的稳定态度以及与之相适应的行为方式方面的个性心理特征,性格的形成与发展是有阶段性的,主要受后天环境、教育等的影响。相对气质而言,性格的变化比较容易、比较快。气质是行为的动力特征,与行为的内容无关,因此无好坏之分;性格涉及行为的内容,因而有好坏之分。

(2) 二者的联系:气质和性格是相互渗透、相互制约的。性格可以部分掩饰或改造气质,使气质更加符合自身的社会角色的要求;气质也影响着性格的行为特征,不同气质可以给同一性格添上个体独特的色彩,从而表现出个体差异。

四、影响大学生人格形成与发展的因素

人格的形成与发展离不开先天遗传因素与后天环境的共同作用。因此,如何看待大学生的人格形成过程,需要考虑生物遗传、社会文化、家庭及学校环境、自我调控等影响因素。

(一) 生物遗传因素

遗传是人格形成中不可缺少的影响因素。遗传因素对人格的作用程度随人格特质的不

同而不同。通常在智力、气质这些与生物因素关系较大的特质上，遗传因素的作用较为显著；而在价值观、信念、性格等与社会因素关系较密切的特质上，后天环境的作用可能更重要。双生子研究是最能说明生物遗传因素对人格形成与发展的重要性。简而言之，同卵双生子之间有着相同的遗传基因，因此其差异是由环境所决定的；而异卵双生子之间有着不同的基因构成，其差异都是由基因间的差异所决定的。

（二）社会文化因素

人是社会的产物。也就是说，社会性是人的本质属性，没有社会性人就不能称为人。人从出生的那一刻起，便受社会文化的影响和熏陶，而社会文化对人格的影响伴随着人的一生。每个人都处在特定的社会文化环境中，特定的社会文化塑造了在这个社会中的个体的人格特征，使个体的人格结构朝着特定及相似性的方向发展。社会文化对人格具有塑造功能，还表现为不同文化的民族有其特有的民族性格。

（三）家庭及学校环境因素

家庭对一个人的人格发展有着极其重要的影响力，是人格形成的主要影响因素。家庭是人出生后第一个有着密切接触的环境，是个体性格形成、社会行为习得的生活环境。在这里我们重点探讨家庭背景(包括家庭结构、经济条件、居住环境、家庭氛围等)和教养方式对人格发展与个体差异的影响。研究发现，在权威型教养方式下成长的孩子容易形成消极、被动、依赖、服从的人格特征；在放纵型教养方式下成长的孩子多表现为任性、自私、野蛮、唯我独尊、蛮横胡闹等；民主型教养方式能使孩子形成一些积极的人格品质，如活泼、快乐、彬彬有礼、善于交往等。由此可见，家庭对个体人格形成起着至关重要的作用。

学校教育特别是教师对学生的人格发展起着指导性作用。在学校里，教师起着榜样的作用，潜移默化地影响着个体人格的塑造。洛奇在研究中发现，性格古板、严厉、专制的教师所带出来的学生常常表现为情绪容易紧张、带有工具性、欺骗行为增多、自制力差；反之，友好、民主、开明的教师带出来的学生表现得较为积极、态度友好、团结、欺骗行为减少。因此，学校的文化知识、思想品质、行为规范的教育对学生良好人格的形成有至关重要的影响，这些影响主要来自课堂教学、课外活动、班集体的风貌、师生关系与同学关系等。

（四）自我调控因素

上述所说的生物遗传、社会文化、家庭及学校环境属于影响人格形成和发展的外部因素，而个体的人格发展除了外部因素影响之外，也离不开内部因素的影响。人格的自我调控系统就是人格发展的内部因素。人格的自我调控系统是以自我意识为核心的。自我意识是人对自身以及对自己同客观世界的关系的意识，其中包括自我认识、自我体验、自我控制三个子系统。自我调控系统的主要作用是对人格的各个成分进行调控，保证人格的完整统一与和谐，它属于人格中的内控系统或自控系统。

健康的人格是自我的内在统一，认识自我、愉快接纳自我、延伸自我和创造自我是健康人格的四部曲。人在发展中求生存。自我调控具有创造的功能，它可以不断地变革自我、塑造自我、完善自己，将自我价值扩展到社会中去，并在对社会的贡献中体现自己的价值。把实现自我的个人价值变革为实现自我的社会价值。人的自我塑造伴随着人的一生，需要一个人不懈努力地去完成。

综上所述，人格是先天、后天及遗传与环境共同作用的结果。遗传决定了人格发展的可能性，环境决定了人格发展的现实性，教育对人格发展起到了关键性作用，自我调控系统是人格发展的内部决定因素。

第二节　人格缺陷与健康标准

人格缺陷是一种人格发展的不良倾向，介于正常人格与人格障碍之间。也可以说，每种人格缺陷在正常人身上均有所体现。

一、大学生常见的人格缺陷

大学生正处于人格稳定发展的重要时期，这一时期常见的人格缺陷主要有自卑、嫉妒、自恋与以自我为中心、偏执型人格、分裂型人格、强迫型人格、依赖型人格和表演型人格等。

1. 自卑

自卑心理主要表现为对自我评价过低，看不起自己，同时担心别人看不起自己，看不到自己的优点。以消极的态度看待自己，缺乏自信。总认为自己不行，怕失败被人耻笑，同时把失败归结到自己身上。认为样样不如人而陷入自责、不安、懊恼。不敢与人交往，工作缺乏主动，不敢负责。

2. 嫉妒

嫉妒是一种人与人之间不良的情感表现及心理倾向，对超过自己的人怀有一种冷漠、贬低、排斥、敌视的心理状态，让人感到难过，严重时，会产生恨和恐惧等负面的情感，是自私自利、唯我独尊的心理表现。过度的嫉妒心理会害人害己，但如果能把嫉妒心转化成竞争心，或者叫作上进心，将其引导向正常的竞争，就可以成为动力。

3. 自恋和以自我为中心

现今大学生独生子女居多，常常会出现以自我为中心和自恋的人格倾向。其表现为考虑问题、处理事情都以自我为中心，将自我作为思考问题的出发点与归宿；喜欢指使他人，坚信自己关注的问题是世上独有的，仅能被某些特殊的人了解。目中无人，甚至自私自利，遇到冲突时，认为对的是自己而错的是他人。对无限的成功、权利、美丽、爱情有非分的幻想。认为自己有特权，渴望持久的关注与赞美。缺乏同情心，有很强的嫉妒心。

4. 偏执型人格

偏执型人格缺陷常表现为敏感多疑，不信任他人。固执己见，很难接受他人的意见、认死理。自尊心过强，期望别人尊重和重视自己。易感到委屈、挫折、怀才不遇，常常产生攻击、报复之心。与他人矛盾不断，难以适应现实生活，往往容易被孤立。

5. 分裂型人格

分裂型人格表现为会有奇异的信念和想法，或者有不一般的行为，如相信透视力、心灵感应。总会做出一些奇怪、反常、特别的行为，外貌和服饰打扮奇特，不修边幅。怪言怪语，如离题、用词不当、繁简失当、表述不清楚等。伴随不寻常的知觉体验，如幻觉，看不见存在的人。情感冷漠、人际关系紧张等。

6. 强迫型人格

强迫型人格做任何事情都要求完美无缺，按部就班、有条不紊，严重者会影响工作效率。坚持别人也要严格地按照他的方式做事，否则心里就会痛苦。行为循规蹈矩，不知变通，爱好不多，清规戒律不少。处理事情有秩序、整洁，严守时刻，对突发事件会显得不知所措，难以适应，对新事物接受慢。犹豫不决，常避免做出决定，常有不安全感，常处于莫名的紧张和焦虑状态，如反复检查门是否锁好。思虑过多，反复思考计划是否妥当，反复核对检查，唯恐疏忽和差错，别人一怀疑，就会感到不安。

强迫型人格障碍的形成常与幼年家庭教育和生活经历有关。例如，父母对孩子过分严厉，苛刻的管教会造成孩子做事过分拘谨和小心翼翼，生怕做错事而遭到父母的惩罚，做事思虑甚多，优柔寡断，并慢慢地形成习惯性紧张，产生焦虑的情绪反应。

7. 依赖型人格

依赖型人格的人在没有从他人处得到大量的建议和保证之前，不能做出决定。时常有无助感，让别人为自己做重要决定，如选择什么工作，去哪里生活都需要咨询别人。害怕被遗弃，明知他人有错，但因害怕被孤立也随声附和。没有独立性，很难独立地按计划做事。会过度容忍，为讨好他人甘愿做低下或自己不愿做的事。

心理学家霍妮明确指出，依赖型人格的人有三大特点：第一，深感自己弱小无助，有一种"我是一只小小小小鸟"的感觉。当要自己拿主意时，便感到一筹莫展，像一只迷失了港湾的小船。第二，理所当然地认为别人比自己优秀，比自己有吸引力，比自己能干。第三，无意识地倾向于用别人的看法来评价自己。

8. 表演型人格

表演型人格又叫癔症型人格或戏剧化人格，其特征是高度地以自我为中心，喜欢别人注意他。有高度的被暗示性，比较容易被催眠。情感丰富但不稳定，好感情用事。行为夸大，有表演色彩。表演型人格与性别和受教育程度有关，一般女性和受教育水平低者偏多。

【案例8-2】

各种压力让花季少女患上了抑郁症

刘某是某高校大学生,在复读那一年她的睡眠就有些问题。复读时,由于觉得学校的氛围过于压抑,她就自己在家学习。那一年几乎她没怎么出过门。加之学业压力,情绪一直提不起来,偶尔也会失眠。直到得知被录取,对学业的担忧继而转为对大学新生活的恐惧,"我怎么在食堂买饭?""怎么洗澡?""我和同学们都不认识,应该怎么相处呢?"……一系列问题如风暴般在头脑中呼啸。

渐渐地,刘某对各种事物都失去了兴趣,自卑、失眠。刚开始还只是入睡困难,后来几乎整夜睡不着。意识到自己可能患上了抑郁症,刘某在家长的陪同下就医,在服用了大半年药物和进行心理治疗后,临床痊愈,刘某不再畏惧大学的新生活。只是,开学之后,她又出现了新的问题——人际交往难题。

"那时候,我和宿舍里的两个同学关系不好,和其中一个可以说是很不好。"回想起当时的情景,刘某说,她在学校并没有关系要好的同学,"看着别人都三三两两,都有'伴儿',可我自己一个人吃饭、一个人上课、一个人做所有事……"后来刘某又进行了一段时间的心理治疗。她极度想在期末考试中有一个好成绩,但越是在乎,越是紧张,成绩越是不如意,抑郁和焦虑症状也在加重。

幸运的是,经过一段时间的治疗,刘某在大一下学期快要结束时,抑郁和焦虑症状渐渐减轻。大二时两三个月接受一次心理治疗即可。如今,她在学校交了朋友,加入了社团等组织,学习成绩也提升了。

(资料来源:http://sd.dzwww.com/sdnews/202005/t20200524_5878081.htm)

【问题聚焦】

1. 为什么刘某病情反复?
2. 学业问题和大学生人际交往问题普遍存在,为什么会加剧刘某抑郁症?这和人格有什么联系?

二、大学生健康人格标准

健康人格是指各种良好人格特征在个体身上的集中体现,是各种良好心理特征的基础。大学阶段是人格形成与定型的关键时期,对大学生来说,这一阶段人格健康发展对大学生能否与他人交往,能否良好地适应社会生活,能否让自己和他人都感到幸福有着至关重要的影响,直接影响着大学生的身心健康。

根据我国心理学家对大学生这一特殊群体的年龄、心理和社会角色特质的研究,大学生健康标准如下。

(一)自我悦纳,接纳他人

一个健康的人格首先要能够接纳自己的全部,能够积极地开放自己,正确认识自己。能欣赏自己的优点，但不因此而自傲；能坦率接受自己的局限，但不因此而自卑；能发现、肯定和欣赏他人，虚心接纳他人意见，吸取他人优点，弥补自身缺点；对生活持乐观向上的态度。

（二）人际关系和谐

大学生作为社会中的人，离不开与人打交道。能否与他人和谐相处是大学生获得心理健康的重要途径及不可缺少的条件。大学生人际关系和谐表现为心胸开阔、善解人意，宽容、尊重并乐于帮助他人；能客观地评价别人和自己，不狂妄自大、妄自菲薄；有人际吸引力，受人喜欢；积极的交往态度多于消极的态度，交往动机端正。

（三）独立自尊

大学生独立自尊表现为拥有独立的人格及思考体系，有正确的世界观、人生观、价值观，有自己的标准，能理性分析生活事件，乐观向上，积极热情，热爱生活，自我尊重，自我爱护，有信心能够独当一面，同时相信自己能与他人和谐互助。

（四）能够发挥自己的潜能

有强烈的求知欲和浓厚的探索兴趣；能很好地利用自身条件，在社会实践活动中积极协调并正常地发挥自己能力；充分开发自身的创造力，创造性地生活；发现生命的意义并选择有意义的生活。

第三节　情商及其培养

健全的人格是心理健康的基础，大学生就必须学会培养健全的人格，并敢于面对挫折，迎接挑战，在人生的风雨中健康成才。

一、情商的定义

情商(EQ)也叫情绪商数，是1900年由两位美国心理学家约翰·梅耶(新罕布什尔大学)和彼得·沙洛维(耶鲁大学)提出的一个相对于智商(IQ)而言的心理学概念。1995年，情商之父丹尼尔·戈尔曼发表了《情商》一书，在全世界掀起了一股EQ热潮。他在书中进一步将情商叫作情绪智力(emotional intelligence)。他通过科学论证得出结论："EQ是人类最重要的生存能力，今生的成就至多20%可归诸于IQ，另外80%则要受其他因素(尤其是EQ)的影响。"情绪是对客观事物的态度体验以及相应的行为反应，而情商代表一个人的情绪智力，是指一个人把控自己情绪、对他人情绪的揣摩和驾驭、承受外界压力的能力、不断激励自己和把握自己心理平衡的能力。近年来，大量科学研究也进一步证实了丹尼尔·戈尔曼的论证，即情商是比智商更重要的一个商数。

丹尼尔·戈尔曼接受了沙洛维(P.Salovery)的观点，认为情商包含五个主要方面：

（1）了解自我。监视情绪的变化，能够察觉某种情绪的出现，观察和审视自己的内心世界体验，它是情绪智商的核心，只有认识自己，才能成为自己生活的主宰。

（2）自我管理。调控自己的情绪，使之适时适度地表现出来，即能调控自己。

（3）自我激励。能够依据活动的某种目标，调动、指挥情绪的能力，它能够使人走出生命中的低潮，重新出发。

（4）识别他人的情绪。能够通过细微的社会信号、敏感地感受到他人的需求与欲望，即认知他人的情绪，这是与他人正常交往、实现顺利沟通的基础。

（5）处理人际关系。能够调控自己与他人的情绪反应。

二、大学生情商的培养

情商反映的是一个人把握和控制自己情绪、对他人情绪的揣摩和驾驭、承受外界压力的能力、不断激励自己和把握自己心理平衡的能力，是属于人的非智力因素的范畴。科学研究表明，情商是比智商更重要的一个商数。情商作为一种综合能力，不仅能够帮助大学生树立正确的人生观和价值观，而且对大学生健全人格的发展具有重要意义。那么，如何有效培养大学生的情商呢？

（一）认知自身的情绪

认知情绪的本质是情商的基石。认知情绪是指能随时随地准确认识、感知自己当前情绪的能力，能了解且敢于面对自身的真实处境，能正确地给予自我评价，明确了解自己行为的原因，不沦为感觉和情绪的奴隶。有时，大学生在面对自己的真实情况时，可能会感到不安甚至痛苦，这需要勇气和耐心，尤其是当负面情绪来临时，大学生应该学会转移注意力，将注意力转移到积极、正面的事情上来，从而使负面情绪得到缓解和消除。当不良情绪产生时，大学生可以学会注意转移或情绪替代，以防止过度关注敏感问题和负面情绪所导致的恶性循环。

1. 冥想

当负面情绪（如紧张、焦虑、愤怒等）来临时，我们会第一时间感知到，如果是在这样的情绪状态下做事，结果往往会大失所望或导致不良事件产生。大学生要学会冥想，当面对不良情绪时，不要急着做事情，可以先闭上眼睛，深呼吸，内心默数1至10，反复几次，直至情绪平稳。

2. 寻找快乐

兴趣爱好是最好的良药，人在做自己感兴趣的事情时往往会忘记时间、忘记悲伤，并感到快乐和满足。当面对悲伤、孤独、不安等不良情绪时，不妨听听音乐、读读书或约朋友出去玩，让快乐转移对不良情绪的关注度，以保持良好的心理状态。

第八章 人格发展与心理健康

3. 保证充足的睡眠

保持良好的精神状态是抵御不良情绪的前提。人在疲劳时更容易受到突然事件的刺激和影响,产生负面情绪,因此,充足的睡眠非常必要。

(二) 妥善管理及合理宣泄情绪

情绪管理必须建立在自我认知的基础上,如自我安慰,摆脱焦虑、灰暗或不安等不良情绪。情绪管理能力较匮乏的人常与低落的情绪交战,只有掌控自如的人能够很快地走出低潮。大学生阶段自我意识和自尊心增强,常羞于表达自己的情感和想法,倾向压抑自我的情绪,久而久之,不良情绪不断累积,达到不能承受时就容易产生心理问题,导致一系列负面问题或心理疾病。因此,需要及时、合理地宣泄不良情绪。不良情绪宣泄的方法主要有以下几种方式。

1. 倾诉

学会倾诉,大学生可以和亲朋好友交流沟通,说出自己心里的不快,不仅能使情绪得到宣泄,还能得到朋友的关爱和支持。

2. 书写情感

将自己遇到的烦恼书写出来,通过文字发泄情绪,并重新对刺激事件进行梳理,引导和认知自己情绪状态,进行调适。

3. 释放

有句古话叫"男儿有泪不轻弹",从古至今,人们都认为哭是一件懦弱的事情,特别是对于男生。其实不然,哭是一种很好的痛苦宣泄方式,是机体对于情绪的一种自然反应,通过哭可以达到保护自身的作用。当情绪非常低落沮丧时,不要过分压抑,大哭一场,将负能量都释放出来,能够缓解不良心境和心理压力,恢复良好的心理状态。

(三) 自我激励

健康幸福的生活离不开积极的心态和勇往直前的信心,但人生不如意十之八九,如何摆脱消极情绪呢?学会自我激励,可以帮助我们激发自身的兴趣、热情、干劲和信心,摆脱消极情绪的影响。自我激励的前提是制订一个合理的目标。如果目标过小且不够具体,则不能激发人们的想象力和动力,人会变得松懈、懒惰。如果目标过于宏伟且远大,一旦达不到则容易产生挫败感,失去自信心和向前奋进的动力。大学生应在充分了解自己的前提下,制订一个在自己能力范围内且有一定难度的目标,或者将远大的目标分为一个个小目标,逐步实现,有助于跳出自己的舒适区,增加信心,不断激励自己迎接挑战。

(四) 认知他人的情绪

在人际交往中,每个人的情绪都会相互感染,但人经常陷入自己的思绪中,对他人的感受视若无睹，不能站在他人的角度或立场上思考问题，给自己和他人都带来不愉快的感受和不必要的心理负担。所以，在人际交往过程中，大学生首先要学会同理心去感受和理解他人的情绪，以减少矛盾和冲突；其次要认识到自己在人际交往中的价值和意义，不要因为他人的不理解而感到失落或沮丧；最后要学会控制情绪，当受到他人负面情绪刺激或影响时，能够保持冷静理智地处理，积极乐观地对待周围的人和事情。

（五）人际关系的管理

作为当代大学生，除了要具备良好的心理素质和道德品质之外，还需要对人际关系进行良好的管理，主要包括两点：一是掌握与人沟通交流的技巧，善于管理好自己的人际关系，以积极的态度面对生活，与他人建立良好的关系。通过良好的人际关系来提高情商水平，有助于大学生在学习和生活中更好地与他人交流合作，并取得更多人的信任和支持。同时，良好的人际关系有助于大学生在学习和生活中获得更多人的帮助，积累在社会中生存发展所需要的资源。二是学会微笑，让微笑时常挂在我们的嘴边。与人相处，就如同照镜子，当你对着镜子笑，镜中的人也会对着你笑；反之，当你对着镜子哭，镜中的人也会对着哭。所以，大学生应学会微笑，以积极乐观的心态去面对我们周围的一切，体会学习和生活中的美好。

第四节　逆商及其培养

人生不可能一帆风顺，挫折和压力无处不在。逆商是一种应对压力、挫折，摆脱困境和超越困难的能力，是个体面对逆境引起的心理压力和负性情绪时的承受与调节能力。逆商的培养是大学生健全人格发展的重要途径之一，在大学生身心健康发展过程中有着重要的作用。

一、逆商的定义

逆商的全称是逆境商数，逆商又称为挫折商或逆境商，是指人们面对生活中的逆境时的反应方式，即应对压力、挫折，摆脱困境和超越困难的能力。在当今时代，竞争日趋激烈，大学生能否顺利毕业、成功就业或创业，不仅取决于其是否有强烈的创新创业思维、扎实的专业知识技能，更大程度上取决于当挫折、困境来临时其能否抵抗压力，摆脱困境。

逆商不仅是衡量一个人应对工作挫折的能力的标准，还是衡量一个人超越任何挫折的能力的标准。大量的研究资料表明，在面对相同的困境或打击时，逆商高的人产生的挫折感低，而逆商低的人产生的挫折感强。因此，逆商高的人往往比逆商低的人能更好地应对突发事件和压力挫折。

在充满逆境的当今世界，事业的成败、人生的成就，不仅取决于人的智商、情商，也在一定程度上取决于人的逆商。

综观当代大学生的实际特点,一方面,从入学起,他们就承受着较大的思想压力,如学业上的压力、如何和谐处理人际关系、对未来就业的未知感、不能很好地适应高校环境、父母的期许、恋爱烦恼等。另一方面,大学生处于人格发展重要的过渡阶段,从过去依赖父母、教师、学校开始学会独立处理问题,缺乏足够的社会经验,抗压能力及情绪调控能力较差。面对挫折与困难,很容易陷入消极的情绪,不能自行消化。例如,现今许多大学生因为学习成绩下降、失恋等问题压力过大,焦虑、失眠、抑郁、恐惧等现象非常普遍;个别学生因承受不住压力而产生精神问题,严重的甚至会选择跳楼自杀。因不能很好地处理逆境导致的身心失衡,不仅会影响其智能的发挥,而且会使其潜能的挖掘、综合能力的培养、人格的完善受到抑制。因此,高校积极开展大学生逆商培养的教育活动,促使大学生在逆境面前形成良好的思维方式、良好的行为反应方式十分必要。

二、逆商的培养

(一) 重视树立正确的世界观、人生观和价值观

当代大学生,首要任务是学习专业知识和技能,但是不能忽视人文素质的培养和心灵的教化。首先,大学生要自食其力,重视树立正确的世界观、人生观和价值观,在个体人格中,做到理性与情感意志、科学与人文精神、知识与道德的协调发展,促进健全人格的形成,这样才能形成对自身和社会强烈的责任感,才会不断地为自己的目标奋斗不息。其次,大学生要积极参加社会实践,从实践锻炼中找寻符合主、客观的真理,同时结合大学生每个阶段的所思所想,实事求是,与时俱进,通过实践学以致用,在实践中磨砺意志,陶冶情操,形成正确的世界观、人生观和价值观。最后,大学生除了要学会自我教育、认真学习理论知识之外,还要以正确的世界观为标准,不断审视自己的思想和行为,自觉进行辩论和自我辩论、批评和自我批评。

(二) 注重培养乐观、积极向上的心态

任何事物都有两面性,既有积极方面,也有消极方面,而大学生的关注点在消极方面还是积极方面会直接影响其看待及解决问题的方式,从而影响其心理健康。培养乐观、积极向上的心态不仅影响个体的身心健康,还影响个体的学习效率、生活质量,与人交往是否和谐,以及个体潜能的发挥。因此,大学生要学会保持积极乐观的心态,学会调控不良的情绪。乐观的情绪及积极向上的态度对大学生健全人格的发展至关重要。

(三) 培养坚韧不拔的意志品质

坚韧不拔的意志能帮助大学生克服困难,创造美好奇迹。自我修炼是磨炼意志品质的根本法则。在失败和挫折面前,意志坚强的人会认为失败是暂时的,外部原因引起的失败是暂时的,面对困难不害怕、不畏惧,相信自己可以成功克服;而意志薄弱的人会把失败归结于自己,情绪容易失控,容易被困难打倒。

人格就是在不断的实践及磨炼中完善起来的,也只有在不利的环境中才能磨炼我们的

心理素质及意志品质。这里介绍一个培养积极乐观及坚韧不拔的意志品质的简单方法，即"一说二想三行动"，具体是这样做的：当面临挑战时，一是要对自己说"我可以、我能行"，给自己定一个积极的基调，从积极的角度看问题，想这件事的积极意义，增加正向的情绪体验。二是想这件事的挑战在哪里、这件事可以给我带来哪些积极的价值、这件事对我的最大帮助是什么、我收获什么。三是具体处理，勇敢地去面对。要知道挫折是不可避免的，面对挫折不要害怕、不要逃避，它只会让我们越来越勇敢，越来越好。

（四）学会客观评价自己，自我悦纳，接纳他人

一个健康的人格首先是一个可以客观评价自己、认识自己、接纳自己的完整的人。过高或者过低地评价自己都容易使自己迷茫，容易使理想中的自己和现实中的自己出现矛盾，从而影响健全人格的发展。如何正确地完善自我认识呢？第一，客观地评价自己，同时接纳自己，能够积极正确地认识自己，能欣赏自己的优点，但不因此而自满；能接受自己的缺点，但不因此而自卑。第二，对自己、对他人、对环境降低要求，接受现状。第三，不要比较，不和他人、不和自己的过去比较，着眼于现状，因为比较会夸大不足和缺陷。同时不强求自己，也不要苛求他人。学会疏导不良情绪，对生活持乐观向上的态度，保持良好的人际关系。

拓展阅读 8-1

我是谁

填充句子的游戏，看看你对自己的认识与别人对你的认识是不是一样的？用五个句子给出自我评价。题目：自己眼中的"我"。

时间：10分钟。

具体步骤：

请完成下面五句话：

(1) 我是谁？_____

(2) 我是谁？_____

(3) 我是谁？_____

(4) 我是谁？_____

(5) 我是谁？_____

例：我是谁？我是一个认真负责的人。

　　我是谁？我是一个喜欢帮助别人的人。

　　我是谁？我是一个善良的人。

　　我是谁？我是一个热爱学习的人。

　　我是谁？我是一个有点不善表达的人。

如果已经完成，可以思考一下自己所写的内容，想一想为什么这样写。也可以和同学

互相交流一下，看看如何描述自己，从而重新认识自己。

思 考 题

1. 人格的特点分别是什么？
2. 大学生常见的人格缺陷有哪些？
3. 结合生活谈谈如何培养自己健全的人格？

第九章
异常心理与心理健康

2016年8月19日，习近平在全国卫生与健康大会上强调："要加大心理健康问题基础性研究，做好心理健康知识和心理疾病科普工作，规范发展心理治疗、心理咨询等心理健康服务。"因此，本章将主要介绍健康心理与异常心理的概述、轻度心理问题及其矫正、重度心理问题及其纠正等内容，以期能够有助于消除人们对心理异常的模糊或错误的认识、更好地维护自身的身心健康。

通过健康心理与异常心理的区分和识别可以帮助我们预防各类精神疾病，加强自我健康管理的能力。全民保持健康心理是健康中国行动、推进健康中国建设必不可少的元素之一。同时，人民的身心健康是民族昌盛和国家富强的重要标志。保持良好的身心健康也是人民追求幸福美好生活的重要保证。

【学习目标】

1. 了解健康心理与异常心理的概念及特征。
2. 重点掌握轻度心理问题的类型、特征及其矫正方法。
3. 重点掌握重度心理问题的类型、特征及其矫正方法。

内容导读

1. 心理健康日渐成为人们关注的焦点，心理问题是现代人常见的健康困扰之一。

2 学生的心理问题是一个极为复杂的动态过程，因此影响心理健康、造成心理障碍的因素也复杂多样，了解异常心理相关特征极其重要。

3. 对心理异常科学的分类，不仅有助于加深对心理异常的认识，也能为诊断、治疗和临床研究提供参照依据，而且有助于消除人们对心理异常的模糊或错误的认识，普及心理知识。

第九章 异常心理与心理健康

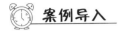

【案例 9-1】

交往困难的 L

L，男，21 岁，与人交往困难 6 年余。他初二转学，到新学校后感到与教师、同学交往不自在，怕别人看出他的不自在或言行举止不恰当，常常低头说话、紧张、脸红、心慌、出汗，因而更加不愿与他人交往，说话时不敢与人对视，回避别人的注视，见到老师、不熟悉的同学远远躲开或绕道走，以避免和人打招呼；从不主动在课堂上发言，公开场合讲话感到紧张；但与家人、熟悉的同学朋友在一起时轻松自如。上大学后，他想锻炼自己的社交能力，参加了学校的一些社团活动，自我感觉进步很慢，与陌生人或不太熟悉的人在一起就不自在、紧张不安、脸红、心慌；在火车站排队买票时都感到紧张，实在受不了这种紧张不安的感觉，只好请好友帮忙买票。他对此十分苦恼。

【问题聚焦】L 出现了什么心理问题呢？怎么帮助他克服这些心理问题呢？

第一节 健康心理与异常心理概述

人类的心理活动是复杂的，行为表现是多样的，心理绝对健康和完全正常的人是很难找到的，而且心理活动的正常和异常并没有明确的界限，也没有客观可靠的生物学指标，所谓的常态与变态只是相对而言。了解异常心理相关特征极其重要。对心理异常进行科学的分类，不仅有助于加深人们对心理异常的认识，也能为诊断、治疗和临床研究提供参照依据。

一、健康心理概述

什么是健康？长期以来，许多人都持有"无病即健康"的观念。随着科学技术的不断进步，人类对健康的认识也不断深入。1989 年，WHO 将健康定义修改为："健康不仅是没有疾病，而且包括躯体健康、心理健康、社会适应良好和道德健康。"从 WHO 的定义中可以看出，心理健康是人的健康的重要组成部分。一个身体有缺陷、生理机能不完善的人，可能在这个世界上生活得很愉快，但一个心理不健康的人，即便他的身体非常健康，也可能生活得很痛苦。那么，什么是心理健康？心理健康的概念是随时代的变迁、社会文化因素的影响而不断变化的。1946 年第三届国际心理卫生大会对心理健康的定义为："心理健康指在身体上、智能以及情感上，在与他人的心理健康不相矛盾的范围内，将个体心境发展成最佳状态。"2001 年，WHO 对心理健康的定义为："心理健康不仅仅指没有患上心理疾病，更可视为一种幸福状态，在这种状态中，每个人认识到自己的潜能，可以应对正常的生活压力、有效地从事工作，并能够为社会做出贡献。"2016 年由国家卫生计生委等部门联合发布的《关于加强心理健康服务的指导意见》(国卫疾发〔2016〕77号)文件将心理健康定义为："人在成长和发展过程中，认知合理、情绪稳定、行为适当、人际和谐、适应变化的一种完好状态。"

著名心理学家许又新提出的心理健康包括以下三类标准：

(1) 体验标准。体验标准是指以个人的主观体验和内心世界为准，主要包括良好的心情和恰当的自我评价。自我感觉良好，对自己的评价很适当，不过于高估自己，也不过于贬低自己，有一个稳定而客观的评价标准，不受他人评价的影响，不会过分担心别人对自己的看法。

(2) 操作标准。操作标准是指通过观察、实验和测验等方法考察心理活动的过程与效应，其核心是效率，主要包括个人心理活动的效率和个人的社会效率或社会功能(如工作及学习效率高、人际关系和谐等)。

(3) 发展标准。着重对人的个体心理发展状况进行时间纵向(过去、现在与未来)考察分析(前两种标准主要着眼于横向，考虑一个人的精神现状)。发展标准指有向较高质量发展的可能性，并且有使可能性变成现实的行动措施，就是是否有理想、有目标，并且可以实现这些理想和目标，让自身得到发展。

许又新指出，这三个标准不能孤立地只考虑某一类标准，要把它们联系起来综合地加以考察和衡量。

二、异常心理概述

异常心理学属于心理学的一个分支学科，它主要是探索、理解和预测人类行为异常的一门科学。它致力于研究人的认知、情感、意志、智力、人格等方面的异常表现，研究行为异常发生、发展、变化的原因和规律，并把这些科学知识应用于实际。也有专家学者认为，"异常心理"这一术语带有一定的贬义说法和消极意味，因此本着人本主义的精神，主张把异常心理改称为异常行为。异常心理有多种表现形式，按心理过程或症状分类，其可分为感觉障碍、知觉障碍、注意障碍、记忆障碍、思维障碍、情感障碍、意志障碍、行为障碍、意识障碍、智力障碍、人格障碍等。按临床精神疾病的表现或症状分类，其可分为神经症性障碍、精神病性障碍、人格障碍、药物和酒精依赖、性变态、心理生理障碍、适应障碍、儿童行为障碍、智力发育迟滞等。

对异常心理和异常行为给出一个明确的定义是非常困难的。在以往的研究中，许多学者对异常心理或异常行为进行过界定，但没有统一的说法。不过，我们可以从中归纳出一些共同的特征，如非典型性的反应，严重的痛苦体验，危险行为，心理功能和社会功能受损，个性突然逆转。

(一) 非典型性的反应

行为是一个人内在心理活动的外在表现，是思维与情感的表达。当一个人的思维和情感出现异常的时候，我们不一定知道，但他的行为会表现出来。有些人的行为明显与我们所处的社会环境和文化背景不相容或相背离。所以，当我们发现一个人表现出一些极端的、不寻常的，甚至是罕见的行为，或者与我们的社会文化相背离的时候，我们就要想到，他的行为可能偏离了正常，需要引起重视。例如，到商场会感觉恐慌，而正常情况下人们不会有此感受。再如，听到本来没有的声音。

由于社会文化和社会规范的不同，在判断一个人的行为是否偏离正常时要考虑这个人的文化环境。例如，当一个男人穿着裙子在街上行走时，我们可能会认为这个人有问题。当他在苏格兰时，我们就不会认为他有什么不对。环境也会影响我们对一个行为是否偏离正常的判断。例如，在拥挤的公交车上，男女间的距离会很近，人多的时候还会"贴"在一起。即使如此，一般情况下大家都能接受。但是，如果这样的距离发生在另外的环境之中，如办公室或大街上，就会让人难受，让人接受不了，甚至会引起冲突。因此，行为偏离正常是一个相对的概念，要根据实际情况，特别是一个人的生活经历与社会文化背景进行全面的分析。当然，有时不同寻常的行为本身并非不正常，如能够打破100米跑的世界纪录，是出色而非异常。

(二) 严重的痛苦体验

很多时候，令人不愉快的、不舒适的和烦恼的痛苦体验常常是一个人心理活动异常的征兆之一。例如，出现了焦虑、恐惧、抑郁等情绪。当个体面临威胁时，上述情绪的出现是有益于个体生存的，只有过分的情绪反应才会导致个体的痛苦。

(三) 危险行为

一般情况下，我们的行为不会对自己或他人构成威胁。当一个人的行为构成威胁时，如粗鲁、敌意、冲动、攻击或自伤、自残、自杀等，他人或自身的生命与财产就存在明显的或潜在的危险。如果一个人的行为表现出这样的特征，那么，这个人的行为就可能已经偏离了正常。危险的行为是需要密切关注的一个异常特征。

(四) 心理功能和社会功能受损

异常的行为通常是由功能失调或适应不良造成的。一般而言，人的行为具有目的性和效率性。当其行为目的不明确、效率下降或消失时，人的行为就会失去意义，出现功能失调，或表现为适应不良，如日常生活能力下降、需要他人照顾、工作效率降低或完全不能胜任以往的工作、与人交往困难等。例如，恐血症的患者对自己的情况会感到非常痛苦，如果他因此而无法正常工作或学习，说明其社会功能受到了损害；那些无法对现实情况进行正常反应的精神分裂症患者的社会功能无疑也受到了损害。

心理功能和社会功能受损的程度也是判断一个人心理异常严重程度的指标之一。一般的心理问题对功能的影响比较轻微，不会影响工作、学习和生活。当一个人的行为紊乱，完全不能维持日常生活、工作或学习时，他可能是非常严重的心理异常，如精神分裂症或其他精神病。

（五）个性突然逆转

由各种心理特征构成的人格是比较稳定的，其对人的行为的影响是一贯的，是不受时间与地点限制的，一般不会发生明显的变化。如果一个人的性格发生了明显的变化，这个人的心理活动可能出现了异常。例如，一个平常很腼腆的20岁男孩，对人很温和友善，特别孝顺父母，从不顶嘴。但不知道什么原因，他开始抱怨父母，说他们不爱他、不关心他，有时还骂他们。在学校也时常与同学发生争吵，认为同学们瞧不起他、欺侮他。后来，他的脾气越来越大，情绪激动的时候还打父母。父母在介绍情况时说："他变了个人，像着了魔似的，完全不是以前那个听话温顺的孩子。"

当然，严重的创伤和疾病也会导致一个人的个性突然逆转。心理学上有一个典型的案例：

盖奇是一名25岁的铁路工人，1848年，他在帮忙炸开一条新的铁路线路时，一场意外的爆炸事故导致一根铁杆戳进了他的脑袋，从他的左前叶一直穿出他的颧骨。令人难以置信的是，盖奇并没有死，甚至没有表现出太多的功能丧失。但是当医生把那根铁杆拿掉之后，他的性格突然大变。他从之前的崇尚和平变得冲动而且杀气腾腾，连讲话都从之前的恭敬礼貌变得粗话连篇。

第二节　轻度心理问题及其矫正

轻度心理问题是生活中常见的存在，心理活动协调性的改变，对周围环境的适应能力减弱，人际关系处理也存在问题。但大多能理解并认识到自己的心理失常状态，因而主动寻求改善自身不正常状态的办法和措施，以使日常工作和社会活动可正常进行。本节将介绍一些常见的轻度心理问题及其矫正方式。

一、轻度心理问题的概念

轻度心理问题这一类心理异常表现是指人的整体心理活动的某些方面受到影响，即大脑一般没有组织上的器质性损害，只是在高级神经系统活动方面表现失调。患者心理活动各方面的协调性受到一定的影响，对周围环境的适应能力明显减弱，人际关系处理往往不够和谐。但他们能理解并认识到自己的心理失常状态，因而主动寻求改善自身不正常状态的办法和措施，日常工作和社会活动可正常进行。一些轻度精神疾病，如各种神经症和轻度的心因性反应症等都属于这一类。

二、轻度心理问题的表现及其矫正

常见轻度心理问题有焦虑障碍、抑郁性神经症、睡眠障碍等。

（一）焦虑障碍

焦虑障碍(anxiety disorders)是以过度恐惧、焦虑及相关行为紊乱为共同特征的一组心理障碍。焦虑障碍会使患者感到痛苦，导致社会功能损害，是最常见的一组心理障碍。

2005年，美国的研究数据显示，每5个成年人中就有一个罹患焦虑障碍。女性一生中发生焦虑障碍的可能性高于男性，女性焦虑障碍的终生患病率为30.5%，男性为19.2%。2019年由北京大学第六医院社会精神病学与行为医学研究室主任黄悦勤教授团队发起的中国首次全国性精神障碍流行病学调查显示，不同类型的精神障碍中焦虑障碍患病率最高，终身患病率为7.57%，12月患病率为4.98%；焦虑障碍和抑郁障碍女性的发病率要比男性高1.5~2倍。2021年10月，知名医学期刊《柳叶刀》(The Lancet)发布的相关报告数据显示，2020年全球共2.46亿人患抑郁症，3.74亿人患焦虑症。

焦虑本身是一种普遍存在的正常现象。焦虑、恐惧能够使个体对生存威胁产生警觉，并采取相应措施进行调适；适当的焦虑可以改善个体的功能水平。日常生活中，我们都有可能感到焦虑、紧张、害怕，但在大多数情况下，这些情绪是恰当的，不会造成身体和心理的损害。例如，面临重要的考试，个体感到有些紧张，注意力集中，学习效率提高，有助于个体在考试中取得较好的成绩。只有当焦虑、恐惧过于强烈，与刺激、实际或可能的危险不一致，或者在公认无害的环境中诱发，甚至在根本没有任何原因时发生，才被视为病理性的。临床上判断患者的恐惧或焦虑是不是过度和不合适的，需要考虑患者所处的文化背景。

美国精神医学学会编著的《精神障碍诊断与统计手册(案头参考书)》(DSM-5)中认为，焦虑障碍是包括那些过度害怕和焦虑，以及有相关行为紊乱的特征的障碍，主要类型有分离焦虑障碍、选择性缄默症、社交焦虑障碍(社交恐惧症)、特定恐怖症、惊恐障碍、广场恐怖症、广泛性焦虑障碍等。我们下面介绍几种常见焦虑障碍。

1. 社交焦虑障碍

社交焦虑障碍，也称为社交恐惧症，是一种对任何社交或公开场合都会感到强烈恐惧或忧虑的精神疾病。其主要表现：在社交场合，害怕被人注视，害怕别人发现自己的不自然、脸红等，不敢抬头，也不敢与周围人对视，甚至觉得无地自容。社交焦虑障碍患者常常主动回避很多社交情境，不愿意到社交场合，也不愿意在社交场合发言、交流等。当无法回避相应的社交情境时，患者被迫处于这种社交情境时会表现出明显的躯体反应，如发抖、出汗、肌肉紧张、口干等，甚至可能出现惊恐发作。

社交焦虑障碍的患病率为3%～13%。社交焦虑障碍的平均发病年龄为11～16岁，极少数个体是在20岁以后发病。女性患社交焦虑障碍的比例略高于男性。受教育不足、单身、社会经济地位较低的个体发病可能性会更高。

研究表明，遗传因素是一个重要的因素，在双生子研究中发现，不恰当地害怕社交是可以遗传或者部分遗传的。对于同卵双生子，当一方患病时，另一方患病的可能性为24%；对于异卵双生子，当一方患病时，另一方患病的可能性为15%。另外，神经生化研究也发现大脑5-羟色胺失调与社交恐惧有关系。

行为主义认为，个体如果在某些社交情境中体验到焦虑和恐惧，就会回避这些社交情境。虽然回避行为缓解了焦虑，但是长期而言却强化了社交焦虑，此过程是典型的负强化效果。认知理论认为，功能不良的信念会导致社交焦虑产生。该类患者会过多地注意自己在社交情境中的表现，总认为自己在社交情境中表现得不够好，且他人会对自己的表现给予负性评价，认为社交情境是危险的，因此总是主动回避各种社交情境。

从社会环境因素上看，该类患者的父母在教养过程中对子女缺乏情感温暖、理解、信任和鼓励，有过多的拒绝、惩罚、干涉和过度保护与这种社交性焦虑的产生存在较大关系。

对于社交焦虑障碍的治疗主要有以下方法：

(1) 药物治疗。常用药物主要有单胺氧化酶抑制剂、选择性 5-羟色胺再摄取抑制、苯二氮卓类药物和三环类抗抑郁药物等。与其他三类药物相比，选择性 5-羟色胺再摄取抑制的不良反应较小，因此被广泛推广和使用。

(2) 心理治疗。心理治疗中主要是指以认知行为治疗、暴露疗法、系统脱敏疗法、角色扮演、现场演讲、学习社交技能等干预方法来治疗患者的社交焦虑症状。此外，对患者进行认知行为团体治疗，也有助于缓解个体的社交焦虑。

(3) 其他。体育锻炼、聆听音乐可以在一定程度上有助于舒缓心情，缓解社交焦虑障碍。

2. 特定恐怖症

特定恐怖症是对特定的对象或情境非现实的恐惧或害怕。这些事物、情境或现象对普通人来说不会引起恐惧或焦虑，也没有恐惧刺激的意义，但对这类患者来说，则是引起其明显或强烈恐惧或焦虑的特定刺激。这种恐惧常局限于特定场合，如怕接近某种特殊动物、怕高、怕雷电、怕黑暗、怕飞行、怕封闭的空间、怕吃某种食物、怕见血或见到伤害等。

特定刺激出现前患者通常有预期性焦虑，显得紧张和不安，并采取回避态度，一旦特定刺激出现，则惊恐万分并竭力逃避，尽管知道这种逃避没有必要，但仍然竭力逃避，无法控制。在难以逃避时，则会带着强烈的恐惧和焦虑去忍受，社会功能明显受损。

对特定恐怖症的治疗，常见的方法有以下几种：

(1) 行为放松训练。有规律地练习腹部呼吸和深度肌肉放松，从而缓解面对或担心要面对所恐惧的情境时的焦虑感。

(2) 认知疗法。质疑并改变那些萦绕在脑海中引起特定恐怖症的想法。例如，你可能会想"如果我在航行中被困住了，感到惊恐该怎么办"，此时立即转念，换成更现实、更积极的想法，如"如果我两个小时内不能离开飞机，那我仍可以活动一下，有需要的话可以离开座位去趟洗手间。如果有惊恐的感觉，我可以让自己平静下来，做做腹式呼吸、跟同伴聊聊天、听点儿轻松的音乐，实在不行还可以吃点药"。自我陈述应对策略也是个好方法，像"这个我以前做得到，现在一样可以做到"，或者"这只是我乱想的而已，没有任何意义"。患者可以反复练习这些应对策略，直到内化为观念。

(3) 暴露疗法。循序渐进地应对自己害怕的情境。比如，如果你害怕乘飞机，治疗可以遵循这样的程序：先在头脑中想象自己乘飞机的情境(想象脱敏)，然后观看现实中飞机的起飞降落；坐在停止的飞机上感受一下；进行短距离的飞机航行；进行更长距离的飞机航行；起初让一个同伴全程陪伴你，然后你再独立尝试这个过程。

3. 惊恐障碍

惊恐障碍(惊恐症)是以反复出现的惊恐为原发的主要临床特征，并伴有持续地担心再次发作或发生严重后果的一种急性焦虑障碍。1895年，弗洛伊德首次将以焦虑症状为主要表现的病症从神经衰弱中独立出来，并将其命名为焦虑性神经症。

据估计，惊恐障碍的终生患病率为2%~4%。美国20世纪80年代对成人的一项大规模的流行病学调查表明，惊恐障碍的终生患病率为1.5%，惊恐发作的终生患病率为3.6%，而有9%~10%的人经历过一次惊恐发作。90年代的另一项调查表明，美国人群中的终生患病率为3.5%，其中男女比例为2∶5。我国缺乏相关的调查资料。惊恐障碍大多在成年早期发病，年龄范围为15~40岁，平均发病年龄是25岁。不过，此病在各个年龄段均可发生。其发生与社会经济状况无关。

惊恐障碍常以心理治疗为主，以药物治疗为辅。用心理治疗可以帮助患者克服痛苦的症状，恢复社会功能。常用的技术有行为治疗和认知疗法，这两种方法常常联合使用(被称为认知行为治疗)。在行为治疗方面，最常用的是逐级暴露法或系统脱敏法，具体做法是让患者逐渐暴露于现实的或想象的恐怖情境，并反复进行，直至对所害怕的情境不再感到恐惧或焦虑。认知疗法主要有"三部曲"：第一，找出消极或适应不良的思维模式；第二，挑战这种消极的思维模式；第三，用积极的或者更有益的想法代替消极想法。在认知疗法中，布置家庭作业，让患者记录症状反应和当时的想法，并做上述"三部曲"，有助于治疗的进程和效果。

4. 广泛性焦虑障碍

20世纪60年代以后，人们逐渐观察到自发的惊恐障碍和慢性焦虑状态在发病机制和治疗等方面有显著不同。于是焦虑性神经症被分为惊恐障碍和广泛性焦虑障碍两种类型。后来，惊恐障碍和广泛性焦虑障碍正式作为两类独立疾病，并列归入焦虑障碍这一大类别。

广泛性焦虑障碍是以持续性的紧张不安，伴有显著的植物神经功能兴奋和过分警觉为特征的一种慢性焦虑障碍。广泛性焦虑障碍的核心症状是飘浮不定的焦虑。患者的症状与现实生活似乎有些联系，然而其担忧的内容及严重程度跟日常生活中的琐碎事务是很不相称的。焦虑的内容完全取决于日常生活环境中的变化，没有中心主题，也没有明确的社会倾向性。多数调查研究认为，本病患病率为2%~5%，如维特切恩报告，在15~45岁的美国人口中年患病率为3.1%，终身患病率为5%。在我国，由于患者对本病缺乏认识，常常到神经内科或其他内科就诊，常以神经衰弱或失眠症来治疗，只有约1/3的患者到精神科就诊，其余大多到综合医院就诊。

心理分析理论认为，广泛性焦虑障碍是被压抑的心理矛盾冲突导致的，因此心理分析的治疗主要是帮助患者认识到这种冲突的真正根源,其治疗过程与恐怖症的治疗过程相似。建立在客体关系理论(object relations theory)上的治疗，主要集中于患者在童年时代与母亲的早期关系上,帮助他们认识和解决儿童时的关系问题。许多研究表明,心理分析对广泛性焦虑障碍的治疗是行之有效的。由卡尔·罗杰斯创立的以人为中心的疗法在广泛性焦虑障碍的治疗中得到了临床验证。这一疗法重视创造一种有利于患者成长的人际关系,无条件地积极关注、真诚和共情是建立治疗关系的最基本的条件。在真诚接纳和关心的良好气氛中,患者拥有一种心理上的信任感和安全感,使其能够无拘无束地表达自我和探索自我,从而认识自己真正的需要、思想和情感。当他们最终达到对自我的理解和接受,达到自我概念与经验的和谐时,广泛性焦虑或其他症状自然得以消除。

(二) 抑郁性神经症

抑郁是一种复杂的复性情绪,是以异常的情绪低落为特点的心理障碍,常常表现为强烈而持久的悲伤、忧虑、唉声叹气,对人情感淡漠,沉默寡言,悲观绝望,缺乏生活勇气和热情,有自卑感,思维行动迟缓,食欲减退,话语减少。在自我认知评价方面表现为自我评价低,在生活方面表现为对生活缺乏信心。

抑郁性神经症是由社会心理因素引起的一种以持久的心境低落状态为特征的神经症,常伴有焦虑、躯体不适感和睡眠障碍,无明显的精神运动性抑制或精神病性症状,生活能力不受严重影响。2022年国民抑郁症蓝皮书相关调查显示,我国成人抑郁障碍终生患病率为6.8%,其中抑郁症为3.4%。目前,我国患抑郁症人数达9500万,每年大约有28万人自杀,其中40%患有抑郁症。世界卫生组织统计,全球约10亿人正在遭受精神障碍困扰,每40秒就有一人因自杀而失去生命,低收入和中等收入国家的自杀人数占全球自杀人数的77%。新冠疫情后,全球精神障碍疾病负担更加沉重,重度抑郁症和焦虑症的病例分别增加了28%和26%,抑郁症患者人数激增为5300万,增幅高达27.6%。

1. 抑郁性神经症的主要表现

(1) 情绪低落。抑郁性神经症在外表上不一定有明显的异常表现,也无抑郁症那样悲痛欲绝、消极忧愁的症状。多数患者不经细致检查,无法看出问题,但是患者绝大多数皆有持久性情绪低落和不愉快的内心体验。多数患者诉说自己大部分时间的情绪是低落的,高兴不起来。自觉心情压抑、沮丧、忧愁、苦闷、悲痛、无精打采,对日常活动缺乏兴趣和活力。对过去感兴趣的事物、爱好的活动(如看足球比赛、打牌、种花草、郊游等)也觉乏味,做任何事都提不起劲、打不起精神。对周围环境冷淡,缺乏积极社交活动的兴趣。患者并非整天都处于情绪低落状态,在日常生活中可以表露出正常人喜怒哀乐的情绪变化,但是总的心理倾向是孤独、空虚、忧郁和悲伤。多数患者用"郁郁寡欢""沉闷空虚""凄凉失望""孤独""无生活乐趣"等词汇描述自己的内心体验。不少人表现出"内苦外乐"的矛盾情绪状态,使他人看不到其真实的心理状态,所以也称为微笑型抑郁症。哭泣是抑郁性神经症常见的症状表现,一般来说,暗泣多于痛哭流涕。

(2) 疲劳感。自觉懒散无力,精神不振,反应缓慢,对学习、工作缺乏信心,效率低下,对日常事务感到厌倦和无意义,尽量回避社交应酬和担负责任,甚至连最简单的任务都难以完成。感到精力不足或丧失,似乎生命之泉即将枯竭,什么也不想干,根本没有动力，即使勉强做点什么也感到力不从心，十分困难，有时患者想振作精神，可怎么也振作不起来，无精打采，精神疲惫不堪，患者常用"精神崩溃""泄气的皮球"来描述自己的状况。同时，患者常诉乏力、体虚，头痛和躯体疼痛等。即使在休闲时患者也感到自己是无用的人，对将要做的事情感到困难和畏惧，常常不能完成任务。加上常有睡眠障碍，使得患者极端痛苦，难以忍受。

(3) 躯体症状。躯体症状表现为反复或持续出现涉及各脏器、部位的不适和自主神经功能失调症状，全身疲乏，缺乏体力和精力，常有胸闷、心悸、腹部不适、食欲缺乏、便秘、月经不调、阳痿、性欲减退、头晕头痛、颈项疼痛、心慌气短、胸闷胸痛、腰酸背痛、腹胀腹痛、四肢麻木、肌肉跳动抽动、汗液和唾液分泌减少、口干、消化不良、胃肠胀气、体质下降、视力模糊、排尿困难、闭经、乏力等症状。睡眠障碍较为突出，失眠、难以入睡、早醒、多梦是常见症状。

(4) 负性认知。抑郁的认知异常涉及过去、现在、未来，关系到患者自身和外界。患者回想过去，自认一事无成、一无是处，没有任何价值，并对过去不重要的、不诚实的行为有负罪感，将所有的过错归咎于自己，产生明显的自责、负罪情绪。患者对现在则有无助感和无价值感，感到自己无能力、无作为，觉得自己连累了家庭和社会，无助、生命无意义，对外部世界感到毫无用处、缺乏意义，甚至对自己有害。患者对未来充满忧虑、悲观、无望、虚无渺茫。无助、厌世、绝望感等症状常混杂在一起，使患者感到世界正在毁灭，自身对于改变一切都无能为力，所以变得绝望、无助，进而又加重厌世、忧伤的情绪。为解脱无助感和绝望感，患者可能有自杀行为。

(5) 自杀倾向。抑郁性神经症虽不如抑郁症严重，但是大多数患者有消极观念，声称"活着不如死去"。少数重症患者有自杀倾向，必须高度重视。

总的来看，抑郁性神经症具有一般神经症的特点。抑郁性神经症表现的抑郁程度较轻，很少发展到严重程度，但患者描述却生动具体，如患者常诉心情不畅、消沉、沮丧、看事物犹如戴着一副墨镜一样，周围一片暗淡；对工作无兴趣、无热情，缺少信心；对未来悲观失望，常感精神不振、疲乏。有些患者有轻生念头。这种抑郁情绪随着时间、地点的不同会有所改变，波动性大，但大部分时间是抑郁的。尽管如此，工作、学习和生活无明显异常，故往往能与环境保持良好接触。

2. 抑郁性神经症的矫正方法

抑郁性神经症的矫正方法主要包括躯体治疗和心理治疗两大类。躯体治疗又包含药物治疗和电休克治疗，疗效明确、稳定，并且起效快速。

对于抑郁性神经症患者来说，可采用的心理治疗种类较多，常用的主要有支持性心理治疗、精神动力学的短程心理治疗、认知行为治疗、人际心理治疗、婚姻或家庭治疗等。一般而言，支持性心理治疗可适用于所有就诊对象，各类抑郁障碍患者均可采用或联用；精神动力学的短程心理治疗可用于治疗抑郁障碍的某些亚类，适应对象应有所选择；认知行为治疗方法可矫正患者的认知偏见，减轻情感症状、改善行为应对能力，并可减少抑郁障碍患者病情的复发；人际心理治疗主要处理抑郁障碍患者的人际问题、提高他们的社会适应能力；婚姻或家庭治疗可改善康复期患者的夫妻关系和家庭关系，减少不良家庭环境对疾病复发的影响，对每位患者均应给予恰当的心理治疗，给予其支持、鼓励，以及向患者全面解释他们只是患了病而不是精神颓废。对患者的配偶和其他家庭成员给予类似的咨询常常也是有用的。应考虑将前面讨论的某种具体心理治疗手段之一用于治疗抑郁障碍者。

目前认为，对抑郁性神经症患者的心理治疗可有下述效能：①减轻和缓解心理社会应激原的抑郁症状；②改善正在接受抗抑郁药治疗患者对服药的依从性；③矫正抑郁性神经症继发的各种不良心理社会性后果，如婚姻不睦、自卑绝望、退缩回避等；④最大限度地使患者达到心理社会功能和职业功能的康复；⑤协同抗抑郁药维持治疗，预防抑郁性神经症的复发。

（三）睡眠障碍

睡眠障碍指的是睡眠量异常以及睡眠中出现异常行为的表现，也是睡眠和觉醒正常节律性交替紊乱的表现。睡眠障碍可由多种因素引起，常与躯体疾病有关，包括睡眠失调和异态睡眠。睡眠与人的健康息息相关。调查发现，在中国大约有 45.5% 的成人存在睡眠问题，其中最常见的是睡眠障碍。

1. 睡眠障碍的主要表现

对于睡眠障碍患者，失眠是最常见的主诉，其次是维持睡眠困难和早醒，然而患者通常以上情况并存。典型情况是，失眠发生于生活应激增加的时候，并多见于妇女、老年人及心理功能紊乱和社会经济状况差的群体中。如果一个人反复失眠，他就会对失眠越来越恐惧并过分关注其后果。这就形成了一个恶性循环，使得这个问题持续存在。就寝时，失眠的人会描述自己感到紧张、焦虑、担心或抑郁，思想像在赛跑。他们常常过多地考虑如何得到充足的睡眠、个人问题、健康状况，甚至死亡。他们常常试图以药或饮酒来对付自己的紧张情绪。清晨，他们常常感到身心交瘁；白天的特征是感到抑郁、担心、紧张、易激惹和对自身过于关注。

常见的失眠有以下三种情况：①入睡困难型。患者表现为上床后久久不能入睡。情绪兴奋、紧张、焦虑、抑郁等都易造成入睡困难。②保持睡眠困难型。患者表现为夜间易醒或醒后不能再入睡。临床上多见于具有紧张个性心理特征的人。③早醒型。患者表现为清晨觉醒过早，多于凌晨3—4点醒来，而且醒后不能再入睡，这种情况多见于抑郁症患者。

2. 睡眠障碍的矫正方法

（1）药物治疗。一旦临床上评估有药物治疗的必要时，必须依据患者的年龄、身体机能状况、从事的工作及睡眠困扰的类型给予适当剂量的药物，包括中药和西药。

（2）心理及行为治疗。许多失眠的患者都有着完美主义倾向、自我压抑、慢性焦虑、低自信心及低自我肯定。心理治疗着重于让患者了解自我内心冲突与失眠的关系，并加以修正。行为治疗的技巧包括渐进性肌肉松弛法、自我催眠法、超觉静坐及生物反馈法等。行为训练包括刺激控制、放松训练、暗示及自我暗示。另外，还可选用认知疗法、支持治疗和森田疗法。用这些方法可使心情平静、身体及肌肉松弛而改善睡眠。

【案例 9-2】

自恋型人格障碍

H，25 岁，男性，博士研究生。H 说自己难以完成博士的学业，还说自己对异性非常感兴趣。他认为自己的论文课题会极大地提高该专业领域的学术水平，并使自己成名，但他难以完成论文的第三章。他的导师似乎对于他的见解不重视，这使他很生气，但也感到羞愧和缺少自信。他认为导师应该为他没有取得进展负责任，自己应该得到更多的帮助，他的导师应该替他做部分研究工作。他吹嘘自己的创造力，认为其他人都"嫉妒"自己的高超见解。他认为其他同事都是"呆头呆脑的蠢货和拍马屁的家伙"，而自己在课堂上的表现非常优秀，并梦想有一天会成为一位伟大的教授。他有很多"朋友"，但那些"朋友"都很快和他反目了，没有一个关系能够持久，因为他的自吹自擂和自私非常使人讨厌。

【案例分析】H，妄自尊大，全神贯注于自己的智慧和成功的幻想，以自我为中心，这不仅令他人无法忍受，也给自己带来适应不良的痛苦。

【建议】用日常生活中实际可以获得的愉快体验来代替病人自我夸大的观念，用放松训练等应对策略帮助他们面对和接受他人的批评，帮助病人关注他人的情感。

第三节　重度心理问题及其矫正

本节将主要介绍精神分裂症和人格障碍的主要表现及其矫正方法。

一、重度心理问题的概念

重度心理异常是指人的整体心理机能的瓦解。不仅各种心理活动机能本身会严重受损，而且它们之间的协调一致也严重受损，同时机体与周围环境的关系也严重失调。概括起来主要有三方面的异常表现：

(1) 病人的反应机能受到严重损害，对客观现实的反应是歪曲的，可出现精神失常现象，如幻觉、妄想、思维错乱、行为怪异、情感失常等，从而丧失正常的言行、理智与行为反应。

(2) 社会功能有严重损失，不能处理正常的人际关系，不能参与正常的社会活动，甚至会给公众社会生活造成危害。

(3) 不能理解和认识自身的现状和个人生活，不承认自己有精神病，对自己的处境完全丧失自知力。各种重性精神疾病如精神分裂症、人格障碍等都属于这一类。

二、重度心理问题的表现及其矫正

(一) 精神分裂症

精神分裂症(schizophrenia)是表现为幻觉、妄想、思想紊乱、被影响/被动/被控制和行为紊乱等阳性症状，思维贫乏、情感淡漠、意志减退等阴性症状，以及精神运动性症状等的严重精神病性障碍。

1. 精神分裂症的主要表现

(1) 思维障碍。患者谈话或写东西缺乏中心思想，缺乏逻辑联系，如不仔细分析，不一定认为是病态。但随着病情加重，联想变得更加支离破碎，甚至从患者的书信和谈话里找不出一个上下相连的完整概念，令人不知所云。患者的联想过程可在无外界因素影响下突然中止(思维中断)或涌现大量的强制性思维(思维云集)。患者的思维贫乏不仅表现为言语减少，更重要的是其在交谈中，常只重复一些单调的语句，而缺乏意义的联想和引申。患者在思维过程中不能按照正常的思维逻辑规律来分析问题，往往表现出概念混乱和一些奇怪的逻辑推理。精神分裂症的一个有特征性的思维障碍是原发性妄想，这是一种突如其来的病理体验或直接感受。也就是说，这类妄想并不是由感知觉障碍或其他歪曲的观念所引申的，而是一种凭空出现、与患者以前的思想和情感毫无联系的一些病理性观念。

(2) 知觉障碍。最具戏剧性的知觉障碍是幻觉，在患者周围的环境中并无任何刺激，但患者却能产生感觉。幻觉包括有听幻觉、视幻觉、嗅幻觉、前庭性幻觉、内脏性幻觉、味幻觉、性幻觉和触幻觉等，在IPSS(精神分裂症的国际试点研究)的研究中，有74%的精神分裂症患者有幻觉。听幻觉是最常见的幻觉。在精神分裂症患者中，有70%有听幻觉。幻觉同样可以出现在其他精神障碍(如脑器质性疾病、意识障碍、各种情绪状态)中，并且用药物(如可卡因)也可以诱导出幻觉。幻觉是突然产生的，有的患者称声音来自自己的脑中，有的患者搞不清它是真实的还是想象的，更多的患者坚信这是真实的。

(3) 情感障碍。疾病的急剧发作期，患者的情感可出现不明原因的剧烈变化，多是由幻觉和妄想产生的强烈反应，表现为兴奋、激动、紧张、恐惧、焦虑、忧郁或突然情感暴发；可能伴有伤人、毁物或自杀行为。有的病人出现情感倒错，往往以无所谓的心情叙述自己最痛苦的遭遇；或者谈到高兴的事情时，反而伤心落泪。有的患者有矛盾情感，爱和憎恨两种对立的情感同时出现，如有的患者痛斥医生是凶手而又要求医生留下来陪伴，免得自己害怕。随着病情逐渐发展，情感迟钝和情感冷漠往往成为患者长期的主要症状。情感平淡和言语贫乏一样被认为是精神分裂症的典型阴性症状，指患者缺乏活动的兴趣和能量，在讨论感人的事件时缺乏情感反应。在这种情况下，他们的工作、学习能力严重受损，往往整天坐着什么事都不干。

(4) 意志行为障碍。患者多表现为明显的意志活动减退，对外界事物缺乏兴趣，不主动参加活动，经常处于沉思之中；不与周围人接触，整日闭门幽居或闷头而卧，生活懒散，不修边幅，不注意整洁，孤僻、退缩，完全脱离现实。有的患者发生矛盾意向，不能果断选择应该做什么，总是犹豫不决。例如，患者欲睡觉，走到床边后又退出寝室，如此反复，不能决定。有的患者在妄想的支配下，可反复提出控诉或坚持进行某种赎罪活动，表现为病理性的意志增强，但这一现象并不能持久，随着患者病情的进展，意志行为的减退便日益明显。此时，即使偶尔浮现意志行为活动的愿望，患者自身也缺乏动力去完成它。

2. 精神分裂症的矫正方法

对精神分裂症患者的治疗，一般是以医药治疗为主，辅以心理治疗的综合治疗方法。具体治疗方案要视病情而定，并需根据患者病情发展不同时期的心理特点有针对性地进行治疗。一般来讲，在疾病的急性发作期，应以生物学治疗为主，着重控制患者的精神症状；在其精神症状逐步得到控制以后，进行心理治疗，主要目标是恢复患者的自知力，从而促进其社会功能的恢复。

(1) 药物治疗。精神分裂症的药物治疗主要是服用抗精神病药物，常用的抗精神病药物以吩噻嗪类的氯丙嗪和硫杂蒽类的泰尔登为代表，其除了抗幻觉、妄想作用外，还对情感淡漠、意志减退有激活作用。

(2) 心理治疗。患者的症状缓解或康复期，心理治疗措施有着更为明显的作用，在这一阶段，除了继续进行药物治疗以外，应该主要进行心理治疗。通过各种心理治疗措施，如集体讲座、个别会谈，治愈病人的现身说法，有目的地组织家属探视，并配合娱乐治疗、体育治疗和音乐治疗等，以有效地帮助患者了解疾病的性质和患病的原因，解除各种思想负担和顾虑，促进患者提高对自己疾病的自知力，并增强治愈疾病的信心。同时，鼓励患者逐渐适应社会生活，尽快回到正常的社会生活和工作中来。这样就能使患者的病情更快地好转，整个心理状态也恢复正常。

对精神分裂症的心理分析治疗所涉及的主要不是患者过去的经历，而是目前的问题。治疗目的主要是共同去处理解决问题。与神经症的治疗相比，对精神分裂症的治疗一般可以更为积极主动，但不可一味地纠缠于患者恐惧焦虑的内容。对有些患者，可允许他们的退化或退行性行为；对有些患者，则要更多地注重于环境的适应。治疗中积极地处理问题比交谈对话形式更能把握移情现象，如对精神退化的患者在日常小事方面给予帮助。在治疗中提倡多鼓励患者向较为理想的目标迈进，这比单纯的解释更为重要。对精神分裂症患者的认知行为治疗应注重建立、培养患者有利的、适应性的行为方式，尽可能避免再次出现冲突的情形。通过解决问题的训练(以认知方向为主)，认清患者(也包括家属的)不利的反应和行为方式，并给予治疗性矫正，目的是尽可能避免产生新的冲突或问题，降低病情复发的概率。

（二）人格障碍

人格障碍是人格特征明显偏离正常的持久、稳定和广泛的心理行为模式。这种心理行为模式通常是原发性的，既不能归因于毒品或药物的滥用，也不能归因于躯体疾病。它通常起病于青少年期或成年早期，在人际交往场合中通过认知、情绪和行为等诸多方面表现出来。下面列举几种常见的人格障碍表现及矫正方法。

1. 偏执型人格障碍

偏执型人格障碍的主要表现：①对挫折和拒绝过分敏感；②对侮辱(无礼)和伤害不依不饶或持久地怨恨；③多疑，且带有弥散性，甚至把中性和友好的态度歪曲为敌意或蔑视；④好争斗，为个人权利进行不屈的斗争，明显且过分地与处境不和谐；⑤病态性的嫉妒；⑥自视过高，过分重视自身的作用，持久的自我援引态度；⑦认为周围有人搞阴谋的先入为主的观念。

矫正方法：由于偏执型人格障碍对他人的不信任，所以很难建立和维持良好的治疗关系。当然，他们一般也不会主动寻求治疗。面对自己的困境或他人的痛苦，偏执型人格障碍的患者不会认为是自己的问题，反而会认为是他人需要治疗而不是自己。在治疗过程中，创造一种使患者产生信任感的氛围是关键。在此基础上，再改变患者的不良认知，如"人都是心怀敌意和不可信任的"。然而，没有研究证实有哪种治疗方法能明显改善偏执型人格障碍的状况。

2. 分裂样人格障碍

分裂样人格障碍的主要表现：①不能享乐；②情感冷淡，对人无温情、无体贴，也不发怒；③对赞扬或批评均无反应；④对异性不感兴趣；⑤沉湎于幻想，孤独地活动；⑥无知心朋友，没有亲密或信任的人际交往；⑦不遵守社会传统习俗，行为怪异。

矫正方法：让分裂样人格障碍患者认识到社会关系的重要性是对其进行治疗的第一步，因此要激发分裂样人格障碍患者对社会关系的兴趣，认识到社会关系的价值。在改变认知思维的同时，还需要配合行为干预技术及社会技能训练，包括如何感知他人的情绪情感或者如何表达自己的情绪情感。其间会运用到角色扮演技术，让患者学习如何进行社会交往。

3. 回避型人格障碍

回避型人格障碍的主要表现：①持续且弥散性的紧张不安感；②习惯性地注意自我体验，或不安全感，或自卑感；③不断地渴望被别人所接受、所欢迎；④对批评和反对意见过分敏感；⑤避免甚至拒绝与人密切交往，除非别人表示十分欢迎并无条件地不批评他，人际关系受限；⑥日常生活中对可能的危险估计过于严重，倾向于恐惧和回避，但还不到恐怖症的程度；⑦由于追求确定性与安全性，生活方式拘谨。

矫正方法：研究者们对回避型人格障碍比其他的人格障碍在治疗方法方面进行了更多的探讨。这些治疗方法主要是针对减少焦虑和增加社交技能的行为主义治疗方法，如系统脱敏疗法、社交技能训练等。通过这些方法来矫正个别的行为，患者逐渐增加其社会接触。虽然最初患者缺少自信，但患者最终会减少焦虑和社会孤立，将新的行为方式运用到日常生活情境中。这样的社交技能训练同样适用于分裂样人格障碍和分裂型人格障碍的患者。

4. 强迫型人格障碍

强迫型人格障碍的主要表现：①优柔寡断，过分谨慎，表现出深层的不安全感；②完美主义，反复核对检查，过分注意细节；③过分认真，顾虑多端，只考虑工作或学习的成效而不惜牺牲愉快和人际关系；④拘泥迂腐，因循守旧，不善于对人表达温情；⑤刻板、固执，总要求别人适应自己的办事方式；⑥经常有厌恶的思想或冲动闯入意识，但还不到强迫症的程度；⑦必须提前对其一切活动做好计划，并不厌其烦。

矫正方法：基于认知理论的认知行为治疗的目标是在治疗过程中配合行为验证技术，改变患者的不合理思想信念。比如，帮助患者体验自己真实的思想和情感，纠正其极端的完美主义思想的同时更好地接纳自己，从而克服焦虑情绪。

5. 表演型人格障碍

表演型人格障碍的主要表现：①如自己不是人们注意的中心，便感到不舒服；②与他人交往时的特点往往带有过分的性诱惑或挑逗性行为；③迅速变换而肤浅的情感表达；④持续用外表吸引他人注意；⑤说话拿腔拿调，给人留下夸张且空洞的印象；⑥情绪表达显得戏剧化、舞台化和过分夸大化；⑦易受暗示，容易被他人或环境所影响；⑧认为与别人的关系比实际上更亲近。

矫正方法：表演型人格障碍的治疗重点是解决患者的人际关系问题，如通过夸张的情绪表达或者性诱惑等方式来达到操纵别人的目的。治疗者告知患者这种牺牲远期利益来换取眼前好处的方式是需要改变的，同时引导患者以恰当的方法来获得自己想要的或者是满足自己的需要。

6. 边缘型人格障碍

边缘型人格障碍的主要表现：①疯狂地努力，以避免遭到真正的或想象出来的遗弃(注：不包括⑤所指的自杀或自伤行为)；②一种不稳定的强烈的人际关系，其特点是从极端理想化到极端的自我贬低之间变来变去；③身份障碍，对自我形象或自我感觉的显著和持续的不稳定变化；④至少在两个领域出现冲动性，有潜在的自我毁灭倾向，如浪费、性、药物滥用、鲁莽驾驶、狂吞滥饮(注：不包括⑤中的自杀或自伤行为)；⑤反复发生自杀行为、自杀姿态，或威胁、自伤行为；⑥由于显著的心境反应而情绪不稳定(如心境恶劣剧烈发作、易激惹或焦虑，持续数小时，很少会超过几天)；⑦长期的空虚感；⑧异常强烈地发怒或难以控制地发怒(如常发脾气、发怒、斗殴等)；⑨短暂的与应激有关的偏执观念或严重的分离性症状。

矫正方法：在对边缘型人格障碍患者的治疗中使用认知行为疗法有一些特殊性。掌握每一种类型的人格障碍的病态中心意念、对待自己及别人的看法、相关的推论和行为模式，是有效实施认知行为疗法的关键。这类患者有着异常的人格特质，他们的思维中掺杂着一些扭曲的认知观念，而这些认知和观念不是恒定不变的。对边缘型人格障碍患者，除了要鉴别并矫正导致不良行为的错误认知及潜在认知图式外，还需要识别自残的想法，同时采取替代性行为，如听高分贝的音乐；训练患者在面对压力时把注意力集中在环境或自身特定的方面，明确当时的感觉和想法，以冷静的方式处理，帮助患者学会从沮丧的想法和感觉中走出来，以观察者的身份参与治疗；训练患者的人际交往技能，包括倾听技能训练及角色扮演等；训练患者对情感的敏感意识；等等。

7. 反社会型人格障碍

反社会型人格障碍的主要表现：①对人冷酷无情，缺乏同情心；②没有责任心，不顾道德准则、社会义务和社会规章；③不能与人维持长久的关系；④对挫折的耐受性低，受挫后易产生攻击甚至暴力行为；⑤无内疚感，不能吸取教训，处罚无效；⑥与社会或他人相冲突时总是为自己辩解而责怪别人；⑦持续处于易被激怒状态。

矫正方法：反社会型人格障碍患者的治疗与其他人格障碍的治疗一样不乐观，没有几个成功的案例，儿童时期发生的反社会行为的预后也不好。临床医生给出的建议就是监管可以延缓反社会行为的发生。心理医生建议要研究鉴别高危儿童的策略方法，开展早期治疗。对有反社会行为障碍的儿童最常用的治疗方案是父母训练，临床医生教导父母如何识别问题行为，怎样通过运用鼓励和赞扬方式来减少问题行为，并鼓励那些合乎社会规范的行为；但是一个家庭可能由于某些因素影响到训练方案的实施，这些因素包括家庭功能问题、家庭经济问题、家庭中有较高的心理应激事件、父母有反社会行为史或儿童有严重的品行问题等。

拓展阅读 9-1

精神外科学

精神外科学的当代实践始于 20 世纪 30 年代，当时两名葡萄牙神经科医生——伊戈斯·莫尼兹(Egas Moniz)和阿尔梅达利玛(Almeida Lima)，开始尝试切断"精神性神经症"患者通向和发自额叶的联结。1936 年，这一程序已发展成前额叶白质切除术(prefrontal leucotomy 或 lobotomy)。该手术起初非常粗糙，因为外科医生只能在没有任何神经成像的条件下估计切断的位置，并徒手完成手术。但是，这一技术在解剖学定位和操作程序方面已日益精确。1936—1961 年，英国有 10000 多人接受了这方面的治疗。其中，约有 20%的神经分裂症和 50%的抑郁症患者的病情得到一定程度的缓解。但是，有 4%的人在外科手术中死亡，有 4%的人产生了严重的动机缺乏，约 60%的人出现"麻烦"的人格改变，而 15%的人出现癫痫症。尽管存在这些问题，但是仍有许多人提倡这一技术，其原因可能是那个时期的大多数时间里，还没有其他方法可以替代它。

自从出现了有效的替代疗法，精神外科手术的使用比率已大大降低。现在，英国每年大约只施行 20 例手术，而且只针对那些其他疗法效果不显著的疾病。现在已发展出新的更有效的外科程序，包括立体固定尾下切开术和立体定向扣带束切开术。立体定向干预是指在手术时将一种名叫立体定向架的设备置于人的大脑上方，并联合神经成像，从而可以在手术中进行高精确度的损坏治疗。目前，神经外科医生采用的是一种"保守"疗法，先制造小的初始伤口，如果需要进一步手术则可以继续加大伤口。大多数损坏用加热的电极来操作，尾状核下束切开术则使用在目标区域放置放射棒的方法，通过其惰化前的短暂放射性脉冲损伤脑尾状核下部区域。该疗法通常用于严重而顽固的抑郁症的治疗。扣带束立体切开术是用于治疗包括强迫症在内的焦虑障碍的最常见方法。它在常规麻醉后使用，要求把电极放进每个半球中的扣带神经束，然后电极棒尖端加热至 85℃并持续约 100 秒。

第九章 异常心理与心理健康

精神外科学在德国和美国的一些州是被法律禁止的。在美国,只有在所有针对其疾病的其他治疗方法无效时,患者才能实施这种治疗。例如,治疗抑郁症时,一个接受外科治疗的典型患者必须有过两次以上的自杀企图,初次发作至少是在18年前,当前状况应已持续7年以上并且中间的缓解期少于6个月。他们应已接受超过30次的ECT(利用放射性核素的检查方法)治疗,服用过超乎寻常的大剂量的抗抑郁剂,并在心理测试中表现出严重抑郁。在英格兰和威尔士,要求由心理健康法案委员会(Mental Health Act Commission)任命的3人代表小组,必须对当事人是否已提供手术完全同意书以及他们是否可能会从中获益进行评估。在苏格兰,只有在当事人不接受与其意愿相反的治疗而使治疗受阻时,才启用这一安全保护措施。

(资料来源:贝内特. 异常与临床心理学[M]. 北京:人民邮电出版社,2007.)

思 考 题

1. 心理健康的三类标准是什么?
2. 简述异常心理的共同特征。
3. 简述抑郁性神经症的主要表现。
4. 简述焦虑障碍的类型及各自的主要治疗方法。
5. 抑郁性神经症的矫正方法有哪些?
6. 简述精神分裂症的主要表现及其矫正方法。
7. 边缘型人格障碍的矫正方法有哪些?

第十章
心理咨询与心理健康

习近平总书记在党的二十大报告中强调的"推进健康中国建设,把保障人民健康放在优先发展的战略位置",为健康中国发展指明了方向。健康,不仅仅包括生理(躯体)健康,还包括心理(精神)健康。诺贝尔奖获得者 DuBois 教授曾说:"现代人已经不那么需要抵御毒蛇、猛兽的袭击,也不太需要去对抗饥寒交迫的窘境及其他有伤身体的危险,但是却必须对付排得满满的日程、繁忙的交通、噪声、拥挤、竞争以及其他人为的紧张情境。"的确,随着现代社会的高速发展,人们面临着各式各样的心理压力,心理问题频频发生,心理健康状况遭受破坏。如何预防心理问题、维护心理健康,是摆在现代人面前的一个重要的问题。心理咨询也应运而生。

心理咨询的说法虽起源于西方,但我国有关心理咨询的思想却源远流长。早在两千多年前的《黄帝内经》等典籍中就蕴藏着许多心理疏导的学术思想,历代医家著作中同样包含了丰富的心理疏导的思想,甚至在中国文化中所流传的很多名言、成语、哲理故事均蕴藏着大量的心理咨询思想。这可以说是中国心理咨询本土化最有效、最宝贵的知识财富。

心理咨询如何促进心理健康?在心理咨询过程中,心理咨询师运用专业的心理咨询知识与方法,帮助个体认识自己与社会,逐渐改变自己与外界不合理的思维、情感和反应方式,并学会与外界相适应的方法,处理各种关系,提高工作效率,改善生活品质,以便更好地发挥人的内在潜力,实现自我价值。因此,通过本章学习,大学生能了解什么是心理咨询,心理咨询的服务对象有哪些,心理咨询应该遵循什么原则,以及人们对心理咨询产生的一些常见的认识上的误区,从而让大学生正确对待心理咨询,消除对心理咨询的误解,从而更好地利用心理咨询,促进心理健康。

【学习目标】

1. 掌握心理咨询的概念和分类。
2. 了解心理咨询常见的误区。
3. 理解心理咨询的原则。

第十章 心理咨询与心理健康

内容导读

1. 心理咨询是指运用心理学的方法，对心理适应方面出现问题并企求解决问题的咨询者提供心理援助的过程。根据咨询的内容划分，心理咨询可以分为发展咨询和健康咨询。心理咨询的任务就是帮助咨询者认识矛盾、纠正错误观念、深化自我认识、学会面对现实问题、增加心理自由度、做出新的有效行为。

2. 心理咨询主要针对的是健康人群，或者是存在心理问题的亚健康人群，而不是病态人群(病态人群是精神科医生的工作对象)。心理咨询的原则包括保密性原则、非指导性原则、价值中立原则、时间限定及情感限定原则等内容。

3. 人们常常对心理咨询产生一定的误解，事实上，心理咨询是帮助咨询者解决深层次的心理问题，最终达到帮助咨询者获得心灵成长的目的。心理咨询是一个过程，一次的心理咨询并不能解决问题，咨询者需要摒弃对心理咨询的一些误解，树立信心。心理咨询更是一个助人自助的过程，在咨询师的引导之下，咨询者积极配合，就会取得非常好的心理咨询效果。

4. 自杀是心理咨询过程中无法回避的问题，是生理、心理和社会的异常。自杀倾向者多数患有精神疾病，尤以抑郁症常见。易自杀人群包括性格内向者、独居者、离婚者、特殊职业者、生活事件堆积者。一个人往往会在自杀前数天、数星期或数月表现出一些征兆，应注意识别并采取措施。自杀的预防可分为两方面：一方面是就自杀者细微的和早期的征兆及表现进行大众的和专门性的教育；另一方面是在自杀事件发生之后，向幸存者提供一系列咨询和服务。

案例导入

【案例10-1】

他为什么想退学

小丁是一个要强的男生，通过自己的不断努力，终于考上了某医学院校。进入学校之后，小丁给自己制订了严格的学习生活计划，希望自己能在大学大展拳脚。在军训期间，他就参加了多个学生社团组织，以期得到更多、更好的锻炼。一段时间后，他发现紧凑的课程与大量的社团工作相碰撞，特别是对当前开设的医学专业课程，学习起来比较困难，需要花大量时间。小丁每天都疲于奔命，但并没有什么收获。相反，小丁由于时间不够，学习越来越吃力，社团工作也经常被老师批评没做好。一个学期过去了，小丁对自己的大学生活越来越没有信心，生活也变得没有规律，食欲不振，经常失眠，自信心极受打击，到后来竟然想选择退学。

【问题聚焦】小丁是一种怎样的心理状态？产生此种心理状态的原因是什么？

【案例分析】小丁的问题源于不能平衡自己学习与工作的冲突。进入大学后，很多新生都期望在新的环境中收获更多，因此会积极参与各类工作(活动)。但他们往往没有意识到，这些工作(活动)可能会与自己的学习产生时间(精力)方面的冲突。因此，面对冲突，为了避免出现挫败感,我们应该学会放弃,选择暂时放弃一些相对次要的生活内容,以期达到学习与生活的平衡。比如,小丁在学习与社团工作时间(精力)相冲突的情况下,可以暂时放弃一些社团工作,直到工作和学习在时间与精力上达到自己能承受的平衡状态。

从小丁的故事中我们可以发现,生活中的环境变化、个人选择、角色承担等因素都可能会引起我们心理的变化,稍有不慎,就会产生这样或那样的心理问题。当我们遭遇心理问题时该怎么办?听之任之绝不是良策,反而会使问题越来越严重。因此,无论是面临心理困惑,还是心理障碍,我们都不应该讳疾忌医,而应该及时寻求心理咨询的帮助。

第一节　什么是心理咨询

没有谁的心灵可以一尘不染。关注心理问题、接受心理咨询是现代人最基本的健康意识。下面,让我们走近心理咨询,去了解心理咨询,揭开心理咨询的神秘面纱吧!

一、心理咨询的概念

心理咨询是指运用心理学的方法,对心理适应方面出现问题并企求解决问题的个体提供心理援助的过程。需要解决问题并前来寻求帮助的人称为咨询者,提供帮助的咨询专家称为心理咨询师。咨询者就自身存在的心理不适或心理障碍,通过语言文字等交流媒介,与心理咨询师进行诉说、询问与商讨,在其支持和帮助下,通过共同的讨论找出引起心理问题的原因,分析问题的症结,进而寻求摆脱困境、解决问题的条件和对策,以便恢复心理平衡、提高对环境的适应能力、增进身心健康。

心理咨询的概念有广义和狭义之分。广义的心理咨询包括心理咨询、心理治疗、心理检查、心理测验。狭义的心理咨询不包括心理治疗和心理检查、心理测验,只局限于咨询者通过面谈、书信、网络和电话等手段向咨询者提供心理救助和咨询帮助。

心理咨询主要针对的是健康人群,或者是存在心理问题的亚健康人群,而不是病态人群(病态人群是精神科医生的工作对象)。健康人群会面对许多诸如婚姻家庭、择业、亲子关系、子女教育、人际关系、学习、恋爱、性心理、自我发展、焦虑、抑郁、压力应对等问题,会期待做出理想的选择,顺利地度过人生的各个阶段,求得内心平衡,以及最大限度地发挥自身能力和寻求良好的生活质量。

也就是说,心理咨询的主要对象可分为三大类:①精神正常,但遇到了与心理有关的现实问题并请求帮助的人群;②精神正常,但心理健康出现问题并请求帮助的人群;③特殊对象,即临床治愈的精神病患者。

二、心理咨询的分类

根据咨询的内容,心理咨询可以分为发展咨询和健康咨询。

（一）发展咨询

为了适应现代化的工作和生活节奏，人们越来越重视自身的认识和关注，而发展心理咨询可以帮助人们挖掘心理潜力，提高自我认识的能力。当自我认识出现偏差或障碍时，可以通过心理咨询得以解决。发展咨询常涉及以下内容：孕妇的心理状态、行为活动和生活环境对胎儿的影响，儿童早期智力开发，儿童发展中的心理问题，青春期身心发展的不平衡，社会适应问题，性心理知识咨询，男女社交与早恋等，青年独立性和依赖性的矛盾，友谊与恋爱，成就动机与自我实现性问题，择偶与新婚，人际关系，择业、失业与再就业，中年及更年期人际冲突、情绪失调、工作及家庭负荷的适应，家庭结构调整，更年期综合征等，老年社会角色再适应，夫妻、两代、祖孙等家庭关系，身体衰老与心理衰老，老年性生活，等等。

（二）健康咨询

健康咨询的对象究竟是哪些人？应该说那些觉得自己心理不够健康的人群，都是健康咨询的对象。也就是说，凡是因为某些心理社会刺激而引起心理状态紧张的人，并且明确体验到躯体或情绪上的困扰者，都是健康咨询的对象。因为目前心理社会刺激非常纷繁而复杂，在社会中广泛存在着。因此，凡是生活、工作、学习、家庭、疾病、康复、婚姻、育儿等方面所出现的心理问题，一旦个体体验到不适或痛苦，都属于健康心理咨询的工作范围。其内容大致如下：各种情绪障碍，如焦虑恐惧、抑郁悲观等；各种不可控制性的思维、意向、行为、动作的解释；各类心身疾病，如冠心病、高血压病、支气管哮喘、溃疡病等以及性功能障碍；长期慢性躯体疾病，久治不愈，既对治疗不满意、又丧失信心，因而需进行心理上的指导；对精神病康复期求助者的心理指导；等等。

三、心理咨询的任务

总体上说，心理咨询的任务，是帮助正常人群在生活中化解各类心理问题，解除种种心理困惑，克服各种心理障碍，矫治不良行为，理顺人格结构，纠正不合理的认知模式和非逻辑思维，学会调整人际关系，深化自我认知，端正处事态度，构建健康的生活方式，增强适应能力，等等。心理咨询完成上述任务，皆为达到一个目的——提高个人心理素质，使人健康、愉快、有意义地生活下去。其具体内涵有以下几点。

（一）认识内部矛盾

人们所产生的大部分心理问题都源于自己尚未解决的内部冲突，而非源于外界冲突。咨询能为这些人提供新的经验。通过咨询，人们往往惊奇地发现，大部分冲突是人们自己造成的；通过咨询，人们学会使脆弱的内心世界变得更加坚强。

（二）纠正错误观念

许多咨询者都持有不同性质的错误观念，正是这些错误观念导致了各种心理问题的产生。心理咨询可以帮助咨询者们面对那些以前认为"无法解决"的问题，帮助他们坦诚面对生活，让他们不再自我欺骗，并有能力做出清醒、明智的选择，进而健康成长，并感受生活的快乐。

（三）深化咨询者的自我认识

心理咨询可以引导咨询者去发现真实的自我。当咨询者真正认识了自己时，就可以随时根据自己的情况来绘制生命的蓝图。自我认识的关键是求助者的自我探索，在这个环节中，心理咨询师起着启发和引导的作用，能帮助人们了解真实的自我，享受属于自己的生活。

（四）帮助咨询者学会面对现实问题

大多数心里出现困惑的人都是因为其应对现实问题的方法不恰当。很多人采取躲避或逃避现实的方法，以减少自己的焦虑，针对这些问题，心理咨询师可以通过合适的方法和途径引导这些人回到现实中来。

（五）增加心理自由度

大多咨询者至少在一个相当重要的方面缺乏心理自由，而心理咨询师为咨询者提供机会给心理以更大自由，帮助咨询者正确地认识并接受自己矛盾的感情，使他们逐渐理解自己、接纳自己。

（六）帮助咨询者做出新的有效行动

所谓新，是指过去未曾尝试过的；所谓有效，是指行动给个体需要带来的满足，如友好关系的体验、成就感等。心理问题的要害不在于咨询者控制不住自己的思想、情感，而在于咨询者不通过有效行动去改变或满足自己的情感。心理咨询师通过鼓励咨询者采取满足需求的有效行为，帮助咨询者减少心理烦恼。

第二节　常见的心理咨询观念上的误区

在我国，目前心理咨询还处于发展阶段，虽然当前已经过了谈心理咨询而"色变"的时期，但大部分人还是不能正确面对心理咨询，心理咨询观念并没有深入人心，人们对心理咨询还存在着这样或那样的误解，因此，人们对心理咨询的认识还有待提高。

误区一："心理咨询就是聊天"

心理咨询不同于一般意义上的聊天，尽管心理咨询的方式主要是谈话，但心理咨询利用心理学的专业理论知识，以及社会学、哲学、医学等方面知识，遵循严格科学的理论体系和操作规程，来达到解决咨询者心理问题的目的，帮助其解除心理危机，促进其人格的发展。

误区二:"我的心理素质好,不需要心理咨询"

心理咨询不仅仅是解决心理危机和大宗的心理问题,无论多么坚强、聪明、正直、热情和博学多识,我们都不可能完全了解自己,还需要从其他人那里了解自己。我们不可能时时刻刻反省自己,也不可能始终站在局外人的立场审视自己。心理咨询是一面比较标准的镜子,可以使人不变形地从各个角度正确地了解自己。正确地了解自己可以扬长避短,促进人生发展与成功。

误区三:"心理咨询师能看透我的想法,知道我的过去和未来"

有人把心理咨询简单化;也有人把心理咨询过于复杂化和神秘化;还有人把心理学等同于神秘学说,如算命、占卜、特异功能等。现在市场上有利用电子计算机打着心理测验的幌子骗人;甚至有人故意让心理咨询师去猜测自己的心理活动,并以此来衡量心理咨询师的水平高低等。心理咨询师除了心理学方面的专业知识与一般人不同外,并无其他特别之处。心理咨询师有经过训练的良好观察力,知道心理活动规律,有非常客观的逻辑分析能力,可以判断某些潜意识的心理活动,但是一切都必须来自现实、客观、全面的资料。

误区四:"去做心理咨询很丢人"

人们对心理咨询的惧怕与怀疑可能源于对"精神病"的无知,去心理咨询怕被当成"精神不正常",将心理问题当成"心理病态""思想问题"。心理咨询的首要原则是保密原则,个体可以把内心世界坦诚给心理咨询师,心理咨询师会给予咨询者精心的维护与保密。心理咨询将使我们远离愚昧及封建迷信,接受现实、挑战自我,认为"看心理医生丢人"的人对心理咨询有一定误解,这种想法并不可取。

【案例 10-2】

我想妈妈,我要回家

小王,18 岁,江西某医学院校一年级新生,来自北方某城市。小王是家中的独女,在父母的关爱与呵护中长大。父母只要求她努力学习,不需要承担家中的任何家务劳动,甚至连衣服鞋袜也不用她自己洗。进入大学后,小王非常想家,无法安心学习。她对辅导员说:"我简直待不下去了!早上一睁眼就想到不是在自己的家里,就不想起床,甚至不想吃饭。给爸妈打电话,或翻阅家人的照片就想哭。身处异地,听着当地人的口音,心里不自在,总觉得自己是个被抛弃的外乡人,孤独极了。每天晚上熄灯后都会在被窝里偷偷地哭。周末或节假日,看见本地同学回家了,就更伤心、更难过了。"

针对小王的这种情况,辅导员建议其去做心理咨询,但小王觉得心理咨询很丢人,会被同学嘲笑变态,因此比较抵触心理咨询。慢慢地,她的这种不适应以及强烈的思乡情绪严重地影响了她在学校的学习和生活状况。

【问题聚焦】案例中小王产生了何种心理问题?她为何不愿接受心理咨询?

误区五："心理咨询应该一次解决问题"

许多初次进行心理咨询的人都幻想心理咨询师能一次把自己的长期压抑与痛苦一扫而光，拨开心灵的迷雾，让自己远离烦恼与困惑，然而心理咨询师并不是神仙，更没有什么超出常人的本领。"解铃还须系铃人"，心理咨询只是提供一些帮助咨询者自己分析问题、解决问题的具体方法，必须是咨询者本人多次具体实践才能解决。非常简单的心理问题，一次心理咨询可能达到理想的效果，但许多问题是"冰冻三尺非一日之寒"，这些是性格方面的问题，有些现实问题还可能涉及方方面面，不能通过一次心理咨询就解决。心理咨询是帮助咨询者认识自己，接受现实，从而超越自我。所以，心理咨询需要一个了解的过程，一个讨论、分析、操作、反馈、修正、再实践的过程，并且心理咨询每次都有时间的限制，一般不能一次性解决问题，而需要较长时间(几个月至几年)。

误区六："心理咨询就是给你提建议"

心理咨询工作的基本理念是"助人自助"。心理咨询师的一个信条是"每个人都是解决自身问题的专家"，咨询者的问题只有咨询者有能力、有资源来解决，而咨询者的能力和资源只有咨询者自己最了解，因此解决问题的方法主要靠咨询者自己发现。心理咨询的目标并不是给咨询者提建议，而是让咨询者看到自己的问题，认识到自己具有解决问题的能力和找到解决问题的方法与途径，心理咨询师的任务是引导咨询者找到解决问题的办法。

误区七："药物可以治愈心理障碍"

临床上不少情感障碍的患者仅服抗抑郁焦虑药就能极大地改善各种心理和躯体症状，因此，患者往往更相信药物的影响力。但他们没有看到，有一部分患者即使痊愈后，一遇见不高兴或紧张焦虑的事情后可能再次复发，还有一部分患者的病情始终迁延不愈。这只能说明一点，面对心理障碍，药物只能治标而不能治本，服药能改善一个人的心情，但并不能改变其性格心理特征和思维模式。因此，标本兼治的方法是，在服药的同时，找有经验、有耐心的心理咨询师做心理咨询，这样总体效果会更好些。

误区八："心理咨询就是灌心灵鸡汤"

越来越多的心灵鸡汤类的书籍、节目和课程出现在大众视野里，这一类产品多数以"情感""正能量""个人成长"或"灵修"等主题呈现，然而心理咨询并非如此。比如，当你情绪低落时，心灵鸡汤会告诉你："不要悲伤，要坚强，要微笑，你一定能成功！"而心理咨询师会允许你悲伤，接纳你的情绪，并且引导你面对自己的情绪，和你一起探讨情绪背后的原因和应对这种情绪的合理方式。在心理咨询的过程中，专业的心理咨询师不会给你提建议或进行思想道德教育，更不会灌输心灵鸡汤。心理咨询师能提供的是一个安全的环境，带着共情和不评判的心与你一起探索和解决你的困惑，同时运用专业科学的临床咨询技能帮助你处理问题。

第三节 树立正确的心理咨询观念

客观地说，任何一个人在其人生中都可能需要心理咨询，心理咨询对于改善人们的生活质量以及心理健康都有非常重要的意义。身体疾病可以采用吃药或者做手术的方式去治疗，而心理疾病要彻底解决必须采取心理学的方式，这就是俗话所说的"心病还须心药医"。从某种意义上讲，心理咨询能起到药物所起不到的作用，因此，我们要树立正确的心理咨询观念。

（一）摒弃对心理咨询的误解

心理咨询针对的是心理正常但不健康的人，而不是如有些人所想的心理不正常(变态)的人。心理咨询解决的也主要是轻、中度的认知与行为心理问题，而对于重度心理问题甚至是各类心理与行为障碍，心理咨询只能作为康复阶段的辅导治疗。

（二）坚定问题解决的信心

在咨询过程中，咨询者必须树立起心理咨询能够解决心理问题的坚定信心。心理咨询，无论从呵护咨询者的心理健康与自我认识的提高，还是从缓解心理压力、提高心理承受能力，以及帮助咨询者解决心理冲突、接纳自我来说，都是一个很好的方式。因为，心理咨询是一门科学，不是普通聊天、劝解、说教，是心理咨询师运用心理学理论，遵循心理学原则，通过相关咨询技术和方法，帮助咨询者解除心理问题的过程。这一过程不仅体现了心理咨询师对相关理论、技术的熟练掌握，更是心理咨询师因人、因事、因病、因理地运用不同治疗方法和技术的艺术体现。

（三）配合心理咨询过程

心理咨询讲究的是心理咨询师与咨询者的相互配合，即在心理咨询师的引导之下，咨询者积极地配合心理咨询。心理咨询是一个助人自助过程，咨询者在心理咨询师的引导下，更多的是靠自己充分调动自身的各类资源解决问题。如果单靠心理咨询师的努力，咨询者表现得被动、消极，那么心理咨询效果就会大打折扣。

（四）积极应对心理问题

咨询者必须知道，心理咨询是一个过程，一次心理咨询并不能解决问题。由于受到时间的限制，首次咨询往往是收集资料的一个过程，在接下来的过程中，需要通过心理学专业的技术和方法帮助咨询者处理情绪问题，最后再帮助咨询者解决深层次的心理问题，最终达到帮助咨询者获得心灵成长的目的，让咨询者在未来的生活中能够积极地面对困难与挫折，完全接纳自己，积极去应对和解决问题。

第四节　心理咨询的原则

任何工作的开展都有相应的原则可循,心理咨询也不例外。心理咨询虽然是限于心理咨询师与咨询者之间的沟通互动,但作为一项助人工作,心理咨询的实施也同样遵守着保密、价值中立、非指导性、限定性、自愿性、重大决定延期等原则。

(一) 保密性原则

保密性原则是心理咨询遵循的首要原则。心理咨询师应对咨询者的咨询过程、咨询内容、咨询记录等材料妥善保管;心理咨询师不得向咨询者打探与咨询无关的信息;如为了督导、教学或科研必须提及案例时,需要隐去那些可能暴露咨询者具体是谁的信息。当然,保密性原则不是在任何情况下都必须遵守,以下情况属于保密例外,也可以在必要时打破保密性原则:咨询者同意透露的有关咨询者的信息;司法机关要求提供的有关信息;心理咨询师被伦理或法律诉讼时;咨询者出现可能的自我伤害、伤害他人或破坏社会的行为;咨询者有严重的传染疾病且可能危及他人;咨询者行为已经触犯了法律;咨询者是未成年人或老年人,有证据证明其被侵犯、虐待等问题。当然,即使是保密例外,信息暴露也应该控制在最低限度。

(二) 价值中立原则

心理咨询主要是一个协助咨询者分析问题原因并寻找出路的过程,也就是重在解决问题,而不是批判教育。因此,心理咨询师对咨询者的语言、行动和情绪等要充分理解,对咨询者以及与其心理问题相关的矛盾双方的各种个人风格、价值观、信仰,可以与咨询者进行平等的讨论,但不应从自我的价值观角度进行指责,更不得以道德的眼光批判对错。

(三) 非指导性原则

心理咨询的实质是助人自助,即咨询的主要目的是帮助咨询者分析问题所在,积极关注咨询者成长的潜力,培养咨询者积极的心态,树立自信心,协助咨询者找出解决问题的方法,促进其心理成长。因此,心理咨询师不能代替咨询者进行重大选择。

(四) 限定性原则

限定性原则主要包括两个:一个是时间限定原则,即心理咨询面谈的时间一般控制在50分钟左右,面谈咨询时间将到时,心理咨询师会用委婉、温和的方式将话题引向结束,并约好下一次面谈的时间;另一个是感情限定原则,即在心理咨询过程中,心理咨询师和咨询者除咨询关系以外,不应来往过密,避免双重关系或多重关系,否则,会影响问题的顺利解决。

(五) 自愿性原则

虽然心理咨询的大门对任何人都是永远敞开的,但原则上讲,到心理咨询室咨询的咨询者必须出于完全自愿，这是确立咨访关系的先决条件。只有咨询者感到心理不适，为此而烦恼并愿意找心理咨询师诉说烦恼以寻求心理援助，才能够解决问题。

(六) 重大决定延期原则

心理咨询期间，由于咨询者情绪过于不稳和动摇，原则上应劝其不要轻易做出如退学、转学等重大决定。在咨询结束后，咨询者的情绪得以安定、心境得以整理之后作出的决定，后悔或反悔的概率较小。就此，应在咨询开始时予以告知。

【案例 10-3】

沟通：解决人际问题的良方

咨询者：老师，我最近为朋友的事和家里的事烦恼！

心理咨询师：能具体说一说吗？按照一事一询的原则，你想先跟我说哪件事呢？

咨询者：那我先说与朋友的事情吧！是这样的，我有个知心朋友，以前形影不离，无话不谈。但最近她谈了男朋友，好像和我疏远了，所以我感到很孤独，心里很烦！

心理咨询师：嗯，被朋友疏远的感觉的确不好，我也曾有过。那你有没有把这种感受告诉她呢？

咨询者：我没有！

心理咨询师：为什么不告诉她？

咨询者：我觉得她好像没有兴趣听！我曾准备把我的感受告诉她，但她总是不断地谈她自己和她男朋友的事！所以最后我就不想说了。

心理咨询师：有想法或感受而不能表达或没机会表达，这种感觉的确不好，所以你现在是不是很难过？

咨询者：是的。以前她基本上都是黏着我的，跟我黏在一起。但现在，她跟寝室里所有的人都有说有笑的，我就更加难过了。

心理咨询师：哦，你是不是有种失落感？

咨询者：对！我觉得我可能有点吃醋。(笑)

心理咨询师：(笑)也许，在热恋中的人心情好，自然对谁都好，所以这很正常。你有没有想过怎样去处理这件事？

咨询者：我开始想干脆不去理会这件事，一心一意去看书。但我仍然很烦，完全看不进书。

心理咨询师：那是因为你还没有从这件事中摆脱出来，所以你的情绪是消极的，而这种消极的情绪当然会影响到你学习、生活的状态了。

咨询者：可能是这样吧，我该怎么办？

心理咨询师：我们可以一起来讨论。你现在再思考一下，还有什么办法可以处理这个问题？

咨询者：(沉默20秒左右)既然现在我跟她的情况这样了，我想干脆把我们的关系变成一般朋友的关系吧。也许，只有这样，我才不会对她有太多要求与期望。

心理咨询师： 哦，你是想把你们的关系降级。你能说说你和她的个性特点吗？

咨询者： 我性格内向，不太喜欢和别人说话，尤其是陌生人，但别人都说我很独立；而她可能是独生子女，所以她比较任性，依赖性强，有时只考虑自己，我们成为知心朋友，就是因为当时她的父亲过世了，她很难过，我天天陪着她。

心理咨询师： 哦，你们之间的关系是这样建立起来的。你有没有发现你们之间的这种关系的模式特点？

咨询者： 什么特点？

心理咨询师： 在你们的关系模式中，你其实扮演的是大姐姐的角色，你倾向于主动与照顾；而她是小妹妹的角色，对她而言，她更倾向于寻求对你的依赖。

咨询者： 对，以前凡事我都会迁就她，她有什么事我都会陪她，她很多事都是找我的。

心理咨询师： 既然你明白这一点，那么你就应该要了解，对于你的烦恼，小妹妹可能会忽略，因为你们长期养成的人际模式可能会导致她不会产生那种特别关注你的感受并安慰你的意识。而且从你对她的个性评价来看，她的性格也可能会让她觉得姐姐的烦恼姐姐自己会解决，所以她对你的忽略是无心的、非有意的。

咨询者： 哦，原来是这样！

心理咨询师： 是的，如果你把你们之间的关系降级，强迫自己采取对她忽视的态度，不但不会达到你所设想的成为一般朋友的目的，反而可能会让你们成为陌路人。

咨询者： （抬头表示疑惑）

心理咨询师： 你想想，对于你而言，由于你经过长久考虑而做出这一决定，必然会让你在以后的交往中刻意与她保持距离，更不会采取主动的态度来对待她。而她肯定能感受到你的疏离感，在她看来，你是莫名其妙不理她，她可能也会与你赌气。更何况，她有男朋友，有情感的依恋，失去你，不会有太多感觉。而你一下子失去了这个知心朋友，你肯定会很难过。所以，你对她采取的忽略态度，把关系由亲密降为一般，多半难以如愿。

咨询者： 您的分析很对，以她的个性，还真有可能会这样。

心理咨询师： 既然如此，那再想想，我们还有什么办法可以让她意识到你们这对"姐妹"之间现在的相处是存在问题的？

咨询者： （沉默几秒）我想，我还是找她谈一谈，把我的感觉告诉她吧。我之前可能是被情绪左右了，竟然只想着逃避问题。

心理咨询师： 我支持你的选择！的确，解决人际问题的最好办法就是与对方进行有效的沟通，而不是一厢情愿地去假想、去猜测。之后你们的关系何去何从，等沟通后再决定吧！

咨询者： 好的。

心理咨询师： 对这个问题你还有什么其他想探讨的吗？

咨询者： 没有。

心理咨询师： 好的，今天我们就谈到这里，希望你能早日解决这一问题。如果在解决过程中还有什么问题，我们可以再一起分析解决，好吗？

咨询者： 好的，谢谢！

拓展阅读

阳光型抑郁

有些人,从表面上看,他们是非常快乐和充满激情的,所到之处有如阳光,让周围的人灿烂、快乐。但当他们一个人的时候,却有着突然收敛的笑容和心中刹那的隐痛,这就是我们常说的阳光型抑郁。

阳光型抑郁的个体往往把自己真正的郁闷、委屈、愤怒等情绪掩藏起来,表面上给人阳光、快乐、充满激情的感觉。这类人往往会因为负面情绪长期得不到宣泄而积累下来,形成巨大的内心压力。因为,一个正常人如果能够把自己的悲伤、愤怒、怨恨、委屈、不满等不高兴的事情表达出来,那么朋友和同事就会知道他的困难,并尽自己的能力来帮助他,经常地了解他的感受,即使帮不上忙,当一个人的内心感受被别人理解时,那么一个人的基本的情感需求就被满足了。阳光型抑郁的个体因为不能够表达自己的心理感受,所以很容易被别人忽略。同时,因为阳光型抑郁的个体不能正常发泄负面情绪,容易造成内心压力过大而崩溃。

心理学认为,阳光型抑郁症患者的情感世界非常脆弱,即使是他人正常的生老病死,他们也难以接受。他们用周身美丽的阳光把自己和外界的真实隔离开,塑造出一个极为虚假的自我,然后在这种阳光中自我麻醉,甚至自我毁灭。所以,在防范抑郁症时,我们也要关注那些可能被社会所忽略的阳光型抑郁症患者。

思 考 题

1. 什么是心理咨询?心理咨询有哪些种类?心理咨询的任务是什么?
2. 心理咨询主要的针对哪些人群?心理咨询要遵循的原则有哪些?
3. 人们对心理咨询会产生哪些常见的认识上的误区?如何树立正确的心理咨询观念?

参 考 文 献

[1] 国家职业分类大典和职业资格工作委员会. 中华人民共和国职业分类大典：2007增补本[M]. 北京：中国劳动社会保障出版社，2008.

[2] 张劲龙. 医学生职业生涯规划问题研究[D]. 福州：福建师范大学，2015.

[3] 王群，刘耀中，陈泽裕. 职业生涯发展阶段的研究现状与评析[J]. 商场现代化，2006(3)：245.

[4] 詹发尚. 大学生职业生涯规划的研究[D]. 曲阜：曲阜师范大学，2006.

[5] 肖艳平. 软件企业研发人员职业生涯发展影响因素研究[D]. 长沙：湖南大学，2006.

[6] 施恩. 职业的有效管理[M]. 仇海清，译. 北京：生活·读书·新知三联书店，1992.

[7] 李杉杉. 大学生职业生涯规划特点与相关影响因素研究[D]. 合肥：安徽医科大学，2008.

[8] STUMPF S A，COLARELLI S M，HARTMAN K. Development of the career exploration survey (CES)[J]. Journal of Vocational Behavior，1983，22(2)：191-226.

[9] NOE R A. Is career management related to employee development and performance?[J]. Journal of Organizational Behavior，1996，17(2)：119-133.

[10] 金科. 大学生生涯规划现状研究[D]. 上海：华东师范大学，2008.

[11] 万美玲，王惠珍，刘宏华，等. 护理本科生个人职业生涯规划现状调查[J]. 护理学杂志(综合版)，2009，24(1)：15-17.

[12] 张少飞. 高职学生职业生涯规划影响因素研究[D]. 兰州：西北民族大学，2020.

[13] ROGERS WESTBROOK B，W B W. Measuring career indecision among college students：toward a valid approach for counseling practitioners and researchers[J]. Measurement and Evaluation in Guidance，1983，16(2)：78-85.

[14] 谢大明，李静，王聪，等. 临床实习护生职业生涯规划认知与教育需求的调查研究[J]. 护理研究，2010，24(6)：479-481.

[15] 班兰美，黎志健，张玉. 大学生职业生涯规划现状及其影响因素[J]. 中国健康心理学杂志，2013，21(3)：460-462.

[16] 刘均民，孔祥军. 临床医学专业大学生职业生涯规划调查研究[J]. 中国西部科技，2010，9(33)：75-76.

[17] 卜欣欣，陆爱平. 个人职业生涯规划[M]. 北京：中国时代经济出版社，2004.

[18] 王娟，周春梅，李丽，等. 医学本科女生职业生涯规划影响因素的调查分析[J]. 全科护理，2010，8(16)：1413-1414.

[19] 苏丽智. 最新护理学导论[M]. 北京：科学技术文献出版社，1999.

[20] 何渝军，赵松，童卫东，等. 医学生职业生涯规划现状及影响因素分析？[J]. 重庆医学，2015，44(27)：3870-3871.

[21] 于海滨. 硕士研究生职业生涯规划、职业价值观和一般自我效能感的关系[D]. 开封：河南大学，2008.

[22] 侯志瑾. 家庭对青少年职业发展影响的研究综述[J]. 心理发展与教育，2004，20(3)：90-95.

[23] 李亚真. 大学生生涯发展的相关因素研究[D]. 福州：福建师范大学，2005.

[24] 康建芳. 护理本科生职业生涯规划现状研究[D]. 太原：山西医科大学，2008.

[25] 张静，徐慧兰，张娟，等. 山西省某高校护理本科生职业生涯规划现状及其影响因素[J]. 中国校医，2014，28(2)：127-128.

[26] 杜丹丹. 护理专业学生职业选择和职业发展中价值取向的研究[D]. 北京：北京协和医学院，2007.

[27] 蔡明浩. 大学生择业意向的影响因素研究[D]. 长沙：湖南师范大学，2006.

[28] 张竹茹. 大学生择业意向的影响因素及其对策研究[D]. 西安：西安建筑科技大学，2008.

[29] 杜文新. 硕士研究生职业成熟度的问卷编制及相关因素探讨[D]. 上海：上海师范大学，2008.

[30] 章阳. 高等医学本科院校就业指导课程教学效果研究[D]. 昆明：昆明理工大学，2018.

[31] 可文彤欣. 基层就业政策对在校大学生基层就业意愿的影响效用研究[D]. 福州：福建师范大学，2018.

[32] 姜维，胡卫东，李军. 大学生职业生涯设计的影响因素分析[J]. 辽宁教育研究，2006(6)：86-89.

[33] 刘畅. 陕西高校大学生就业心理问题研究[D]. 西安：西安建筑科技大学，2018.

[34] 汪永根. 浅析高职生职业生涯规划的影响因素[J]. 教育与职业，2008(36)：99-100.

[35] 李桂玲. 影响男护生职业生涯发展的相关因素及对策[J]. 中国实用医药，2009，4(8):247-248.

[36] 陈璧辉. 职业生涯理论述评[J]. 应用心理学，2003，9(2)：60-63.

[37] 王娟. 职业生涯理论发展述评[J]. 科教导刊(中旬刊)，2011(2)：85，111.

[38] 唐菲. 医学院校大学生就业现状分析及指导对策[J]. 中国外资，2020(8)：133-134.

[39] 吕世军，马博. 对新时期医学生就业难问题的思考[J]. 药学教育，2007，23(3)：7-9.

[40] 夏凌翔，万黎. 论大学生的就业心理[J]. 重庆工学院学报，2004，18(6)：129-132.

[41] 谷岩. 当代大学生就业心理问题研究[D]. 锦州：辽宁工业大学，2015.

[42] 韩雪. 大学生就业心理在性别上的差异及应对策略[J]. 科技信息, 2013(24): 26, 28.

[43] 彭晶. 大学生创业心理素质分析与调查研究[D]. 武汉: 湖北工业大学, 2011.

[44] 韩力争. 大学生创业心理素质调查与思考[J]. 南京财经大学学报, 2004(6): 88-91.

[45] 车丽萍, 李守成. 大学生创业心理素质的培养路径探索[J]. 思想教育研究, 2011(12): 93-96.

[46] 高振禄. 积极心理学视域下大学生创业心理品质培育研究[D]. 锦州: 渤海大学, 2017.

[47] 白琴. 高职院校学生在积极心理学视阈下的创业思维培养研究[J]. 湖北开放职业学院学报, 2019, 32(22): 5-6.

[48] 姚德明, 彭晶. 关于大学生创业心理素质的调查报告[J]. 职教论坛, 2011(9): 77-80.

[49] 叶丽娟. 大学生创业心理教育研究[D]. 南京: 南京林业大学, 2018.

[50] 杨帆. 思想政治教育视阈下大学生创业心理素质问题研究[D]. 长春: 长春理工大学, 2019.

[51] 郑莺. 认知行为疗法干预中职生创业心理问题的研究[J]. 职业, 2017(14): 102-103.

[52] 黄志华. 大学生创业心理障碍成因及援助策略研究[J]. 开封教育学院学报, 2017, 37(8): 160-161.

[53] 黄希庭. 大学生心理健康教育[M]. 上海: 华东师范大学出版社, 2004.

[54] 黄振宇. 当代大学生就业心理问题及调适[D]. 哈尔滨: 哈尔滨工程大学, 2007.

[55] 方岁寒. 当代医学生就业心理问题分析及对策[J]. 中外企业家, 2020(13): 167.

[56] 刘婷婷. 小学低年级学生数学焦虑的现状调查及解决对策[D]. 合肥: 合肥师范学院, 2020.

[57] 张斌, 蒋怀滨, 王叶飞, 等. 大学生就业焦虑影响因素及对策研究[J]. 教育教学论坛, 2015(28): 4-5.

[58] 张玉柱, 陈中永. 高校毕业生择业焦虑问卷的初步编制[J]. 中国心理卫生杂志, 2006, 20(8): 555-557.

[59] 陈锦华. 大学毕业生就业焦虑的影响因素及干预研究[D]. 开封: 河南大学, 2017.

[60] 张晓琴. 江苏省高校毕业生就业焦虑预测因素分析[D]. 苏州: 苏州大学, 2005.

[61] 蒋春雷. 大学生就业焦虑现象分析[J]. 教育探索, 2009(2): 131-132.

[62] 任化娟. 大学毕业生就业焦虑与职业决策困难特点及关系[D]. 开封: 河南大学, 2010.

[63] 唐思源. 高校思想政治教育中大学生逆反心理研究[J]. 公关世界, 2021(2): 143-144.

[64] 阿拉坦巴根, 刘艳华. 大学生抗挫折能力现状及培养策略[J]. 临床心身疾病杂志, 2014(1): 89-91.

[65] 杜刚. 大学生就业力培养探析[D]. 武汉: 华中师范大学, 2008.

[66] 罗红玲. 父母教养方式与儿童青少年发展研究综述[J]. 考试周刊, 2007(2): 42-43.

[67] 楚艳民, 周世杰, 杨红君, 等. 父母教养方式问卷(PBI)在中国大学生中的因素结

构研究[J]. 中国临床心理学杂志，2009，17(5)：544-546.

[68] 刘琴，周世杰，杨红君，等. 大学生的父母教养方式特点分析[J]. 中国临床心理学杂志，2009，17(6)：736-738.

[69] 叶凯，王晗. 大学生父母教养方式与职业倾向的关系研究[J]. 中国电力教育，2010(7)：189-190.

[70] 赵旭. 大学生择业效能感与自我概念、父母教养方式的关系[D]. 长春：东北师范大学，2011.

[71] 刘春雷，段彩彬. 大学毕业生父母教养方式与就业焦虑的相关性研究[J]. 吉林师范大学学报(人文社会科学版)，2012，40(6)：50-52.

[72] 朱天荣. 医学院校大学生就业现状分析及指导对策[J]. 西部素质教育，2016，2(24)：82.

[73] 李军红，蔡丹，王美艳. 大学生创业心理素质调查与思考[J]. 经济师，2005(12)：86-87.

[74] 林清文. 生涯发展与规划手册[M]. 广州：广东世界图书出版公司，2003.

[75] 邹开敏. 职业生涯规划、管理、发展的概念和内涵辨析[J]. 职业技术教育，2006，27(34)：62-64.

[76] 吴本荣，陈金香，罗二平. 大学生心理健康教育[M]. 北京：高等教育出版社，2015.

[77] 乐国安. 健康心理学[M]. 北京：高等教育出版社，2011.

[78] 傅安球. 实用心理异常诊断矫治手册：案头参考书[M]. 5版. 上海：上海教育出版社，2019.

[79] 王建平，张宁，王玉龙，等. 变态心理学[M]. 3版. 北京：中国人民大学出版社，2018.

[80] 美国精神医学学会. 精神障碍诊断与统计手册[M]. 张道龙，等译. 5版. 北京：北京大学出版社，2015.

[81] 徐光兴. 心理咨询与治疗——临床心理学的理论与技术[M]. 3版. 上海：上海教育出版社，2017.

[82] PENNEBAKER J W. Writing about emotional experiences as a therapeutic process[J]. Psychological Science，1997，8(3)：162-166.

[83] 李宪印，杨娜. 情绪智力与大学生学业成就关系的实证研究——以地方普通高校为例[J]. 中国成人教育，2016(7)：78-81.

[84] 卢家楣，陈念劬，徐雷，等. 中国当代大学生情绪智力现状调查研究[J]. 心理科学，2016，39(6)：1302-1309.

[85] 康玮. 移动互联网时代网络对大学生情商的消极影响[J]. 当代青年，2015(11)：169.

[86] 陈树文，吕伟强. 马克思人的本质思想的发展历程及其当代意蕴[J]. 佳木斯大学社会科学学报，2020，38(1)：24-27.

[87] 何家声，何伦，鲁龙光，等. 体象障碍的流行病学调查[J]. 临床精神医学杂志，2001，11(3)：164.